Matthias Glaubrecht

Duett für Frosch und Vogel

Matthias Glaubrecht

Duett für Frosch und Vogel

Neue Erkenntnisse der Evolution

ECON Verlag
Düsseldorf · Wien · New York

CIP-Titelaufnahme der Deutschen Bibliothek

Glaubrecht, Matthias:
Duett für Frosch und Vogel: Neue Erkenntnisse der Evolution /
Matthias Glaubrecht. – Düsseldorf; Wien; New York: ECON Verl., 1990
ISBN 3-430-13221-5

Gesetzt aus der Times, Linotype
Satz: Lichtsatz Heinrich Fanslau, Düsseldorf
Papier: Papierfabrik Schleipen GmbH, Bad Dürkheim
Druck und Bindearbeiten: Bercker Graph. Betrieb GmbH, Kevelaer
Printed in Germany
ISBN 3-430-13221-5

Gewidmet meinen Eltern

Der Reichtum der Naturwissenschaft besteht nicht mehr in der Fülle, sondern in der Verkettung der Tatsachen.

Alexander von Humboldt

Die meisten Grundideen der Wissenschaft sind an sich einfach und lassen sich in der Regel in einer einfachen Sprache wiedergeben.

Albert Einstein

Inhalt

5. Kapitel
Sexuelle Selektion – Die wählerischen Weibchen

6. Kapitel
Die Evolution zum Menschen

Vorwort

Die Evolutionsbiologie hat ihren besonderen Reiz sicherlich darin, daß sie nicht nur biologische Teildisziplin ist, sondern gleichzeitig auch die übrigen Forschungszweige der Biologie, von der Genetik bis zur Ökologie, verbindet, ja sie erst zu einem einheitlichen Ganzen integriert.

Es ist dieser Doppelcharakter der Evolutionstheorie, der mich auch bei diesem zweiten Versuch faszinierte, aktuelle Forschungsergebnisse von Verhaltensforschern und Systematikern, Ökologen wie Bioakustikern, Vogelkundlern, Molekulargenetikern und Morphologen vorzustellen.

Welche Vielfalt an Formen und Verhaltensweisen, an Phänomenen und Facetten tierischen Lebens im Laufe der Evolution in der Natur entstanden ist, davon soll auch in diesem Band wieder die Rede sein.

Da gibt es singende, ja sogar reimende Buckelwale in unseren Ozeanen neben vor Liebe regelrecht erglühenden Würmern; da sprechen Ammern Dialekt, Dohlen lügen, Frosch und Vogel singen im Duett; eine Gruppe kleiner Finkenvögel auf einem pazifischen Inselarchipel, aber auch eine eher unscheinbare Landschnecke der Bahamas erlaubt uns einen Blick in die »Werkstatt der Evolution«, und wir begleiten Zugvögel auf ihrem immer noch geheimnisvollen Treck in südliche Gefilde. Daß es oft die wählerischen Weibchen sind, die zu kuriosen Erscheinungen wie »Spermakonkurrenz« und »Seitensprung« (nicht nur) bei Tieren führen, davon berichten wieder andere Geschichten.

Und von der Frage, wie eigentlich neue Tierarten entstehen können, zieht sich der rote Faden schließlich bis hin zur Entstehung des Menschen, bis hin zu unserer ureigensten Geschichte. Denn den

Homo sapiens als ein von anderen Arten grundlegend verschiedenes Lebewesen zu betrachten erweist sich als Irrtum; Parvenustolz bringt den Menschen auf diesen Gedanken. Denn wenn schon nicht die »Krone der Schöpfung«, so wird auch heute noch allzu leichtfertig unsere angebliche Sonderstellung herausgestrichen; zu Unrecht freilich, wie die jüngsten Ergebnisse der Verwandtschaftsforschung lehren; demnach steht uns der Schimpanse nämlich näher als einem seiner Menschenaffenverwandten.

Entstanden ist bei dieser Sammlung populärwissenschaftlicher Essays hoffentlich auch diesmal wieder ein »Lese«-Buch im besten Wortsinn, das zwar nicht von vorn bis hinten gelesen werden muß, wiewohl gerade dies erst etwas mehr von der überreichen Palette der Natur ahnen läßt, mit der die Evolution unsere Welt gestaltet hat.

Das Verknüpfen und Zusammenfügen einzelner Beobachtungen und Erkenntnisse war dabei schon für den Naturforscher Alexander von Humboldt entscheidender als das bloße Ansammeln und Aufhäufen von weiteren Einzelbeobachtungen. Erst im Rahmen der Evolutionstheorie wird biologische Forschung zu einer erklärenden Wissenschaft, die Lebensformen und ihre Entfaltung nicht bloß beschreibt, sondern auch zu verstehen versucht. Ohne ein verbindendes System ergäben spezielle Entdeckungen, und seien sie noch so schön, nur zusammenhanglose Einzelergebnisse. Das Theoriegebäude der modernen Evolutionsbiologie, an dem Wissenschaftler seit über einem Jahrhundert wie emsige Ameisen bauen, erfüllt diese verbindende Leistung immer besser, je mehr Befunde der täglichen Arbeit sich mit ihr erklären und interpretieren lassen. In der Integration solcher Mosaiksteinchen der wissenschaftlichen Forschung liegt meiner Ansicht nach eine neue Qualität.

Vielleicht vordergründig weniger spektakulär als die vielen Versuche der Vergangenheit, die Idee des britischen Naturforschers Charles Darwin von der allmählichen Veränderung der Organismen dank natürlicher Auslese durch andere zu ersetzen, aber dafür um so faszinierender erscheint mir die Tatsache, daß sich eine biologische Theorie, die unser Weltbild mitbestimmt, seit Mitte des letzten Jahrhunderts allen Anfeindungen zum Trotz behauptet hat. Und es gilt mithin heute um so mehr, was Darwin bereits 1859 in seinem berühmten

Buch »Über die Entstehung der Arten« schrieb: »Es ist kaum anzunehmen, daß eine falsche Theorie so ausgezeichnet die verschiedenen angeführten Tatsachen zu erklären vermöchte wie die Theorie der natürlichen Zuchtwahl.«

Welche Fülle von Befunden und Erscheinungen in der belebten Natur erst im Lichte der Darwinschen Abstammungslehre biologisch Sinn macht, möchte ich an einigen Beispielen illustrieren.

Denn so, wie erst die Synthese verstreuter Einzelinformationen für die Forschung neue Erkenntnisse ergibt, so entsteht erst durch die Zusammenschau ein modernes Bild der Evolutionsforschung. Besser als aus theoretischen Abhandlungen, so hoffe ich wenigstens, können dabei aus speziellen Einzelarbeiten allgemeine Einsichten in die Arbeitsweise der Evolution und der Evolutionsbiologen gleichermaßen erwachsen.

Hamburg, Januar 1990 Matthias Glaubrecht

1. Kapitel
Biokommunikation – Wie Tiere sich verständigen

Detektivische Kleinarbeit verbirgt sich hinter so manchem Namen; wer sich unter den Verhaltensforschern mit den allgegenwärtigen Lautäußerungen von Tieren beschäftigt, heißt Bioakustiker und ist von Berufs wegen den Rufen, Lauten und Gesängen, dem Krächzen und Quaken, Zirpen und Ziepen, dem Rätschen und Brummen tierischer Lautgeber auf der Spur. Anfangs hatten auch die Ethologen dabei meist nur die melodischen Gesänge der vielen Vogelarten im Sinn. Bald schon aber entdeckte man, daß das längst noch nicht alles ist, was die Natur auf dem akustischen Sektor zu bieten hat. Um sich zu verständigen setzen Tiere zudem keineswegs nur Lautäußerungen ein; ein Arsenal chemischer Botenstoffe übermittelt vielen von ihnen, allen voran den Insekten, die wichtigsten Nachrichten. Auf welch gelegentlich geradezu raffinierte Weise Tiere miteinander kommunizieren und wozu das Ganze gut ist, das sollen die folgenden Beispiele illustrieren.

Daß es auch bei Tieren neben der genetischen Entwicklung eine Art »kulturelle Evolution« gibt, die Weitergabe von Erlerntem wie in der menschlichen Kultur, dies fasziniert die Verhaltensforscher dabei vielleicht am meisten. Denn durch Vergleiche mit anderen Lebewesen erhoffen sie sich etwas über den Ursprung einer für den Menschen wichtigen Besonderheit herauszufinden, nämlich Geist- und Kulturwesen zu sein, das über Sprache und Traditionen verfügt. Beim *Homo sapiens* dominiert die kulturelle Evolution über die genetische, so meint Prof. Wolfgang Wickler, Verhaltensforscher am Max-Planck-Institut für Verhaltensphysiologie in Seewiesen. Doch plötzlich vom Himmel gefallen sind solche Besonderheiten wohl nicht, so Wickler; »vielmehr werden sie sich über Vorstufen im Laufe der biologischen Evolution herausgebildet haben«. Und um solche Vorstufen, die zeigen, daß auch das Tradieren im Tierreich mehrfach entstanden ist, um Dialekte, ja gar um »Sprache« im Tierreich soll es im folgenden gehen. Einen ersten Blick in die stammesgeschichtliche Kinderstube der Kultur erlauben uns die jüngsten Forschungen an Buckelwalen.

Vom Liederstreit im Meer – Wale als musikalische »Trendsetter«

Auch Buckelwale, so weiß man seit Jahren, haben Lieder; Unterwassergesänge, die sich mit Hydrophonen aufnehmen und für unser Ohr hörbar machen lassen. Und Buckelwale, so fanden findige Forscher vor einiger Zeit heraus, »komponieren« jährlich zur Paarungszeit ganz neue Lieder. War schon dies selbst für Zoologen eine faszinierende Entdeckung, so verblüfft, was zwei amerikanische Wissenschaftler jetzt von den Meeressäugern im Atlantik berichten. Ihren vorläufigen Studien zufolge sollen die Buckelwale vor den Bermudas nämlich nicht nur komponieren; vielmehr kleiden sie ihre Gesänge regelrecht in Versform – zumindest bei Dichtern der menschlichen Kulturwelt früher als Stilmittel unerläßlich.

Um es gleich vorwegzunehmen: Auch im Fall der Buckelwale dürften es die ansonsten stillen Weibchen sein, die dabei den Ton angeben und die Walmännchen zum Liederwettstreit verlocken; denn ganz ähnlich dem menschlichen Minnesang könnten die sich reimenden Walverse ein Mittel sein, um die Gunst der Weibchen zu erwerben.

Bereits Walfängern waren die von Walen erzeugten »Gesänge« aufgefallen. Die Geräusche von *Megaptera novaeangliae*, die zwischen 30 und 4000 Hertz liegen – also sehr tiefe, brummende Laute sind – und in langen zwischen 3 und 30 Minuten dauernden Strophen vorgetragen werden, variieren von einfachen zu komplexen Tönen, wie Roger und Katharine Payne von der Cornell-Universität in Ithaca schon vor Jahren herausfanden. Zum Singen finden sich die Wale während ihres Winteraufenthalts in tropischen Gewässern zu sogenannten »song sessions« zusammen, bei denen Buckelwale bis zu 22 Stunden lang abwechselnd singen. Diese Gesänge verändern sich von Jahr zu Jahr, wobei die langen, hierarchisch strukturierten Strophen ständig durch neue Elemente ergänzt werden; solche Elemente, charakteristisch in Rhythmus, Frequenz und Geschwindigkeit, bleiben einige Jahre erhalten, um dann durch andere ersetzt zu werden. Lediglich einige wenige Themen – wie die »Gassenhauer« der menschlichen Musikszene – halten sich sieben oder acht Jahre, während andere schon im nächsten Jahr vergessen sind. Einzelne Walpopulationen brummen offenbar in einem Jahr stets denselben Song, der sich dann über Jahre hinweg allmählich verändert. Soweit nichts Neues für die Biologen.

Doch nachdem inzwischen auch geographische Variationen sowohl einzelner pazifischer wie auch atlantischer Buckelwalpopulationen bekannt geworden sind, entdeckte Katharine Payne jetzt zusammen mit Linda Guinee bei der Analyse von 548 Buckelwalgesängen des östlichen Nordpazifiks und des westlichen Nordatlantiks, daß die Wale regelrecht »reimen«. Ihre Gesänge bestehen aus sich wiederholenden Strophenmustern, die nach Ansicht der beiden Bioakustiker auffällig den menschlichen Reimversen gleichen und in einem stark rhythmischen Aufbau gesungen werden. Wichtiges Indiz für diese Schlußfolgerung: Einzelne »Phrasen« tauchen an bestimmten Positionen der Strophen immer wieder auf. Eine Idee, wie sich solche auffälligen Wiederholungen im Walgesang erklären lassen, haben die beiden Forscherfrauen auch parat: Ganz analog zur Funktion von Reimversen der menschlichen Sprache könnten sich nämlich auch Buckelwale ihren Gesang mittels dieser »gereimten« Strophen besser einprägen und so über Jahre merken; die Wiederholungen bestimmter Sequenzen dienen mithin quasi als Gedächtnisstütze; als eine Art Merkhilfe etwa für den Fall, daß der Wal mal nicht weiter weiß.

Denn um den enorm langen, in einem bestimmten Jahr aktuellen Gesang, der von der gesamten Population gesungen wird, vollständig zu beherrschen, müssen Buckelwale eine Vielzahl von sich ständig ändernden Details erinnern. Möglicherweise verhilft ihnen deshalb erst der versartige Aufbau zu ihren ungewöhnlich langen und »ausgefeilten« Gesängen. Tatsächlich herrschen die »reimenden« Phrasen auch in den komplizierteren Strophenteilen vor, also dort, wo besonders viele verschiedene Elemente erinnert werden müssen. Und kompliziert genug erscheinen die Walgesänge, wirft man nur einen Blick auf die ausgewerteten Gesangsprotokolle, die Payne und Guinee untersuchten.

Die allmähliche Veränderung der Walgesänge über Jahre hinweg ist indes keineswegs auf »Vergeßlichkeit« und mangelnde »Gedächtnisleistung« der Tiere zurückzuführen, sondern nach Meinung der Paynes auf eine auch unter Säugern recht seltene echte Weiterentwicklung der artspezifischen Lautäußerung. Payne und Guinee sprechen deshalb in diesem Zusammenhang von einer echten »kulturellen Evolution« bei den Buckelwalen. Solch ein »Kulturschritt« erfordert nach Ansicht vieler Zoologen zum einen ein tradiertes Verhalten, wo also unerfahrene Tiere von erfahrenen, in diesem Fall bereits gesangsgewandten Buckelwalen lernen; und zweitens muß solches Verhalten eine biologische und evolutive Auswirkung haben. Immerhin sind Buckelwale die einzigen Lebewesen mit Ausnahme des Menschen, von denen eine drastische und irreversible Veränderung als Teil des normalen Verhaltensrepertoires einer ganzen Population bekannt ist. Die Biologen rätseln allerdings noch immer, *warum* sich Buckelwale diese Fülle von verschiedenen Elementen und Phrasen überhaupt einprägen und warum sie ihre Gesänge über Jahre verändern.

Über das zweite Kriterium der kulturellen Evolution, die mögliche biologische Bedeutung der Walgesänge, wird mithin zur Zeit noch diskutiert. Naheliegend, wenn auch nicht bewiesen, ist der Umstand, daß die mysteriösen Gesänge eine Rolle bei der Wahl des Fortpflanzungspartners spielen. Denn da nur Männchen, und zudem nur im Fortpflanzungsgebiet der Art, in den tropischen Gewässern singen, wird jetzt ein Zusammenhang mit dem Paarungserfolg der Männchen vermutet. Vielleicht beeinflußt ein größeres Repertoire mit zudem neuen Elementen die Wahl durch die Weibchen. Diese zu »becircen« könnte nicht nur voraussetzen, den aktuellen Modesong der Saison perfekt vortragen zu können; dabei zusätzlich den Balzgesang mit neuen Lautkreationen ein wenig auszuschmücken, könnte dann ja nicht schaden. Vermutlich konkurrieren die Walmännchen nämlich untereinander um die Gunst der Weibchen, indem sie sich mit ständig neuen Stilelementen quasi als musikalische »Trendsetter« hervorzutun versuchen. Alle übrigen Männchen zwingt dieser Liederwettstreit dazu, bei den neuen »kompositorischen Kreationen« auf dem laufenden zu bleiben und neue Passagen in den eigenen Gesang einzubauen. Unter vorläufiger Beibehaltung der älteren Strophenelemente wohl keine ganz leichte

Aufgabe, aber was tut man nicht alles, um »in« und »trendy« zu sein!

Solcherlei gesangliches Wettrüsten läßt die Balz der Buckelwale dann regelrecht zur Gedächtnisprobe werden, bei der ihnen reimende Wiederholungen in Form von Gesangsmerkversen helfen. Bei den Buckelwalen scheinen mithin die Weibchen indirekt das »kulturelle Leben« im Meer anzuspornen.

Ein Bluff wie im Western? – Die Gesangslektion des Buchfinken

Wie die Alten sungen, so zwitschern auch die Jungen – wer kennt diesen Vers nicht? Tatsächlich müssen auch Singvögel ihren Gesang erst von den Altvögeln lernen. Der Buchfink, der sich bei uns neben dem Rotkehlchen als einer der ersten im Frühjahr mit lautem Gesang hören läßt, ist ein Beispiel für solcherlei Gesangslektionen, und noch dazu ein gut untersuchtes. Gelegentlich, so haben Bioakustiker jetzt herausgefunden, unterlaufen aber auch Buchfinken einmal Fehler bei der Weitergabe an die nächste Generation. Über die dann entstehenden Gesangsvarianten hat kürzlich der Ostberliner Biologe Matthias Freude an der Humboldt-Universität promoviert. Ihn interessierte dieses Tradieren von Gesangsstrophen nicht nur, weil ihm der laute Buchfinkenschlag so gut gefiel; vielmehr vermuten die Verhaltensforscher beim Buchfinken, wie übrigens auch bei vielen anderen Singvögeln, was wir vom Buckelwal schon kennen – die »biokulturelle Evolution«.

Zwar ist den jungen Buchfinken ein festes Strophengerüst angeboren, die musikalische Gliederung sozusagen erblich vorgegeben; den typischen Finkengesang – das arteigene »Libretto« – lernen die Jungen indes erst von den Alten. Das geschieht in den ersten Monaten ihres Lebens, wenn sie in der Nähe ihres Nestes Altfinken singen hören. Und an schönen Frühlings- und Sommertagen bleibt das gar nicht aus. Im nächsten Frühjahr dann, wenn die Jungmännchen nun selbst ein Revier besetzen, wird die Gesangsform beim Wettsingen mit anderen Buchfinken noch verfeinert und schließlich festgelegt. Die sogenannte »sensible Lernphase«, in der sich dem jungen Singvogel der arteigene Gesang des Vaters einprägt, ist beim Buchfinken erst nach mehr als einem Jahr abgeschlossen. Zu Änderungen, so meinen die Verhaltenskundler, kommt es danach nicht mehr. Was die Finken bis dahin nicht gelernt haben, lernen sie auch später nicht mehr: *rien ne va plus*.

Von isoliert aufgezogenen Buchfinken, die keine Gelegenheit hatten, von Altfinken die richtige Ruffolge zu lernen, wußte man bereits vor den Studien von Matthias Freude, daß sie lediglich verstümmelte Strophen zustande bringen. Die für den Buchfinkengesang typischen Gesangselemente fehlen völlig. Einige der Vogelforscher waren noch weitergegangen und hatten die Finkeneier einer anderen Singvogelart, etwa einem Wiesenpiper, untergeschoben. Der brütete nichtsahnend die Buchfinken aus und zog sie groß; mit dem Ergebnis, daß die Buchfinkenjungen während der sensiblen Phase den Gesang des Wiesenpipers erlernten und fortan ein Kauderwelsch des arteigenen Finkengesangs und des Pipergesangs von sich gaben. Solche von Hand aufgezogenen oder gar anderen Vogelarten untergeschobenen Singvogeljungen von bisher 41 Vogelarten haben die Ethologen getestet und stets den gleichen Effekt erzielt: Handaufgezogene Singvögel singen anders als wilde, und von artfremden Vorsängern wählen sie oft nur einzelne Elemente, die sie in ihren recht unfertigen eigenen Gesang einbauen – ein bei Singvögeln demnach verbreitetes Phänomen.

Doch damit es zu solchem »Fehllernen« kommt, muß meist schon die experimentierende Hand eines Verhaltensforschers im Spiel sein; in der Natur dagegen kommt dieses ausschließliche und fehlgerichtete Lernen des Gesangs fremder Arten nicht vor, obwohl ja keineswegs nur Buchfinken in der Nähe eines Finkennestes singen. Die Jungen geben offenbar immer dem Gesang der eigenen Art den Vorzug, und das garantiert die Auswahl des richtigen Vorbildes. Ethologen sprechen von einer *angeborenen Lerndisposition;* das sind spezielle Lernvorgänge, die im »Verhaltensbauplan« der Art an ganz bestimmter Stelle der Entwicklung eingeplant sind. Wie so oft, wenn man des Rätsels Lösung noch nicht hat, hilft man sich mit einem Fachwort weiter – und überdeckt damit meist unbewußt die Tatsache, daß Biologen noch immer nicht so recht wissen, warum die Jungen eigentlich derart gezielt arteigene Vorbilder als Gesangslehrer wählen. Offenbar »weiß« der Jungfink schon beim Schlüpfen, was er zu lernen hat und wo er gar nicht erst hinzuhören braucht. Angeborene Lerndispositionen machen nach Ansicht einiger Verhaltensforscher zudem deutlich, wie gering eigentlich der Gegensatz zwischen angeborenem und erlerntem Verhalten ist. Just um diesen Gegensatz »Angeboren oder Erlernt« hatte sich nämlich jahrzehntelang eine der vielen Streitfragen unter Zoologen gedreht; und »angeboren« ist nach Meinung des kürzlich verstorbenen Verhaltensforschers Prof. Klaus Immelmann auch heute noch einer der umstrittensten Begriffe der Ethologie.

Daß nun selbst Buchfinken durchaus nicht alle gleich singen, sondern innerhalb ihres Strophengerüstes mehrere Variationen beherrschen, das wußten die Vogelbegeisterten und Wissenschaftler seit langem. Einer der ersten, von dem *wir* das wissen, war Freiherr Johann Ferdinand Adam von Pernau, immerhin Jahrgang 1660; ein Mann also, der zwölf Jahre nach Ende des Dreißigjährigen Krieges geboren wurde! Doch fachlich »zum alten Eisen« gehört der Baron Pernau deswegen noch lange nicht, meinte der Ornithologe Prof. Gerhard Thielcke vom Max-Planck-Institut für Verhaltensphysiologie an der Vogelwarte Radolfzell, der seinen lange verstorbenen Kollegen erst kürzlich in einer ausführlichen Arbeit über den Buchfinkengesang würdigte. Tatsächlich ist Pernau, der 1731 starb, einer der ersten gewesen, der sich wissenschaftlich mit dem Gesang von Vögeln beschäftigte und bereits Anfang des 18. Jahrhunderts ein vielgelesenes Vogelbuch herausbrachte. Sein Lieblingsvogel war *Fringilla coelebs,* der Buchfink, von dem er um 1720 schrieb: *»Denn es ist zu wissen, daß die meisten Finken mit 2.3. auch wohl 5. Gesängen abwechseln.«* Wie richtig diese Beobachtungen des Freiherrn waren, bewies jetzt Matthias Freude. Er nahm in der DDR über 500 Buchfinkenstrophen auf und wertete sie mit Hilfe eines Sonagraphen aus.

Dies nun ist die detektivische Kleinarbeit der Bioakustiker: Denn Tonhöhe und -länge einzelner Laute sind die einzigen Spuren, die ihnen bei der Arbeit über die Gesänge und Rufe von Vögeln bleiben, und mittels Klangspektrographen lassen sie sich auf Spezialpapier sichtbar und damit leichter analysierbar machen. Solche als Sonagramme bezeichneten Papiere sind also graphische Darstellungen tierischer Laute nach Frequenz und Zeit. In den fünfziger Jahren zuerst in den USA in Gebrauch, ermöglichen sie heute zunehmend eine minutiöse Analyse dessen, was wir mit dem menschlichen Gehör ansonsten kaum oder gar nicht aufzunehmen, geschweige denn zu bewahren vermögen.

Die akustisch wohl von allen Vogelarten am besten untersuchten Buchfinken, so fand Matthias Freude, verfügen in Mitteleuropa über ein Gesangsrepertoire von bis zu fünf Strophentypen. Meist singen die Finkenmännchen davon zwei oder drei Typen. Nur ganz wenige Männchen tragen einen einzigen Strophentyp vor, etwa den sogenannten »Reiterspazier«, der so nach der lautmalenden Umschreibung des Endschnörkels einer jeden Strophe heißt. Welche dieser Varianten nun tatsächlich gesungen wird, ändert sich von einer Finkenpopulation zur anderen. So hörte Dr. Freude an der Ostseeküste ganz andere Strophen als in der Oberlausitz. Die in einem bestimmten Gebiet am häufigsten gesungenen Varianten sind die sogenannten Leitstrophen. Jede Population hat somit ihren eigenen lokalen Finkenschlag. Gleichwohl singen Buchfinken damit noch keinen echten »Dialekt«, ganz im Gegensatz zur Goldammer und zum Zilpzalp, wie wir noch sehen werden. Denn während die Ammer in einer Teilpopulation ausschließlich eine Gesangsvariante singt, beherrschen Buchfinken gleichzeitig mehrere Strophentypen, die sie je nach Vorkommen lediglich unterschiedlich häufig vortragen. Buchfinken sind mithin Repertoiresänger, wie übrigens auch von einer Verwandten der Goldammer, der Grauammer in England, nachgewiesen werden konnte.

Wenn die Jungen der Buchfinken aber doch wie die Alten singen, dann dürften solche Veränderungen ja eigentlich gar nicht erst auftreten. Daß sie dennoch vorhanden sind, erklärt sich Matthias Freude durch die Art und Weise der Weitergabe, eben des Tradieren von den Altvögeln auf die Jungen. Zur »biokulturellen Evolution«, zur Weiterentwicklung der Lautäußerungen und damit dem Verhalten der Singvögel, kann es beispielsweise durch fehlerhaftes Lernen kommen; dann nämlich, wenn ein Junges seine Gesangslektion nicht richtig beherrscht und kurzerhand »falsche Vokabeln« in den Gesang einbaut. Das kann etwa beim Fehlen von Vorsängern, den sogenannten Tutoren, oder bei einer Verletzung der Syrinx, dem Stimmapparat des Vogels, der Fall sein. Aber ein Fink kann auch schlichtweg einzelne Elemente vergessen, möglicherweise infolge einer Störung der gesangsteuernden Strukturen des Gehirns. In der Veränderung der Tonhöhe und der Frequenz des Gesangs liegt eine weitere Variationsmöglichkeit. Daß Buchfinken mit Teilen ihrer Strophen geradezu experimentieren – etwa Teile hinzufügen oder weglassen –, konnte der Ornithologe Freude während seiner Freilandarbeit einige Male hören.

Die Jungvögel, die die Gesangsform übernehmen, sind Glieder einer Traditionskette, und die Weitergabe von Traditionen ist eben störanfällig – wir wissen das von uns selbst nur zu gut. Viele Forscher sprechen deshalb analog zu den in der Nukleinsäure verankerten genetischen Programmen bei dem von Generation zu Generation weitergereichten Gesang nicht ohne Grund von einem »Erbgut zweiter Art«. Dem Gesangslernen, aber auch den offensichtlich unvermeidbaren Fehlern bei der Weitergabe dieses »Erbgutes«, kommt bei der Evolution der Tierarten möglicherweise eine Rolle zu, die sich für die Verhaltensforscher erst neuerdings und zudem erst schemenhaft abzeichnet. Von nicht geringer Bedeutung gerade bei der schnellen Entstehung der vielen verschiedenen Singvogelarten – in zumindest erdgeschichtlich erstaunlich kurzer Zeit – mag sie dennoch sein.

Brüche in der Traditionskette könnten also die Ursache für die Entstehung neuer Strophentypen beim Buchfinken sein, während Buckelwale dagegen ihren Gesang offenbar aktiv weiterentwickeln. Das Gesangsrepertoire des Buchfinken wächst an, wenn die Jungen einmal eingeschlichene Fehler übernehmen und diese sich in der Population allmählich behaupten. Schließlich kann daraus eine für das betreffende Gebiet spezifische Gesangsvariation werden. Fast immer, so vermerkt Matthias Freude, dürften solche Abwandlungen anfangs nur äußerst gering gewesen sein, erst in der Generationsfolge, dann treten sie nach und nach verstärkt auf. Die Veränderung bestehender Strophentypen durch den »Wandel in kleinen Schritten« ist dabei um Größenordnungen schneller als die analog verlaufende natürliche Veränderung der Organismen durch Mutation und Selektion – die genetische Evolution. Das für Evolutionsbiologen so interessante Phänomen ist dabei, daß die stetige Änderung auch zur Trennung zwischen einzelnen Populationen führen könnte und so möglicherweise die Artbildung beschleunigt.

Ob derartige Gesangsvariationen tatsächlich Auswirkungen auf eine Vogelpopulation oder gar einen Nutzen für die Buchfinken selbst haben und wenn ja, welchen, das läßt sich bislang bestenfalls vermuten, obwohl unter den Ornithologen in den letzten Jahren mehr als nur eine Hypothese diskutiert wird. Vielleicht, so eine dieser Thesen, kann ein Männchen mit großem Repertoire ein größeres Revier verteidigen? Nach einem Romanhelden, der wie so oft im klassischen Western allein gegen eine feindliche Übermacht kämpfen mußte, hat der britische Soziobiologe John Krebs dies 1977 als den »Beau-Geste-Effekt« bezeichnet. Und so wie jener Westernheld bei der Verteidigung einer Festung einem feindlichen Trupp widersteht, indem er gut sichtbar bereits gefallene Kameraden mit ihren Gewehren an den Schießscharten postiert und dadurch erfolgreich viele Mitstreiter vortäuscht, so könnte ein großes Gesangsrepertoire beim Buchfinken denselben Effekt haben – nämlich schlichtweg zu bluffen! Ein revierbesitzender Vogel, der gleich mehrere verschiedene Strophentypen vorträgt, simuliert so möglicherweise die Anwesenheit mehrerer Männchen und kann dadurch Eindringlinge erfolgreich fernhalten. Zwei oder drei verschiedene Finkenstrophen gaukeln einem Neuankömmling vor, daß dieser Flecken Land bereits von mehreren Buchfinken okkupiert ist; und während er gegen ein Männchen den Kampf um einen Teil des Reviers noch aufnehmen würde – bei zwei oder gar drei Gegnern zieht der Finkenhahn es vor, sich nach anderem Grund und Boden umzusehen.

Soweit die Theorie, die zumindest eine Denkmöglichkeit aufzeigt, wie das Gesangsrepertoire des Buchfinken im Laufe der Evolution entstanden sein könnte. Heute freilich haben es die Finken fast überall mit einer vorgetäuschten Übermacht zu tun, denn alle bedienen sich des »Beau-Geste-Tricks«. Matthias Freude hält es daher für wahrscheinlicher, daß auch diesmal den Weibchen eine vorrangige Rolle bei der Auswahl zukommt. Die wählen vielleicht bevorzugt solche Männchen, die abwechslungsreicher singen. Oder aber es steigt für die Finkenhähne die Chance, ein Weibchen zu erobern, wenn das Buchfinkenmännchen unter den verschiedenen Strophentypen eben just auch jene Variante beherrscht, die das Weibchen bevorzugt. Umsiedlern mit fremder Leitstrophe fällt es dann schwer, ein Revier zu besetzen und ein Weibchen der ortsansässigen Population zu erobern; spricht man dagegen seine »Sprache«, läßt es sich leichter becircen. Für Umsiedler also ist Umlernen angesagt; sie müssen ihr Repertoire der jeweiligen örtlichen Gesangslage anpassen – oder sich in heimatlichen Gefilden ansiedeln.

In jedem Fall: Dem Singen kommt im Leben der Finkenmännchen eine wichtige Rolle zu, beurteilt man dies nach der Zeit, die sie in der Brutzeit singenderweise investieren: Immerhin bis zu 4000 Strophen à circa 3 Sekunden tragen sie von ihren Singwarten aus vor; da kommen pro Männchen leicht mehr als 3½ Stunden am Tag zusammen; und das sind rund 20 Prozent der aktiven Zeit im Tagesablauf eines Buchfinkenhahnes.

Endgültige Auskunft über die möglichen Vorteile der Gesangsvariation freilich läßt erst das Einbeziehen der Weibchen bei weiteren Studien zu. Die Vogelweibchen nämlich – so weiß man inzwischen – reagieren in der Tat vorrangig auf den eigenen Strophentyp, den sie einst von den Eltern lernten; auch wenn sie selbst nicht singen!

Goldammer: Von Vögeln, die zwei »Sprachen« sprechen

Daß der Hamburger anders »snackt« als der waschechte Bayer verwundert wohl niemanden. Doch daß das gleiche auch bei der Goldammer, einer schmucken, sperlingsgroßen Singvogelart, zu beobachten ist, erstaunte anfangs selbst Vogelkundler. Nun, an der Wissenschaft reizt die meisten Forscher die ständige Herausforderung, Rätsel zu lösen – und in diesem Fall eben das der Dialekte bei Singvögeln.

Die gelbgefiederten Goldammern sind die Charaktervögel der offenen Feldlandschaft, wie sie für Norddeutschland typisch ist. Ihr einprägsamer Gesang besteht aus einer Serie von kurzen Elementen und einem oder zwei gedehnten Schlußtönen. Ihr einfaches Lied läßt sich leicht auch in Versform kleiden und etwa mit »Wie, wie, wie hab' ich dich so lieb« wiedergeben. Die Vogelkundler in England, wo die schmucke *Emberiza citrinella* ebenfalls verbreitet ist, haben da natürlich ihre eigene Version: »Little bit of bread and no cheese . . .«

Bereits 1924 schrieb der berühmte Berliner Ornithologe Oskar Heinroth über den Ammergesang: »Die einfache Weise bringt so viel

Stimmung in die staubige, sonnige Landschaft, daß ich mir eine Wanderung über Feld ohne sie gar nicht denken kann. Übrigens singen nicht alle Goldammermännchen gleich.« Er faßte damit ein für die Zoologen ebenso komplexes wie spannendes Phänomen gelassen in einem Satz zusammen. Heinroth war bereits damals etwas aufgefallen, was erst im letzten Jahrzehnt zunehmend das Interesse der Bioakustiker findet: der geographisch variierende Gesang von Tieren.

Die Tatsache, daß eine Tierart je nach geographischer Region, in der sie lebt, mit unterschiedlicher »Zunge spricht«, ist bislang nur von einigen wenigen Arten bekannt; bei noch weniger Arten aber ist es auch gut untersucht. Dialekte im Tierreich – das gibt es nicht nur bei Blindmäusen und Gibbons, sondern ist den Wissenschaftlern besonders auch bei Meeressäugern aufgefallen. So haben Zoologen etwa bei den Weddell-Robben der Antarktis derartige Dialekte festgestellt. Das Repertoire dieser durchaus stimmbegabten »Flossenfüßer«, die sie auf der Palmer-Halbinsel aufnahmen, unterscheidet sich deutlich von den Rufen der Robben am McMurdo Sound. Neben den Unterwasserdialekten bei Buckelwalen konnten amerikanische und kanadische Zoologen solche »Gesangsvarianten« sogar beim Schwertwal nachweisen, der als Killerwal völlig unbegründet in Verruf geraten ist. Der Zoologe John Ford aus Vancouver erkannte, daß sich die Mitglieder der einzelnen Orca-Gruppen, die er untersuchte, verschiedener »Mundarten« bedienen. Als Ford seine Arbeit am Schwertwal begann, war dies von keinem wildlebenden Säugetier bekannt gewesen; entsprechend skeptisch wurde seine Idee aufgenommen, bis er dann deutlich unterschiedliche Pfeiftöne zwischen den südlichen und nördlichen Orca-Rudeln vor der kanadischen Pazifikküste nachweisen konnte. Zwar hat jedes dieser Walrudel gruppenspezifische Rufe; das Kuriose bei den Schwertwalen aber ist, daß sie sich bei Gefahr dennoch einer ihnen allen gemeinsamen »Hochsprache« bedienen.

Doch zurück zur Goldammer; denn wie so häufig in der Verhaltensforschung ist das Dialektphänomen derzeit am besten bei Vögeln untersucht. Neben den Dialekten der Goldammer sind es vor allem die des Zilpzalps, einer unscheinbaren kleinen Singvogelart, deren geographische Verbreitung sich über weite Strecken in Mitteleuropa nachweisen läßt. Wie viele Ornithologen heute glauben, handelt es sich dabei tatsächlich um echte Dialekte, die in einer bestimmten Gegend ausschließlich in dieser oder jener Form gesungen werden; es sind also nicht individuelle (oder gruppenspezifische) Variationen, sondern möglicherweise seltene Beispiele für echte geographische Gesangsrassen.

Werner Kaiser aus Mecklenburg war einer der ersten, den diese Dialekte bei der Goldammer nicht mehr losließen. Inzwischen hat er sich mehr als drei Jahrzehnte lang mit ihrem Gesang beschäftigt. Ihm war aufgefallen, daß die Ammern in der Nähe seines Wohnortes »zi-zi-zi-ty« rufen, also sogenannte »zity«-Sänger sind. Andere Goldammern aber singen »zi-zi-zi-ty-sieh«, weshalb Werner Kaiser sie die »tysieh«-Sänger nennt; man beachte die Feinheiten, die für Goldammerohren Welten bedeuten. Im Norden der DDR fand Kaiser als erster eine regelrechte Dialektgrenze, nachdem er bei fast 2000 Goldammern auf einer Karte notierte, wo sie welchen der beiden Dialekte singen. Im Gegensatz zu früheren Untersuchungen erkannte er richtig, daß es nicht um drei Strophen ging, sondern um die Abgrenzung des typischen »zity«- und »tysieh«-Gesangs. Bei der vermeintlichen dritten «ty«-Strophe, die vor Kaisers Erforschung als weitere Dialektform genannt wurde, handelt es sich in jedem Fall um eine unvollständige Strophe einer der beiden anderen Dialekte. Erst als diese Unklarheit ausgeräumt war, konnte die Forschung über die Dialekte der Goldammer weiter voranschreiten.

Die Ammern freilich machten es Werner Kaiser dabei nicht leicht: Denn nicht immer sangen sie gleich beim ersten Mal die vollständige Strophe, sondern brachen oft bereits vor dem entscheidenden gedehnten Endton ab. Das passiert vor allem bei schlechtem Wetter oder ab Ende Juni, Anfang Juli, wenn bei den Ammern allmählich der Sangeseifer nachläßt. Der mecklenburgische Vogelkundler mußte daher viel Zeit und Geduld aufwenden und manchmal 30 bis 40 Strophen abwarten, ehe die volle »zity«- oder »tysieh«-Strophe erklang. Nur dieser Schlußton gibt ja Aufschluß darüber, zu welcher Dialektpopulation ein singendes Männchen gehört. Ohne die exakte Beherrschung der »Grammatik« der Goldammersprache, so meinte dazu ein Fachmann, sei solch ein stundenlanges Zuhören gar nicht durchzustehen. Inzwischen aber ist Werner Kaiser ein so guter Kenner des Ammergesangs, daß er gelegentlich schon am Klang der Vorstrophe vermuten kann, in welchem Dialektgebiet er sich befindet.

In Mecklenburg verläuft die Grenze etwa von Stralsund aus über Rostock und Schwerin nach Lübeck. Nördlich dieser Linie singen die Goldammern nur die »tysieh«-Strophe, südlich davon nur die »zity«-Form. Irgendwo in Norddeutschland, so vermutete der Goldammerexperte schon seit langem, muß sich diese Dialektgrenze fortsetzen. Und er sollte recht behalten!

Inzwischen konnte nach mehrjähriger Arbeit in Schleswig-Holstein nämlich auch dieser weiße Fleck auf der Dialektkarte getilgt werden und der Grenzverlauf zwischen dem gut erforschten Mecklenburg und dem heute ebenfalls kartierten dänischen Festland festgelegt werden. Immer mit einem Ohr auf singende Goldammern lauschend, begann zuerst der Hamburger Ornithologe Ulrich Schroeter sich von der Elbe aus nordwärts vorzuarbeiten, bis er schließlich nach über 500 Goldammergesängen an der Landenge zwischen Schleswig und Husum eine mehrere Kilometer breite Übergangszone zwischen den beiden von Kaiser beschriebenen Dialekten fand. Entlang einer unsichtbaren Linie werden beide Dialekte zum Teil in enger Nachbarschaft gesungen. Hier hörte der Ornithologe auch einige Mischsänger, die gleich beide Dialekte singen, ähnlich den vielen Flensburgern, die sowohl Deutsch als auch Dänisch sprechen.

Wie eine gründliche Untersuchung in diesem Dialektgrenzgebiet schließlich zutage brachte, beherrschen die Goldammern in Schleswig-Holstein allerdings nicht nur zwei, sondern gleich vier verschiedene Gesangsvarianten. Und aus Jütland wissen die Zoologen mittlerweile, daß es sogar sieben verschiedene Strophentypen bei der Goldammer gibt; dort zieht sich ein regelrechtes Dialektmosaik durchs Land.

Da sich einzelne Strophenformen aber sehr ähnlich sind und diese zudem auch meist in benachbarten Revieren gesungen werden, wurde kürzlich vorgeschlagen, die bisher beschriebenen Gesangsvarianten wieder zu zwei Dialekten zusammenzufassen. Die anderen Strophentypen wären demnach bloße Gesangsvarianten der beiden Dialekte »zity« und »tysieh«, die schon Werner Kaiser beschrieb. Demnach läßt sich auch in Schleswig-Holstein eine deutliche Trennung von zwei Gesangstypen nachweisen: Nördlich einer gedachten

Linie, die sich – freilich mit ordentlichen Schlenkern zu beiden Seiten – von Fehmarn über Kiel und Schleswig nach Husum an der Westküste zieht, singt *Emberiza citrinella* wie auch im nördlichen Mecklenburg »tysieh«; südlich davon hört man ausschließlich die »zity«-Strophe. Und da die Goldammern sehr ortstreu sind, bleibt auch diese Dialektgrenze über Jahre, ja wahrscheinlich sogar Jahrzehnte hinweg am gleichen Ort.

Die Erklärung dafür ist recht einfach: Offenbar erlernen auch die nestjungen Ammern in den ersten Lebensmonaten jeweils den örtlichen Gesangsdialekt, wenn die Ammermännchen bis zum Ende der Brutzeit im Hochsommer täglich mit beachtlicher Häufigkeit in ihrem Revier singen. Allein in der Nähe der Dialektgrenze kommen die Jungtiere gelegentlich einmal auch in den Genuß von zwei verschiedenen Strophenformen. Solche Dialektmischsänger, wie sie die Ornithologen nennen, wachsen quasi »zweisprachig« auf. Siedeln sie sich später wieder in der unmittelbaren Grenzzone an, so haben sie möglicherweise den Vorteil gegenüber ihren »einsprachigen« Konkurrenten, bei der Suche nach einem Weibchen gleich doppelt erfolgreich sein zu können, da sie die Ammerdamen beider Dialektpopulationen becircen könnten. Und verschlägt es solch »zungenfertige« Männchen aus irgendeinem Grund in ein anderes Gebiet, können sie sich dort ebenfalls leichter ansiedeln, denn sie beherrschen ja auch den fremden Dialekt – der richtige Tonfall sichert problemlosen Anschluß!

Warum es bei der Goldammer überhaupt solche Dialekte gibt, welche biologische Bedeutung diese regional variierenden Gesänge haben, darüber allerdings rätseln Zoologen bis heute. Wie in der Wissenschaft üblich, wirft eine beantwortete Frage gleiche neue auf. Auch die jüngste Erkenntnis von Dialekten bei der Goldammer haben das Rätsel um ihre Entstehung nicht weniger rätselhaft gemacht. Denn der Bioakustiker Prof. Gerhard Thielcke von der Vogelwarte in Radolfzell am Bodensee meinte vor Jahren schon nachweisen zu können, daß die beiden Dialekte gänzlich ohne Einfluß auf die Arterkennung bei der Goldammer sind; trotz anderer Strophenform vermögen Ammermann und Ammerfrau also durchaus zu erkennen, daß dort eine Goldammer singt und nicht irgendein anderer beliebiger Vogel. Die feine Unterscheidung des »zity«- und

»tysieh«-Dialekts, so könnte man vorschnell denken, stellt sich mithin gar nicht den Goldammern selbst, sondern bislang allein den Bioakustikern als Problem dar. Doch weit gefehlt! Ammerweibchen reagieren nämlich erwiesenermaßen stärker auf den eigenen als auf einen fremden Dialekt. Behandelt man die Weibchen beispielsweise mit bestimmten männlichen Hormonen (Testosteron) – und eine Forschergruppe in Norwegen hat das vor einiger Zeit in mehreren Laborversuchen getan –, so beginnen auch sie zu singen; etwas zaghaft zwar, aber immerhin so deutlich, daß die Vogelkundler herausfinden konnten, in welchem Dialektgebiet diese Goldammern aufgewachsen waren, welchen der beiden Dialekte das Weibchen als Jungtier einst kennengelernt hatte. Besonders häufig forderte solch eine Ammerdame ein im benachbarten Käfig gehaltenes Männchen nun immer dann zur Kopulation auf, wenn die Wissenschaftler ihr über Tonband den eigenen Dialekt vorspielten; die fremde Gesangsform ließ das Weibchen dagegen eher kalt. Und Bioakustikern von der Universität Kaiserslautern gelang es, per Minisender den Herzschlag der Ammerweibchen zu messen, während sie den Vögeln die verschiedenen Dialekte vorspielten: Stets ließ der heimatlich vertraute Gesang die Herzen der Weibchen deutlich höherschlagen.

Ähnliches war bereits zuvor auch beim nordamerikanischen Weißkopfammerfinken herausgefunden worden. Gerade aber bei dieser Vogelart ist das Dialektproblem derzeit heftig umstritten, wobei sich in den USA inzwischen zwei »Denkschulen« gebildet haben, die sich – meist freilich wissenschaftlich nüchtern, wie das in diesen Kreisen so zu sein hat – per abwechselnder Veröffentlichung und Gegenveröffentlichung einen geradezu spannenden »Erkenntniskrieg« liefern. Für Bioakustiker haben die Fachzeitschriften, in denen die Arbeiten der letzten Jahre publiziert wurden, dadurch fast schon so etwas wie die Aktualität von Tageszeitungen bekommen – bei zoologischer Forschung ja keineswegs die Regel.

Während es mithin die einen für wahrscheinlich halten, daß es lediglich zu zufälligen Verpaarungen unter den Ammerfinken kommt, der unterschiedliche Gesang demnach kein Hindernis für eine gemeinsame Brut ist, nehmen die anderen Forscher an, daß die Vogeldamen stets mit Vorliebe Männchen der eigenen Dialektpopulation auserwählen. Der Wissenschaftsstreit ist derzeit noch unentschieden, quasi zum »Stellungskampf« geworden, bis neue Ergebnisse diese Hypothesen auf die Probe stellen.

Von der Goldammer weiß man immerhin, daß sich auch die Männchen deutlich aggressiver gegenüber fremden Dialekten zeigen. Zudem meint der dänische Goldammerforscher Poul Hansen Hinweise zu haben, daß die Dialekte bei der Goldammer tatsächlich dazu dienen, stets wieder eine »passende Paarung« unter den Goldammern einer Region zu sichern. Ethologen nennen so etwas gern »assortative mating«; ein Vorgang, bei dem sich die Weibchen eben nur den Männchen des eigenen Dialektes hingeben und sie mit bestimmten Verhaltensweisen zur Paarung auffordern.

Bevorzugten die Goldammerweibchen ausschließlich den eigenen Dialekt, wären die biologischen Konsequenzen gravierend: Denn die »passende Paarung« würde einen Austausch zwischen den Dialektpopulationen, also über eine bestehende Dialektgrenze hinweg, langfristig weitgehend ausschließen; es käme zu einer genetischen Abgrenzung einzelner Dialektrassen. Damit würde nicht nur die konstante Dialektgrenze erklärt werden können, sondern auch, wie es zu neuen Unterarten bei einer Singvogelart kommen kann. Von solch einer isolierenden Wirkung der Dialekte innerhalb einer Art sind viele Wissenschaftler heute überzeugt. Doch Überzeugungen sind bekanntlich noch keine Beweise. Ob Dialekte tatsächlich den Genfluß, also den Austausch von genetischem Material durch die zufällige Verpaarung, unterbinden können, das muß derzeit noch immer als ungeklärt gelten.

Für die Zoologen, die den Geheimnissen der Goldammer in Norddeutschland und Dänemark auf der Spur sind, ist dies indes nicht das einzige Rätsel. Denn erstaunlicherweise gelang es den Vogelforschern nicht, eine Beziehung zwischen der Lage der Dialektgrenze und irgendeiner klimatischen oder geographischen Barriere zu finden, die in Norddeutschland für die Zusammensetzung der Tier- und Pflanzenwelt sonst von so großer Bedeutung sind; statt dessen zieht sich die unsichtbare Trennlinie zwischen den Dialektpopulationen der Goldammer quer durch das Verbreitungsgebiet der Vögel von Küste zu Küste. Hypothesen sind ja bekanntlich das Salz in der Suppe der Wissenschaft; und so hat es auch an Hypothesen darüber nicht gefehlt, wie es gerade dort an der Landenge zu einer Dialektgrenze gekommen ist. Möglicherweise spielt die geringe Bestandsdichte der Goldammer in der flachen Marschlandschaft der Flüsse Eider, Sorge und Treene dabei eine entscheidende Rolle; da Ammern in den feuchten Niederungen nicht brüten, können sie nur die höhergelegenen Geestrücken als Lebensraum nutzen. Mit der Agrarreform in Norddeutschland Ende des 18. Jahrhunderts, die zu der von der Goldammer bevorzugten Knicklandschaft führte, hat sich möglicherweise auch die Goldammer erst ausbreiten können und Landesteile besiedelt, in denen sie zuvor fehlte. Durch die nach dem Verkopplungsgesetz geschaffenen Knicks erschloß sich für den goldgelben Vogel neuer Lebensraum, den er in mehreren Besiedlungswellen eroberte. Die auch heute noch dichter besiedelten Geestrükken dienten den Ammern dabei als Ausbreitungskorridore. Über solche Geesttrassen könnten dann die zuvor isolierten Dialektpopulationen der Goldammer aufeinandergestoßen sein. Just an der schmalsten Stelle Schleswig-Holsteins, wo Marschlandschaft und Niederungen nur eine lückenhafte Besiedlung erlaubten, bildete sich schließlich die Dialektgrenze aus, die die Zoologen jetzt bei ihren Feldforschungen entdeckten.

Nun, eine Hypothese ist fein heraus, wenn sie erfolgreich andere Erklärungsversuche überlebt hat. Bis dahin bleibt es noch das Geheimnis der Goldammern, warum ihre Dialektgrenze nun gerade auf der Höhe Husum – Schleswig liegt. Soviel aber steht fest: Ein zusammenhängendes »zity«-Dialektgebiet erstreckt sich über die gesamte Bundesrepublik und die DDR, mit Ausnahme eben der nördlichsten Teile, in denen der »tysieh«-Gesang beginnt. Erst in Norwegen und Schweden singen die Goldammern dann wieder den »zity«-Dialekt. Doch nachdem kürzlich ein Forscher der Universität in Wien diese »zity«-Form neben einigen anderen Gesangsvarianten auch in Österreich nachweisen konnte ist klar: Es gibt keinen »skandinavischen« oder »südlichen« Dialekt bei der Goldammer, wie man früher geglaubt hatte. Vielmehr scheint sich ein regelrechter »tysieh«-Dialektkeil von Osten her kommend in die westlichen Ostseeanrainer, aber auch in den Alpenraum hinein vorzuschieben; von regelrechten »Brückenköpfen« war da schon die Rede, die die »tysieh«-Sänger etwa in Jütland, auf einigen dänischen Inseln, auf Rügen und eben auch in Schleswig-Holstein bilden.

Zwar fehlen den Forschern noch viele geographische Nachweise, vor allem aus Osteuropa, doch nachdem Werner Kaiser die Klärung der geographischen Verbreitung der Goldammerdialekte kurzum zum Europaprojekt erklärt hat, ließ der erste Clou nicht lange auf sich warten: Auf der Ostseeinsel Bornholm nämlich fand der Ornithologe Klaus Conrads eine Dialektform, die sich von den zuvor dort gehörten »zity«-Gesängen deutlich unterscheidet. Noch vor vierzig Jahren sangen die Goldammern auf Bornholm, wenn man älteren Veröffentlichungen glauben darf, ausschließlich den »zity«-Dialekt. Vielleicht ist die neue Inselvariante in der Ostsee im Zusammenhang mit dem »tysieh«-Keil entstanden, sollte der sich tatsächlich nach Westen ausbreiten. Irgendwann nach 1938 (in diesem Jahr hatten Vogelkundler zuletzt noch den »zity«-Dialekt auf Bornholm gehört – und darüber berichtet) muß der andersartige und neue Dialekt auf der Ostseeinsel eingewandert sein, wenn man nicht annehmen will, daß er unabhängig vom Festland auf der Insel entstanden ist. Seltsamerweise scheint es der Goldammer auf Bornholm wie den Menschen dort zu gehen, deren waschechter Dialekt im Verschwinden ist; man findet nicht mehr so leicht eine Goldammer, die noch echt »bornholmisch« singt. Auch an den Gesangsdialekten nagt offenbar der Zahn der Zeit.

Lärmender Lebensraum – Ein Duett für Frosch und Vogel

Jeder Tischredner kennt das Problem: Sich mit lauter Stimme im allgemeinen Stimmengewirr einer Menschenansammlung Gehör zu verschaffen und seine sich angeregt unterhaltenden Tischnachbarn durch Lautstärke zu übertönen, gelingt nur schwerlich Wer dagegen dezent an ein Glas klopft oder gar ein Tischglöckchen bemüht, braucht nicht laut zu werden und wird dennoch gehört. Die hellen, klaren Töne heben sich deutlich von der vorherrschenden Geräuschkulisse ab – trotz ihres vergleichsweise niedrigen Schallpegels.

Und was für Tischredner recht ist, ist für einen kleinen Frosch der Gebirgsbäche des Himalajas nur billig. Anstatt zu versuchen, neben dem Tosen des herabstürzenden Wassers der Gebirgsbäche durch Lautstärke aufzufallen, macht er sich just diesen »Tischredner-

Trick« zunutze. *Rana liebigii* hat es als ökonomischer und weitaus wirkungsvoller entdeckt, von den im allgemeinen Hintergrundrauschen enthaltenen Tonfrequenzen abzuweichen, und sich ein eigenes »akustisches Fenster« im Spektrum der störenden Geräusche gesucht.

Kein Trick ohne Nachahmer, so könnte man denken: Denn wie Dr. Alain Dubois, zuständig für Amphibien und Reptilien am »Muséum National d'Histoire Naturelle« in Paris, und Dr. Jochen Martens vom Institut für Zoologie der Johannes-Gutenberg-Universität in Mainz bei ihren Expeditionen in die Himalaja-Region entdeckten, sind nicht nur einige Frösche der Gattung *Rana* aus Nepal, sondern auch ein kleiner Laubsänger, ein asiatischer Verwandter unseres Zilpzalps, auf diese Masche verfallen. Beide, Frosch und Laubsänger, leben in unmittelbarer Nähe von reißenden und dumpf tosenden Gebirgsflüssen und lassen in ihren Rufen und Gesängen auffällige Ähnlichkeiten erkennen. Zudem unterscheiden sich sowohl der kleine Singvogel *Phylloscopus magnirostris* als auch drei Froscharten, die an den Himalajabächen leben, in ihren Lautäußerungen deutlich von den nächsten Verwandten aus anderen, geräuschärmeren Lebensräumen. Sie schlagen gänzlich andere Töne an, wenn es um das Anlocken von Weibchen geht.

Um gegen das dumpfe Grollen der Wildwasser anzukommen, setzen beide, Frosch und Vogel, übereinstimmend kurze, rhythmische Folgen von hohen Rufen ein, die durch lange Pausen getrennt sind; und beide beschränken sich auf ein nur schmales Frequenzband, das über den Frequenzen des Hintergrundlärms liegt. Die Laute der Frösche liegen allerdings mit ein bis zwei Kilohertz etwas tiefer als die des Laubsängers. Bei diesem ist es ein lauter und schriller fünftöniger Pfiff, etwa im Frequenzbereich um 5 Kilohertz, der selbst noch über größere Entfernung zu hören ist. Dabei erklären die beiden Zoologen das jeweils recht schmale Frequenzspektrum der Lautäußerungen damit, daß bei beiden die Energie der Rufe stärker gebündelt und so deren Reichweite erhöht wird – ein »Stakkatoeffekt«, der die Balzgesänge zusätzlich hervorhebt. Für die Weibchen sind solche den Lärm buchstäblich übertönenden Rufe mithin mühelos auch noch unmittelbar am rauschenden Bach zu lokalisieren. Das Zusammenfinden der Partner ist gesichert.

Die beiden Forscher Dubois und Martens bemerkten diese übereinstimmende akustische »Einnischung« bei den Himalaja-Fröschen und dem Schluchten-Laubsänger zunächst unabhängig voneinander bei den Analysen der Gesangsaufnahmen »ihrer« Tierart. Ein gemeinsamer Vergleich der Sonagramme, den optisch »übersetzten« Tonprotokollen, ergab dann schließlich, daß die Rufe und der Reviergesang in der Tat deutliche Parallelen aufweisen, ungeachtet des durchaus sehr unterschiedlich gebauten Stimmapparates beider Tiergruppen. Denn während Frösche, wie die meisten Wirbeltiere, ihr Quaken mittels Stimmbändern im Kehlkopf (Larynx) erzeugen, demnach also über eine Larynxstimme verfügen, entstehen die melodischen Gesänge der Vögel in einer ihnen eigenen besonderen Stimmapparatur an der Gabelung der Luftröhre, der sogenannten Syrinx. Beim Laubsänger geraten sehr dünnhäutige Membranen in dieser Syrinx in Schwingung, wenn die Luft auf dem Weg zur Lunge oder zurück durch die Bronchien und die Luftröhre den Stimmapparat passiert; beim Frosch dagegen sind es vorspringende Stimmbänder des Kehlkopfes, die durch Muskelzug verstellbar sind. Und dennoch: gleicher Lebensraum, gleiche Lösung.

Für Alain Dubois und Jochen Martens sind die deutlich übereinstimmenden Rufe dieser so verschiedenen Tierarten mehr als nur bloßer Zufall. Vielmehr sehen sie darin den Hinweis auf eine konvergente Entwicklung im Verhalten dieser allenfalls sehr weitläufig miteinander verwandten Tiergruppen. Beispiele für Konvergenz, also die Angleichung miteinander nicht verwandter Lebewesen unter gleichen Umweltbedingungen, sind Legion; bisher hatte man dabei allerdings meist morphologische Merkmale im Auge, etwa die Ähnlichkeit der stromlinienförmigen Körper bei Fischen und Meeressäugern oder die Ausbildung der Flughaut bei den Flugbeutlern (die zu den Beuteltieren zählen), den Flughörnchen (die dagegen zu den Nagetieren gehören) und etwa den Fledermäusen. Daß aber auch die Rufe von Tieren eine konvergente Entwicklung genommen haben könnten, vermuten Biologen erst jetzt.

Diese stimmliche Konvergenz, so glauben deshalb Dubois und Martens, hat sich erst unter dem besonderen Selektionsdruck im lärmerfüllten Biotop von Frosch und Laubsänger herausgebildet – das Tosen des Wassers als ein unvermuteter Schrittmacher der Evolution! Um nämlich ein Weibchen anzulocken und sich im Lärm der Gebirgsbäche Gehör zu verschaffen, mußten sich die Männchen beider Tiergruppen »etwas einfallen lassen«. Sie verfielen dann im Laufe ihrer Evolution prompt auf denselben Trick: eben jenen mit dem Tischglöckchen.

Elefantensprache: Mit Infraschall durch den Busch

»Der Wind stand günstig, er wehte von dem Elefanten zu mir her. Mit äußerster Vorsicht schlich ich auf Zehenspitzen bis zu einem Ameisenhaufen, der auf halbem Wege zwischen mir und dem Elefanten lag, und vermied es, auf trockene Zweige zu treten.

Ich war eben über den Ameisenhaufen gestiegen, als der Elefant vorübergehend verschwand und ich nur ein erschreckend tiefes Brummen hörte. Es war der Bulle. Die grollenden Laute schienen eine so unversöhnliche Feindschaft zu verraten, daß ich überzeugt war, er werde mich wütend angreifen. Hals über Kopf floh ich zum Wagen. Als ich mich umwendete, sah ich, daß der Elefant ganz friedlich an einem Palmwedel kaute. Offenbar war er gänzlich unbekümmert und ahnte nichts von meiner Gegenwart. Ich hatte mich idiotisch benommen! Ich hatte einfach zum erstenmal das Grunzen eines Elefanten gehört. Später wußte ich, daß dieser Laut nur der Verständigung mit anderen Elefanten dient, wenn die Herde auf Nahrungsuche oder auf Wanderung ist.«

Nicht nur dieses dumpfe, gerade noch vernehmbare Grollen, das den schottischen Zoologen Dr. Iain Douglas-Hamilton hier bei seinen ersten zaghaften Annäherungsversuchen unter Elefanten in die Flucht schlug, dient der Kommunikation der Dickhäuter. »Elefanten sind nie ganz leise, ob sie nun ruhen oder fressen«, bemerkte treffend der Schotte, der seit 1963 in Ostafrika Elefanten beobachtet. »Man hört das protestierende Quieken eines Kalbes, das vom Futterplatz der Mutter abgedrängt wird, oder das scheinbar wütende Trompeten eines Jungtieres, das im spielerischen Kampf mit einem Altersgenossen die Stärke der Stoßzähne mißt. Mit diesen Geräuschen verraten sie sich.«

Jedoch: Mit anderen Lauten, für uns Menschen meist unhörbar, unterhalten sich Elefanten – sozusagen unter Ausschluß der Öffentlichkeit – sogar über kilometerweite Entfernungen.

Auch Elefanten verfügen nämlich über eine »Sprache«; sie sind gesellig und äußerst gesprächig zugleich. Zu dieser Erkenntnis kam kürzlich die amerikanische Zoologin Katharine Payne, und dies wie so häufig durch Zufall und eher beiläufig. Denn gesucht hatte solch eine Sprache bei den Großsäugern auch Katharine Payne nicht (wir kennen sie bereits als jene Bioakustikerin, die den reimenden Walen nachspürte). Lange nahm man an, das markerschütternde Trompeten der Elefanten sei Ausdrucksmittel genug für die riesigen Rüsselträger. Doch Elefanten verständigen sich mit Infraschall! Dies sind Laute mit sehr geringer Schwingungszahl, die dem menschlichen Ohr entgangen waren, obgleich Kenner der Elefanten, wie A. E. Johann berichtet, solch einen »sechsten Sinn« bei mehr als einer Gelegenheit längst vermutet hatten.

Immerhin ist der jetzt entdeckte Infraschall so ungewöhnlich im Tierreich, daß die grauen Schwergewichtler die ersten landlebenden Säuger sind, von denen derartige Töne bekannt wurden. Allein von Finnwalen – einem Vertreter der Bartenwale – weiß man, daß sie sich unter Wasser ebenfalls mit Infrasound unterhalten, und das ähnlich wie Elefanten über eine Entfernung von etlichen Kilometern.

Mittlerweile hat sich auch das »Elefantengeflüster« als ein sehr feinsinniges Kommunikationssystem sowohl der afrikanischen wie auch der asiatischen Dickhäuter entpuppt. Denn geradezu mysteriös erschien bereits den Großwildjägern, später den Wildbiologen und schließlich den Verhaltensforschern, wie sich eine zur Nahrungsuche meilenweit über Savanne oder Wald verstreute Elefantenfamilie vor allem nachts wieder zusammenfindet. Die Rüsseltiere, die allesamt sehr schlechte Futterverwerter sind und daher ständig enorme Mengen an Gras, Wurzeln, Holz und Baumrinde in sich hineinstopfen müssen, verteilen sich beim Fressen in kleinen Verbänden von vier, sechs oder acht Tieren über die Baumsavanne; wie auf ein geheimes Signal hin setzen sich diese Familien dann irgendwann urplötzlich wieder in Bewegung und schließen sich zu einer größeren Herde von mehreren Dutzend Tieren zusammen, strecken sich zur Begrüßung gegenseitig die Rüssel, sozusagen die »Vielzweckhand« der Rüsseltiere, ins Maul und wandern zusammen weiter.

Wie Elefanten sich untereinander verständigen, das entdeckte dann Katharine Payne zuerst im Zoo von Portland im amerikanischen Bundesstaat Oregon. Der Zoologin war bei Beobachtungen an einer Gruppe von Asiatischen Elefanten *(Elephas maximus)* aufgefallen, daß die Luft in unregelmäßigen Abständen immer wieder von tiefen Vibrationen erfüllt wurde. Mit Infraschall-Meßgeräten ließ sich schnell bestätigen, daß diese Vibrationen tatsächlich von den grauen Riesen hervorgebracht wurden. Die Töne, die die Elefanten 10 bis 15 Sekunden lang von sich geben, liegen mit einer Frequenz von 14 bis 24 Hertz (Hz) derart tief, daß dem Menschen mit einer unteren Hörschwelle von 20 Hz dafür die Antenne fehlt. Er kann solch tiefe Baßtöne allenfalls noch als Vibrationen wahrnehmen, und das auch nur bei großer Lautstärke. Die niedrigste Frequenz, die Elefantenohren noch wahrzunehmen vermögen, liegt dagegen deutlich tiefer.

Offenbar erzeugen die Elefanten diese Infraschallaute an der Ansatzstelle ihrer Rüssel. An einer auch äußerlich durch einen kleinen Buckel auf Höhe der Augen sichtbaren Stelle des Elefantenkopfes lokalisierten die Forscher die Lautquelle. Dort, wo die durch den Rüssel führenden Nasengänge aus dem massigen Schädel austreten, bringen die Tiere vermutlich eine Membran zum Schwingen.

Und dieser für uns lautlos schwingende Kontrabaß dient Elefanten zur nuancierten Verständigung, etwa zum Auffinden der Partner während der Brunft oder zur wechselseitigen Kontaktaufnahme einzelner Tiere einer Herde, die immerhin 80 bis 100 Elefanten zählen kann. Im Zoo jedenfalls reagierten die Dickhäuter mit solchen Infraschallauten auf die Rufe von Artgenossen oder die Ankunft eines Pflegers. Eine »Mitteilung« in Infraschall abzusetzen, gehört demnach »zum guten Ton« unter Elefanten; nur gut, daß Elefanten auch im Bereich der menschlichen Sprache noch hören, sonst wäre der Kontakt zum Zoopersonal recht einsilbig; Tier und Mensch würden buchstäblich aneinander vorbeireden. Und Zirkusdressuren mit Elefanten wären schon gar nicht möglich.

Studien an freilebenden Afrikanischen Elefanten *(Loxodonta afrikana)* im Amboseli-Nationalpark in Kenia, die Katharine Payne anschließend mit Kollegen von der Princeton University durchführte, belegen unter anderem, daß Infrasound auch beim Liebesleben der grauen Giganten den Ton angibt. Brünstige Bullen etwa trollen grollend durch den Busch, verharren dann wie angewurzelt, als ob sie auf eine Antwort auf ihr Liebeswerben lauschten. Eine paarungsbereite Elefantenkuh zu finden, wird indes für die riesigen Rüsseltiere, denen man in Afrika derzeit wegen ihrer begehrten Elfenbeinstoßzähne den Garaus macht, auch trotz des Infraschall-Kommunikationssystems immer schwieriger. Zudem dauert es angesichts einer Tragezeit der Kühe von 22 Monaten recht lange, bis ein Bulle bei ihnen erneut zum Zuge kommt. Während der Paarung jedoch, so berichtet Frau Payne, stößt das Weibchen kräftige Rufe im Infraschallbereich aus, die möglicherweise weitere Bullen anlocken sollen. Die müssen sich jedoch beeilen, da eine Elefantin nur etwa zwei Tage lang paarungsbereit ist.

Die ungewöhnlich tiefe Baßstimme der Elefanten hat dabei durchaus einen gewichtigen Grund. Denn daß die Dickhäuter ihren Frequenzbereich nach unten ausdehnten, läßt sich durch den Lebensraum der Tiere leicht erklären. Infraschallaute besitzen eine große Reichweite, da sich tiefe Töne im Unterholz und Gras der Savanne vergleichsweise weit ausbreiten, während hohe Frequenzen im Dikkicht sehr schnell geschluckt werden. Durch Hindernisse wie Bäume und andere Pflanzenbestände nicht wesentlich abgeschwächt, eignen sich diese niederfrequenten Töne besser zur Verständigung und Kontaktaufnahme über weite Entfernungen – immerhin von bis zu 20 Kilometern ist da die Rede – als höhere Töne. Auch Elefanten haben mithin ihr eigenes »akustisches Fenster« entdeckt.

Auch Dohlen können lügen – Die Sprache der Rabenvögel

Ein beliebtes Studienobjekt der ethologischen Forschung waren Rabenvögel schon immer – nicht ohne Grund: Denn die *Corviden* gelten als erstaunlich intelligent und lernfähig und besitzen ein überaus vielfältiges Sozialverhalten. Dem kürzlich verstorbenen österreichischen Nobelpreisträger Konrad Lorenz, der über hundert Dohlen selbst aufgezogen hat, dienten diese Vögel zu seinen ersten Verhaltensstudien an Tieren. Berühmtgeworden ist die Arbeit des jungen Lorenz zur »Ethologie sozialer Corviden«, in der er 1931 über das Sozialverhalten von Dohlen berichtet und auch erstmals das Phänomen der Prägung beschreibt.

Im Alpenzoo in Innsbruck entdeckten Ethologen jetzt eine beachtliche Fähigkeit dieser Rabenvögel, bestimmte Laute situationsgerecht einzusetzen; ja dank dieses »Sprachtalents« Artgenossen sogar regelrecht zu betrügen; einige der Tiere schlagen nämlich falschen Alarm, um allein an einen begehrten Futterbrocken zu gelangen, während ihre Artgenossen erst einmal aufgeschreckt fliehen.

Neben der Tanzsprache der Bienen und der Taubstummensprache, die man Schimpansen in Gefangenschaft beibrachte, ist dies das dritte Beispiel einer echten tierischen Sprache. Und man sieht: Wie viele andere Erfindungen, ist auch die der Sprache vor Mißbrauch nicht geschützt.

Die Ethologin Frau Dr. Ellen Thaler und ihr Mitarbeiter, der Thailänder Narit Sitasuwan, die die Lautäußerungen von Alpenkrähe und Alpendohle untersuchten, bemerkten nach langen Tonbandprotokollen, daß sich die Vögel üblicherweise mit Rufen, die man mit »Komm her!« und »Geh weg!« umschreiben kann, zu entsprechenden Verhaltensweisen auffordern. Zwar besitzen Rabenvögel im Gegensatz zu anderen Singvögeln keinen eigentlichen Gesang, doch verfügen sie aufgrund eines engen Partnerkontakts und des komplexen Gruppenlebens über ein umfangreiches Lautinventar. Raben, Krähen, Dohlen und Elstern gehören übrigens tatsächlich zu den Singvögeln (*Oscines,* wie sie wissenschaftlich heißen), auch wenn ihr eher eigenwilliges Gekrächze solcherlei Verwandtschaft alles andere als vermuten läßt.

Im Alpenzoo Innsbruck, der ideale Bedingungen zur Aufzucht von Alpenkrähen und -dohlen bietet, nahm Sitasuwan, der fast drei Jahre lang die Ethologie und Nahrungsökologie der beiden Zwillingsarten verglichen hat, die Rufe von 14 Zoovögeln und deren Nachwuchs auf Tonband auf. Im Alpenzoo brütet seit 1976 außerdem ein gemischtes Paar, so daß auch der Nachwuchs aus dieser »Mischehe« in die Untersuchung aufgenommen werden konnte, ein nicht unbedeutender Umstand, wie sich später zeigte.

Ellen Thaler und Sitasuwan unterscheiden insgesamt 17 Rufe, darunter Kontaktlaute, drei Alarmrufe, Imponierlaute und solche, die beim Spielen der Vögel zu hören sind. Bei der sonagraphischen Analyse der Einzellaute, die in bestimmten Situationen von den Vögeln zu hören waren, fielen den Wissenschaftlern kleine Unterschiede im Vokabular auf. Mit solchen Abweichungen änderte sich auch das, was sich die Rabenvögel erzählen. Die beiden Lauttypen oder »Grundworte« *Zijag* und *Grüg,* das »Komm her!« und »Geh weg!«, lassen sich bei der Alpendohle bereits mit dem Gehör unterscheiden, bei der Alpenkrähe erst mit Hilfe von Sonagrammen. Dieses *Zijag* und *Grüg* drückt bestimmte Stimmungen aus und kann je nach Situation sogar zu »Sätzen« angeordnet werden. Eine Kontakt suchende Dohle wird beispielsweise »Komm her!« rufen – im Sonagramm ist das deutlich als ein in drei Frequenzbereichen liegender Laut zu erkennen; ein aggressiver Vogel dagegen reiht eher – wen wundert's wirklich? – ein zweibändiges »Geh weg!« aneinander. Die beiden Ethologen konnten mit einiger Übung sogar anhand der Variation ganz bestimmter Elemente dieser Rufe erkennen, wie intensiv die Stimmung eines Tieres gerade ist. In eine Konfliktsituation gebracht, rufen die Vögel »Geh weg!« und »Komm!« durcheinander, so als ob sie sich nicht entscheiden könnten.

Die situationsgerechte Variabilität des Stimminventars ist für Thaler und Sitasuwan Grund genug, hier von einer echten Sprache zu reden. Wenn beispielsweise eine Alpendohle einen für die übrigen Tiere unsichtbaren kreisenden Bussard erspäht, wird sie zweimal »Achtung« (einen Erregungslaut des »Komm«-Typs) rufen, woraufhin ihre Artgenossen mit »Ich komme« reagieren und herbeifliegen; oder aber sie antworten mit einem Ruf, so etwa wie: »Was ist los?«, ohne dann gleich nachsehen zu kommen. Droht indes unmittelbare Gefahr, in der das Herbeifliegen anderer Krähen und Dohlen nun auch diese noch zusätzlich in Gefahr gebracht hätte, so hörten die Forscher stets ein unmißverständliches und bestimmtes »Geh weg!«, »Geh weg!«.

Diese auch unserem Verständnis zugängliche Begriffsnuancierung der sozialen Felsenkrähen ist aber allein deshalb mit der Sprache des Menschen noch nicht gleichzusetzen. Der Begriff »Sprache« ist in der Verhaltensforschung nicht nur an Worte oder Lautäußerungen gebunden. Ethologen verstehen darunter vielmehr »eine Form der

Kommunikation, die sich der Verwendung von Symbolen bedient«; und das tun offenbar auch Alpenkrähe und Dohle. Doch während wir uns persönlich und sachlich über unsere Umwelt unterrichten können und auch Erfahrungen weitergeben, kommunizieren die meisten Tiere dagegen emotional, wie der Verhaltensforscher Prof. Irenäus Eibl-Eibesfeldt schreibt. Tiere – jedenfalls die ohne Symbolsprache – lernen allenfalls durch Nachahmung, nicht durch direkte Informationsübertragung; sie verständigen sich mit einem ihnen angeborenen (oder in den Feinheiten erlernten) Repertoire an Signalen mit einfachen Aussagen, die etwa Artzugehörigkeit und Geschlecht kundtun. Strenggenommen sind deshalb etwa die Infraschallaute der Elefanten im afrikanischen Busch eigentlich noch längst keine echte Sprache, jedenfalls nicht nach dem, was wir bisher darüber wissen und was Ethologen unter einer Sprache verstehen; vielmehr ist es einfach die typische Art der Elefanten, miteinander zu kommunizieren: recht wirkungsvoll, wie wir gesehen haben, aber eben unvergleichlich mit der Weitergabe abstrakter Information bei Bienen oder Rabenvögel.

Einen ersten Hinweis auf »nicht objektgebundene Informationsübertragung« bei Tieren ergaben bislang allein die Studien an Menschenaffen. Schimpansen sind zwar unfähig, eine größere Zahl artikulierter Laute hervorzubringen; Worte wie *Mama, Papa, cup* und *up* konnten sie nur mühsam hervorbringen. Sie lernen jedoch im Experiment, die ihnen beigebrachte Taubstummensprache auch für abstrakte Zusammenhänge zu nutzen – eine Fähigkeit, die sie von allen anderen Tieren unterscheidet (sehen wir von der Bienensprache einmal ab). Dabei stellen die rund 160 Handzeichen, die eine Schimpansin erlernte und zu kleinen Sätzen kombinierte, eine willkürlich gewählte Symbolsprache dar, mit der Menschenaffen dennoch alles auszudrücken vermögen, was sie wollen und was sie bewegt. Neben der Wortsprache verfügt auch der Mensch über eine solche Signalsprache, nämlich die angeborene Ausdrucksbewegung seiner Mimik und Gestik, die ebenfalls der Kommunikation dient.

Indes: Von der »Symbolik und Sprache als einem Monopol des Menschengeistes« kann demnach nicht mehr die Rede sein. »Wer gewohnt ist, das Leben auf der Erde als das Ergebnis einer historischen Entwicklung zu betrachten, wird die Wurzeln menschlicher

Symbolik im Tierreich suchen und finden«, schrieb der für seine Arbeiten zur Tanzsprache der Honigbienen mit dem Nobelpreis ausgezeichnete Freiherr Karl von Frisch. Und: »Für den Biologen liegt ein eigener Reiz darin, solchen weitgespannten Zusammenhängen nachzugehen und dem Zauberkasten der Natur da und dort ein bescheidenes Geheimnis abzugucken. Tief sieht man nicht hinein. Der Rätsel bleiben viele . . .«

Nun, bei den Rabenvögeln gelang solch ein neugieriger Blick der Forscher in den »Zauberkasten der Natur«: Denn auch Alpendohlen und Alpenkrähen scheinen dazu fähig zu sein, die angeborenen Symbole ihrer – freilich vergleichsweise »primitiven« – Sprache zu verändern; also zum Beispiel auch zu lügen oder Mitteilungen zu verfälschen. Diese verblüffende – und von vielen vielleicht für typisch menschlich gehaltene – Eigenschaft fand sich bei den untersuchten Alpendohlen und den Mischlingen beider Arten. Die Nachkommen einer solchen Verbindung sind nämlich, wie sich herausstellte, »zweisprachig«; sie besitzen das Lautrepertoire beider Elternarten (ähnlich den Mischsängern im Grenzgebiet der Goldammerdialekte!).

Ihr doppelter Wortschatz führte allerdings auch mehr als einmal dazu, daß sie sich für andere Gruppenmitglieder recht mißverständlich ausdrückten, zumal sie auch selbstkreierte Mischlaute verwendeten.

Die Alpenkrähen kommen übrigens mit einem geringeren Vokabular aus als Alpendohlen, was zusätzliche Probleme für »Mischehen« mit sich bringt. Denn Alpenkrähen besitzen weder Balzgesang noch ritualisierte Verhaltensweisen beim Partnerkontakt, wie sie unter den Dohlen indes üblich sind. Wie also sollten Alpendohlenmännchen und Alpenkrähenweibchen zueinanderfinden; muß hier nicht Sprache und Verhaltensinventar unweigerlich zur Barriere werden? – Das Pärchen im Alpenzoo in Innsbruck, das Frau Thaler beobachtete, wußte sich zu helfen: Es erfand eine Art synchronisierenden »Duettgesang«, bei dem abwechselnd »Komm!«, »Geh weg!« und »Was ist los?« gerufen wird. Obgleich man es kaum vermuten mag, harmonisierte dieses Kauderwelsch die Balzhandlung beider Tiere und ebnete den Weg zur erfolgreichen Verpaarung zweier Arten.

Für die klassische Zoologie ist das eigentlich ein Paradoxon, denn sie lehrt, daß Arten eben solche Gruppen von Tierpopulationen sind, die *eben nicht* erfolgreich miteinander Nachwuchs zeugen können. So jedenfalls will es die ursprüngliche Artdefinition des deutschstämmigen Harvard-Professors Ernst Mayr. Daß solcherlei zwischenartliche Verständigung und Mischehe unter Rabenvögeln dennoch nicht unbedingt nur ein Kunstprodukt der Zoohaltung ist, belegen Untersuchungen an Mischpaaren aus dem Freiland.

Das größere »Sprachtalent« der Alpendohlen und die Beherrschung von »Alpendohlisch« und »Alpenkrähisch« durch die Mischlinge ließ einige Tiere nicht nur andere Gruppenmitglieder täuschend echt nachahmen, sondern ermöglichte es auch, wie gesagt, diese regelrecht auszutricksen.

Die Ethologen hatten beobachtet, wie Dohlen die übrigen Vögel durch »Komm-her!«-Rufe vom Futter weglockten, um dann flugs zurückzukehren und einen begehrten Leckerbissen unter »Geh-weg!«-Geschrei allein zu fressen. Oder sie schlugen Alarm, um selbst an einen Futterbrocken zu gelangen, während die Artgenossen erst einmal aufgeschreckt Deckung suchten.

Von Singdrosseln ist ein ähnliches Verhalten bereits seit längerem bekannt. Auch sie setzen den Alarmruf ein, so berichtet der Radolfzeller Ornithologe Prof. Gerhard Thielcke, wenn sie andere Vögel vom Futter vertreiben wollen. Und die Primatenforscher Jane Goodall und Frans de Waal berichten ebenfalls unabhängig voneinander über ähnliche Beobachtungen bei Schimpansen.

Was zunächst wie Betrug aussieht, erklären Biologen allerdings so: Erst durch den zufälligen Erfolg eines ursprünglich »ungewollten« Schreckrufes kam es vermutlich zum häufigeren Anwenden dieses Tricks.

Bei Alpendohlen sind sich die Ornithologen noch nicht sicher, ob derlei Täuschungsmanöver wirklich beabsichtigt sind und wie bei den Schimpansen tatsächlich auf einsichtigem Handeln beruhen. Weitere »Sprachstudien« an Corviden sollen helfen, dieses Rätsel zu lösen.

Von der Singdrossel immerhin wissen wir, daß sie bei ihrem »Betrug« jedenfalls bestimmt nicht einsichtig handelt: Denn gelegentlich flieht sie, vom eigenen falschen Alarm und den anderen fliehenden Vögeln mitgerissen, schon einmal selbst mit in Deckung.

»Follow me«: Wie Vögel Honig machen – Das Kommunikationssystem der Honigsammler Afrikas

Er gehört zu den Spechten, lebt wie ein Kuckuck und liebt den Honig. Dieser »schräge Vogel« ist der Honiganzeiger in Afrikas Savannen und ein Glück für honigsammelnde Eingeborene, denen das drosselgroße Tier den Weg zur versteckten und überaus heftig verteidigten Süßspeise weist.

Hier verständigen sich einmal nicht Tiere einer einzigen Art miteinander, sondern Mensch und Tier zum wechselseitigen Nutzen. Doch wo kommuniziert wird, da kann auch »betrogen« werden. Eine gemeinsame »Sprache« schützt vor Mißbrauch nicht, wie uns bereits Dohle und Singdrossel vorführten; ja sie ermöglicht vielleicht erst besonders subtile Formen der Täuschung im Tierreich. Beim graubraun gefiederten Honiganzeiger indes ist es wohl kaum »böse Absicht«:

Was lange für bloße Anekdote und afrikanisches Jägerlatein gehalten wurde, konnten der Seewiesener Ethologe Heinz-Ulrich Reyer und sein kenianischer Kollege H.A. Isack jetzt mit wissenschaftlicher Gründlichkeit bestätigen: Die Boran, nomadisierende Eingeborene Kenias, können tatsächlich allein durch das Verhalten, die Flughöhe und die Rufe des Honiganzeigers *Indicator indicator* Richtung und Entfernung eines honigträchtigen Bienennestes vorhersagen – und das mit einer staunenswerten Präzision, die sogar die Ethologen vor Neid erblassen ließ. Was ihnen erst nach jahrelangen Studien gelang, das war den Boranleuten gleichsam in die Wiege gelegt.

Der seltsame Spechtverwandte aus der Gruppe der *Indicatoridae* lebt in den Waldgebieten Afrikas, schmuggelt wie unser heimischer Kuckuck anderen Vögeln seine Eier ins Nest, um ihnen die Aufzucht zu überlassen, und trägt seinen Namen völlig zu Recht; denn er kommt bis zu den Kralen der Eingeborenen, um ihnen rufend und vorausfliegend den Weg zu den Bienenwaben zu weisen, die versteckt in alten Termitenbauten, Baumhöhlen oder Felsnischen liegen. Ebenso wie der Honigdachs lassen auch die Eingeborenen stets einen Teil der ausgeräumten Bienenbrut und der Waben für den Honiganzeiger zurück – eine seit langem eingespielte Verbindung zum wechselseitigen Nutzen. Immerhin deuten Felszeichnungen in der Zentralsahara, in Zimbabwe und Südafrika darauf hin, daß Menschen dort bereits vor 20 000 Jahren auf diese Weise Honig sammelten. Ohne Hinterlist freilich sind dabei auch die Boranleute nicht: Zwar bekommt der Honiganzeiger nach getaner Arbeit stets nach gutem Brauch seinen Anteil; der jedoch wird von den Eingeborenen so knapp bemessen, daß der Vogel sich bald wieder auf die Suche nach den Wildbienen machen muß.

Wie eine dreijährige Analyse des »Führungsverhaltens« der Honiganzeiger im Norden Kenias ergab, mußten die Boran rund 9 Stunden pro Bienennest suchen, wollten sie ihre Speisekarte mit Honig bereichern, ohne daß ihnen ein Honiganzeiger den Weg wies; mit dessen Hilfe gelangten sie im Mittel bereits nach etwas mehr als drei Stunden an den begehrten Honig. Ähnlich offenkundig ist der Vorteil des Vogels: Nicht nur verringert der Einsatz von stark qualmendem Feuer, mit dem die Boran die Bienenstöcke ausräuchern, das Risiko für den *Indicator,* von den Bienen zerstochen zu werden; auch sind 96 Prozent aller von ihm gefundenen Nester für den Honiganzeiger erst zugänglich, nachdem die Boran die Bienenstöcke geöffnet haben. Zwar haben alle Honigfresser dieser Erde zum Schutz gegen Bienenstiche sozusagen »von Berufs wegen ein dickes Fell«, soll heißen, sie besitzen ein sehr dichtes, derbes und glattes Gefieder, bei dem die Federn fest in einer ungewöhnlich dicken Haut verankert sind. Ihr Schnabel indes ist derart klein und schwach gebaut, daß sie zwar Bienenbrut und Waben zerbeißen können; den Bienenstock allein aufzubrechen und auszuheben gelingt ihnen aber nicht. Das ausgereifte interspezifische Kommunikationssystem zwischen Honiganzeiger und Honigsammlern, dem Heinz-Ulrich Reyer vom Max-Planck-Institut für Verhaltensphysiologie jetzt auf die Spur kam, zeigt mithin deutlich seinen Nutzen.

Um einen Honiganzeiger anzulocken, verwenden die Boran einen durchdringenden, noch in rund einem Kilometer Entfernung zu hörenden Pfiff; einen von den Boran »Fuulido« genannten Lockruf, der etwa mittels leerer Schneckenschalen oder ausgehöhlter Palmnüsse erzeugt wird. Der Honiganzeiger seinerseits lockt mit einem typischen »tirr-tirr-tirr-tirr«-Ruf, pendelt unruhig zwischen den Ansitzen hin und her, fliegt schließlich auf und verschwindet für Minuten über den Baumwipfeln. Dann nähert er sich den honigsuchenden Boran bis auf 5 Meter, fliegt – noch immer rufend – in wellenförmigem Flug davon, wobei er auffällig seine äußeren, weißen Schwanzfedern zur Schau stellt.

Fast ist man an die »Follow-me«-Fahrzeuge erinnert, die nach der Landung auf einem Flughafen die Maschinen in ihre Parkpositionen einweisen. Und folgsam wie die Flugkapitäne folgen die Boran dem Vogel, der sich vor ihnen von Zeit zu Zeit in einen Baum setzt, um auf die Honigsammler zu warten, die pfeifend auf sich aufmerksam machen, bis schließlich der Bienenstock erreicht ist.

Dies ist der Alltag der professionellen Honigsammler. Das so auffällige Flugverhalten des Vogels jedoch, so behaupten die Boran, verschafft ihnen zudem eine Fülle von Informationen über das zu erwartende Bienennest. Und tatsächlich: Erstaunte die Verhaltensforscher bei ihren Freilandstudien anfangs noch wenig, daß der Honiganzeiger den Eingeborenen vornehmlich den direktesten Weg zum Stock wies, und dies immerhin mit einer maximalen Abweichung von gerade 0,5 Grad und zunehmender Genauigkeit, je näher man dem Nest kam, so verblüfft, daß der Vogel die Boran – und in deren Gefolge auch die Ethologen – stets auf nahezu dem gleichen Weg zum Nest führte, wenn sie es nach dem ersten Auffinden noch unbeschädigt ließen. Und starteten die Boran zu solch einem Nest aus verschiedenen Richtungen, war die Route, die der Vogel anzeigte, stets die kürzeste Verbindung beider Punkte. Wenn sich zwei Bienennester in der Nähe befanden, so führte der Honiganzeiger die Boran in der Mehrzahl der Fälle zu dem am nächsten gelegenen Stock. All dies ist für die Zoologen Hinweis genug auf eine bislang ungeahnte enorme räumliche Orientierungsfähigkeit des Honiganzeigers; mit unnützen Umwegen wird keine Zeit verloren, ist erst einmal ein lukrativer Bienenbau ausfindig gemacht.

Verblüffend ist zudem, wie genau das Verhalten des Vogels die Lage eines Bienenstocks anzeigt: Denn je näher die Honigsammler dem begehrten Leckerbissen kommen, desto kürzer werden die Pausen, in denen der Vogel zwischen seinen Lockrufen verschwindet, desto geringer wird der Abstand zwischen den Ansitzwarten, an denen der

Honiganzeiger auf die nachfolgenden Boran wartet, und desto niedriger fliegt der Vogel vor ihnen her. Bei Forschern ist es zur Gepflogenheit geworden, schier alles zu messen und zu zählen, also notierten sie während zahlreicher Lockversuche seitens des Honiganzeigers dessen sämtliche Verhaltensweisen – und fanden die Vorhersagen der Boran schließlich eindrucksvoll bestätigt.

Was den Boran der vorausfliegende Vogel »erzählte«, hielt sogar einer statistischen Überprüfung stand: Je näher das Nest kam, desto mehr blieb der Honiganzeiger tatsächlich in unmittelbarer Nähe der Boran.

Ist das Bienennest endlich erreicht, hat der Honiganzeiger überdies noch einen eigenen »Anzeigeruf«, der sich im Sonagramm deutlich von seinen übrigen Lockrufen unterscheidet; er signalisiert den Boran ebenso das Ende der Suche wie ein ganz eigenartiges Flugverhalten, bei dem der Vogel um das Bienennest kreist. Für die Honigsammler ist das quasi die unmißverständliche Aufforderung: »Mein Teil dieser Honigsuche ist getan, jetzt seid ihr an der Reihe und holt den Honig . . .!«

Zwei Dinge allerdings konnten Reyer und Isack bislang nicht bekräftigen: Die Boran hatten behauptet, ein unterhalb der Baumwipfelhöhe fliegender Honiganzeiger weise sie auch stets auf ein am Boden angelegtes Bienennest hin; und wenn ein Nest weiter als 2 Kilometer entfernt liegt, so meinten die Boran, versuche der Honiganzeiger sie über die tatsächliche Entfernung absichtlich zu »täuschen«, damit sie ihm dennoch folgten.

Wie er das schafft, ist nach dem »Sprachunterricht«, den die Ethologen bei den Boran im Norden Kenias bekommen haben, auch ganz klar: Der Vogel macht dann nämlich einfach häufiger Stop, als es der Distanz zum Honig nach »normaler« Rechnung eigentlich entspricht.

Doch nachdem Reyer und Isack alle übrigen »Mitteilungen«, die der Honiganzeiger den Boran während einer Honigsuche zukommen läßt, bestätigt fanden, sehen sie trotz fehlender statistischer Absicherung nach eigener Aussage nun keinerlei Grund, den exzellenten »Hobbyethologen« in der Savanne Afrikas auch darin keinen Glauben mehr zu schenken.

Not macht erfinderisch – Klangechte Täuschungsmanöver

Eigentlich haben wir es ja immer schon gewußt: Der Gesang eines Vogels ist dessen Stimmungsbarometer; mehr noch, er verkündet deutlich, daß da ein fortpflanzungsfähiges Männchen mit »Grundbesitz« zu haben ist, den es gewillt ist, gegen jeden Konkurrenten und Eindringling zu verteidigen. Der Revier- und Balzgesang ist demnach beides: unmißverständliches Angebot an die Angebetete und Absage an Artgenossen zugleich. Schließlich möchte so ein Vogelmann einem Weibchen etwas anderes mitteilen als seinem Nachbarn, der sich tunlichst fernzuhalten hat.

Warum Singvögel gelegentlich in ihrem Gesang aber auch andere, fremde Vogelarten nachahmen, die ihnen schließlich sonst ziemlich gleichgültig zu sein scheinen, das konnten sich Vogelkundler bisher nur schwerlich erklären. Bei dem Versuch, des Rätsels Lösung zu finden, stießen Ornithologen auf ein weiteres Beispiel für versuchten »Betrug« bei Tieren.

In der Biologie ist es heute üblich geworden, danach zu fragen, welchen Nutzen ein bestimmtes Verhalten hat; denn nur solche Verhaltensweisen werden sich im Laufe der Evolution durchsetzen, die dem Tier einen Überlebensvorteil verschaffen und die dazu führen, daß seine Gene auch in der jeweils nächsten Generation wieder mit von der Partie sind. Welchen Vorteil aber sollte der Imitationsgesang für die Vögel haben? Nehmen wir etwa den Star: Irgendwo vom Hausgiebel oder vom höchsten Zweig im Pflaumenbaum müht er sich im Frühjahr schwätzenderweise ab, baut bis zu 15 verschiedene Vogelstimmen und andere tierische Laute in sein Repertoire ein, als ob nur dies eine vorbeifliegende Starendame nachhaltig beeindrukken könnte.

Immerhin zwölf mitteleuropäische Sperlingsvogelarten imitieren in ihrem Gesang regelmäßig artfremde Stimmen; das sind knapp 10 Prozent der heimischen Vogelfauna, und unser allbekannter Hausstar ist dabei nur einer von ihnen. Mindestens sechs weitere Arten ahmen andere Stimmen wenigstens gelegentlich nach.

Die jüngste Idee der Ethologen, die sich diesem Phänomen gewidmet haben, ist nun die, daß inner- und zwischenartliche Konkurrenz dafür verantwortlich ist. Sie haben vor allem untersucht, an wen sich dieses Stimmenimitieren wohl richtet: an Artgenossen oder gar an andere Arten. Soll der abwechslungsreiche Gesang, bereichert mit den Lauten anderer Vögel, vielleicht Gewöhnungseffekte bei den Nachbarn mindern, das Erkennen der Individuen fördern oder durch das vergrößerte Gesangsrepertoire das Besetzen und Verteidigen eines Reviers erleichtern? Etwas Ähnliches haben wir ja beim Buchfinkenrepertoire bereits kennengelernt; hier könnte das Stimmenimitieren anderen Vögeln eine höhere Besiedlungsdichte konkurrierender Arten vortäuschen und sie so von einer Ansiedlung abhalten.

Auch das individuelle Erkennen ist als Erklärungsmöglichkeit nicht von der Hand zu weisen, nachdem man an Pinguinen der Antarktis erkannt hat, wie genau sie einzelne Tiere gezielt aus einer riesigen Brutgruppe heraushören können, und das an winzigen Unterschieden ihrer Stimmen. Sehen wir uns für einen Moment unter den Kaiserpinguinen am Südpol um: Kaiserpinguine, die in der Antarktis in Kolonien mit bis zu 20000 (!) Vögeln leben, können sich nicht nur untereinander individuell erkennen, sondern nahezu unfehlbar auch ihre eigenen Jungen von all den anderen unterscheiden, die da scheinbar ungeordnet durcheinanderwatscheln. Wie sie dies machen, war bislang ihr Geheimnis. Erst die Bioakustikerin Ann Bowles vom Sea World Research Institute in San Diego, Kalifornien, fand jetzt bei Studien an einer Gruppe gefangengehaltener Pinguine heraus, daß die Tiere sich anhand subtiler Variationen ihrer Rufe erkennen. Jeder Ruf ist von anderen verschieden, und die Kaiserpinguine vermögen Klangfarbe, Höhe und Dauer dieser Laute genau zu differenzieren. Wann immer sich ein Pinguin einer Gruppe von Artgenossen nähert, aggressives Verhalten zeigt oder nach Artgenossen ruft, verwendet er diesen individuellen Ruf, quasi seine »Parole« oder seinen »akustischen Fingerabdruck«, um sich selbst zu erkennen zu geben. Diese Rufe dürften für Paarbildung und -bindung und damit für den Zusammenhalt der Population von entscheidender Bedeutung sein. Schon die Feldstudien von Pierre Jouventine, Leiter des »French Antarctic Research Programme«, der die Biologie der Kaiserpinguine untersuchte, legten vor Jahren nahe, daß die Vokalisation der Schlüssel zur Identifikation innerhalb einer Pinguinkolonie ist, zumal der Geruchssinn der Tiere nur wenig ausgeprägt ist, die Partner aber als nichtterritoriale Tiere andererseits auch nicht zu bestimmten Plätzen der Kolonie zurückkehren, wo sie sich automatisch wiederfinden könnten. Die genaue bioakustische Auflösung der Rufe gelang dann jedoch erstmals Ann Bowles in San Diego. Im Sea World Aquarium, wo die Kaiserpinguine in einer Anlage mit Eis gehalten werden, um die antarktische Umwelt zu simulieren, konnte die Forscherin den Tieren mit Hilfe eines Computers künstlich hergestellt und jeweils in Klangfarbe, Tonhöhe und Dauer veränderte Versionen der Pinguinrufe vorspielen und ihre Reaktion testen. Während auf größere Entfernung, bei der sich die Tiere meist mit Kontaktrufen bemerkbar machen, vor allem die zeitliche Auflösung eines Rufes eine Rolle spielt, war bei geringerer Entfernung besonders die Klangfarbe der Laute entscheidend für das Erkennen. Wie bei menschlichen Stimmen erkennen die Pinguine einander in erster Linie am Klang. Daß sie die Dauer dieser Rufe häufig verändern, hat nach Ansicht von Ann Bowles eine soziale Funktion; sie teilen auf diese Weise Stimmungen und Intentionen mit.

Man sieht also, den für unser Ohr oft so gleichförmig wirkenden Vogellauten müssen wir eine ganze Menge Informationsgehalt für die Tiere selbst zubilligen. Doch zurück in gemäßigtere Gefilde, wo kürzlich zwei Ornithologen aus der DDR bei zwei Vogelarten, dem Gelbspötter und der Feldlerche, dem Imitieren auf den Grund gingen. Sie entdeckten dabei, daß es tatsächlich einen Zusammenhang zwischen der Konkurrenz unter den einzelnen Vogelarten einer Region und dem Gesangsimitieren gibt. Mit steigender Siedlungsdichte nämlich, so Peter Kneis und Martin Görner, nimmt auch die Tendenz zum Imitieren zu. Für die beiden Vogelkundler ist eine konkurrenzvermeidende Funktion des »Spottgesangs« daher durchaus plausibel.

Bei solchen Spöttern in der Vogelwelt besteht der Brutbiotop mit rund 70 Prozent zu einem verhältnismäßig hohen Anteil aus Gelände mit fehlender oder nur kurzwüchsiger Vegetation. Diese mangelnde Reichhaltigkeit, die die Nahrungssuche vieler verschiedener Arten nicht erlaubt, läßt wenigstens einige Vögel zu einem Trick greifen: Täuscht man dank reichhaltigem Stimmenrepertoire im eigenen

Gesang ein »Besetzt!« vor, könnte dies die zwischenartliche Konkurrenz im Lebensraum mindern, weil es andere Arten von der Ansiedlung abhält. Wer fleißig andere imitiert, hat bald selbst den Schnabel vorn, wenn es ums Überleben bei hohem Bevölkerungsdruck geht. Unter größerem ökologischen Druck hatten im Laufe der Evolution dann stets die Tiere einen Vorteil – und der wird bei den Biologen üblicherweise anhand der Zahl der Nachkommen gemessen –, die anderen sozusagen ein X für ein U vormachen; denn genau wie das Sprichwort über den menschlichen Schwindel sagt, täuschen solche Imitatoren ihren Konkurrenten wenigstens doppelte und dreifache Besetzung des Lebensraumes vor.

Obwohl nicht alle regelmäßigen »Stimmkünstler« solche Offenlandbewohner sind, entdeckten möglicherweise auch andere Vogelarten unter starkem ökologischen Druck plötzlich ihr Imitationstalent. Auch hier macht die Not folglich erfinderisch – und führt zu eindrucksvollen Gesangsanpassungen.

So liegt der biologische Sinn dieses Spottens weniger in der klangechten Wiedergabe der potentiellen Konkurrenten, obwohl das zumindest einige Künstler unter den Singvögeln beinahe zur täuschenden Perfektion gebracht haben; vielmehr dient das Repertoire eines Nachahmers gleichsam der »akustischen Umsetzung seiner Umwelt«, wie Zoologen das gern nennen. Und diese Umwelt soll ja möglichst einen überfüllten Eindruck machen.

Untersuchungen an einer Steinschmätzerpopulation, in der die Männchen Rufe und Gesänge von mindestens 36 mitteleuropäischen Vogelarten nachahmen, deuten ebenfalls auf zwischenartliche Konkurrenz hin. Steinschmätzer (*Oenanthe oenanthe)* übernehmen Gesangsteile ihrer Konkurrenten, deren Nahrungsansprüche sich mit ihren eigenen weitgehend decken und die sie auch heftig attakkieren, deutlich häufiger und vollständiger, als sie es bei anderen Brutnachbarn ihres Lebensraumes tun.

Zwischen Siedlungsdichte, der Nahrungsbiologie und dem Gesang der imitierenden Singvögel besteht offenbar ein deutlicher Zusammenhang.

Der Zweck heiligt offenbar doch die Mittel, und stimmbegabten Vogelarten gereichen derart klangechte Täuschungsmanöver zum Vorteil.

Mit der menschlichen, romantisch verklärten Vorstellung vom Singen der Vögel aus reiner Lebensfreude und ihrem Imitieren anderer Laute launenhalber, dürfte es damit nun endgültig vorbei sein.

»Nichts in der Biologie ergibt einen Sinn«, so schrieb der amerikanische Evolutionsbiologe Theodosius Dobzhansky vor Jahren, »außer man betrachtet es im Lichte der Evolution.« Recht hat er, und uns beschert dies im Fall der Spötter unter den Vögeln alljährlich wieder einen überaus melodischen Vogelfrühling!

Wenn Minnesang zur Falle wird – Heuschrecke gegen Fledermaus

Bei vielen Tierarten benutzen vor allem die Männchen akustische Signale, um Sexualpartner anzulocken. Diese Rufe müssen unzweideutig und leicht zu orten sein, damit sich nicht nur die richtigen, sprich arteigenen Weibchen angesprochen fühlen, sondern diese die Männchen auch gezielt aufsuchen können. Den in den Tropen der Neuen Welt lebenden, mit unseren Laubheuschrecken verwandten Katydiden allerdings wird nun genau das zum tödlichen Verhängnis.

Denn Fledermäuse, die sich mit Vorliebe von diesen Geradflüglern unter den Insekten ernähren, erkennen ihre Beute just an dem für ihre Ohren gar nicht bestimmten Signal. Sie nutzen die Rufe, die eigentlich paarungswillige Geschlechtspartner und keineswegs beutehungrige Feinde herbeilocken sollen, für ihre Zwecke aus, um sich beim nächtlichen Beutefang an den Heuschrecken gütlich zu tun.

Wie Jacqueline J. Belwood und Glenn K. Morris kürzlich im amerikanischen Fachblatt *Science* berichteten, reagieren wenigstens vier der von ihnen in Panama studierten Fledermausarten aus der Familie der *Phyllostomidae* eindeutig auf Tonbandaufnahmen mit Katydidengezirpe. Da die Fledermäuse diese Laute als beuteverheißende Signale aufzufassen gelernt haben, konnten die Zoologen sie damit nun ihrerseits wieder anlocken und für ihre Untersuchungen in Netzen fangen.

Auch das Geschäft der im Freiland arbeitenden Zoologen muß also trickreich sein, wollen sie zu Ergebnissen kommen. Bei einer

Analyse des Rufverhaltens der Laubheuschrecken stellte sich dann heraus, daß die Katydiden dort, wo sie zusammen mit Fledermäusen im Urwald leben, ihren Gesang verändert haben. Vergleicht man dies mit den Rufen von Heuschreckenarten, die auf Urwaldlichtungen vorkommen, so bevorzugen die »Waldheuschrecken« deutlich höhere Frequenzen, die bereits an der Grenze zum Ultraschallbereich liegen; die einzelnen Töne sind reiner und nehmen insgesamt nur ein sehr schmales Frequenzband ein. All dies sind Charakteristika, die es Säugetieren zugleich schwermachen, die Rufer zu orten.

Lediglich eine einzige im amerikanischen Urwald lebende Katydidenart macht dabei eine Ausnahme: Während alle übrigen Heuschrecken meist dann rufen, wenn sie exponiert auf Blättern des Waldunterwuchses sitzen, singen diese Heuschrecken in rund 2 Meter hohen, am Boden wachsenden Bromelienpflanzen, die mit langen und spitzen Dornen bedeckt sind. Die empfindlichen Flughäute der Fledermäuse würden an den Blattdornen ernsthaft Schaden nehmen, so daß diese Katydidenspezies von den Fledermäusen auch gar nicht erst gejagt wird.

Überhaupt haben die Fledermäuse Lateinamerikas Phantasie bei der Wahl ihrer spezifischen Nahrungsnischen bewiesen: Da gibt es neben den vertrauten, mit Ultraschall jagenden Insektenräubern auch solche, die sich auf Frösche, kleine Säugetiere und Vögel, ja sogar auf Fische spezialisiert haben. Und selbst Vegetarier, die sich von Früchten, Blüten oder gar deren Nektar ernähren, fehlen in den tropischen Wäldern nicht. Doch das Kurioseste, was die nachtaktiven Flattertiere der Neuen Welt zu bieten haben, sind sicherlich die drei Fledermausarten, die sich vom Blut der Rinder und Pferde ernähren. Man ahnt es: Die in Lateinamerika am häufigsten anzutreffende Art dieser Vampirfledermäuse mit Namen *Desmodus rotundus,* wurde damit zum lebenden Vorbild unzähliger Vampirstorys.

Doch erst dank dieses ungewöhnlich breitgefächerten Nahrungsspektrums konnten Fledermäuse überhaupt zu dem werden, was sie heute in Mittel- und Südamerika sind: die zahlenmäßig größte Säugetiergruppe.

Die Echoortung ist dabei übrigens eine alte Kunst der Flattersäuger. Funde in der paläontologisch so außergewöhnlich interessanten – aber dennoch als Mülldeponie erwogenen – Grube Messel bei Darmstadt belegen, daß es Ultraschallortung bei den Fledertieren bereits im Eozän gab; und das ist immerhin rund 50 Millionen Jahre her. Der Paläontologe M.J. Novacek vom American Museum of Natural History in New York konnte dies kürzlich ebenfalls für Fledermäuse, die vor 50 bis 45 Millionen Jahren in West-Wyoming gelebt haben, bestätigen. Bereits zu dieser Zeit besaßen sie entsprechend gebaute und auf Echoortung mit Ultraschall abgestimmte Gehörknöchelchen im Ohr. Auch die Knochen des Kehlkopfes der jetzt fossilgefundenen Fledertiere ermöglichten nach Ansicht Novaceks die kurzen, hochfrequenten Ortungslaute, die die Kleinfledermäuse *(Microchiroptera)* auch heute noch des Nachts sicher fliegen und Beute machen läßt. Und wie ihr Gebiß verrät, ernährten sich die eozänen Fledermäuse meist von Insekten, die sie bereits damals auf ganz ähnliche Weise fingen, wie das heute die neotropischen *Phyllostomidae* in Panama tun.

Untersuchungen von Jörg Habersetzer und Gerhard Storch am Forschungsmuseum Senckenberg in Frankfurt, wo die etlichen Fledermausfunde aus der ehemaligen Ölschiefergrube Messel wissenschaftlich bearbeitet werden, verraten noch etwas anderes: Die überraschend gut erhaltene Cochlea, die verknöcherte Schnecke im Innenohr der Säugetiere, läßt nicht nur den Schluß zu, daß die Messel-Fledermäuse Ultraschalltöne wahrnehmen konnten; ein direkter Vergleich ergab zudem, so war kürzlich in den ersten einschlägigen Wissenschaftsberichten nachzulesen, daß ihr Ortungssystem mit verhältnismäßig langwelligem, »tiefem« Ultraschall arbeitete. »Über den Baumwipfeln könnten die Fledermäuse damit durchaus erfolgreich Jagd auf Insekten gemacht haben«, berichtet Dr. Reinhard Wandtner. Und in unserem Zusammenhang wichtig: »Für die Ortung kleiner, beweglicher Objekte vor störendem Hintergrund, etwa im Unterholz des tropischen Urwaldes, waren die Tiere aber nicht gerüstet.« Dazu nämlich sei ein besseres Auflösungsvermögen erforderlich gewesen, das aber nur durch kurzwelligen Ultraschall mit höherer Frequenz und langer Lautdauer hätte erreicht werden können. Konsequenz: Zwar wäre demnach auch vor 50 Millionen Jahren schon die eigene Orientierung im Flug mittels dieser langwelligen Ultraschalltöne möglich gewesen, »nicht aber die nächtliche

Jagd auf herumschwirrende Insekten. Diese Fledermäuse hatten aber sicherlich ein ausgezeichnetes Gehör«, so resümiert Dr. Wandtner, »mit dem sie ihre Beutetiere vermutlich an den Fluggeräuschen erkennen und orten konnten.« Oder aber schon damals am verräterischen Minnesang, wenn gerade balzrufende Laubheuschrecken auf dem Speiseplan der quirligen Flattertiere standen!

Vielleicht war dies der Ausgangspunkt für eine seitdem währende Co-Evolution zwischen Räuber und Beute. Dem Lauschangriff der jagenden Flugsäuger entkamen die balzenden Insekten nur durch einschneidende Veränderung ihrer Gewohnheiten.

Denn daß den Heuschrecken durch ihr verändertes Rufverhalten, dem Belwood und Morris jetzt in Panama auf die Spur kamen, tatsächlich ein Selektionsvorteil zukommt, belegt auch folgende Beobachtung: Fledermäuse benötigen nämlich deutlich mehr Zeit, um die unregelmäßig und nur sporadisch singenden »Waldkatydiden« zu lokalisieren. Unterschiede in der Rufaktivität entscheiden zumindest bei den Geradflüglern des Urwaldes über Leben oder Tod.

So orteten Fledermäuse im Experiment die häufigen Rufer, solche also, die bis zu 60mal in der Minute zirpten, schon nach rund 26 Sekunden und flogen unverzüglich auf die liebeshungrigen Sänger zu; die unregelmäßigen Rufer unter den Katydiden, die allenfalls einmal pro Minute Laut zu geben wagten, entdeckten die Flatterräuber dagegen erst nach etwa einer halben Stunde; überdies gelang ihnen auch das erst nach mehreren Fehlversuchen und dem Umherirren zwischen den Urwaldpflanzen.

Die selbstauferlegte »Schweigepflicht« trifft dabei nicht nur just eine als besonders rufaktiv bekannte Gruppe unter den Insekten; weit schlimmer noch ist, daß die durch den Räuberdruck evoluierten, unregelmäßigen und darob auch unauffälligeren Gesänge selbst den Weibchen das Auffinden der Männchen erschweren. Für die Biologen war es daher wenig verwunderlich, daß die Katydiden auf einen alternativen Weg gekommen sind, dieses fortpflanzungstechnische Handikap wieder wettzumachen.

Mittels kräftiger Körpervibrationen nämlich bringen sie die Blätter der Pflanzen, auf denen sie nachts sitzen, ordentlich in Bewegung. Unhörbar für die akustisch jagenden Fledermäuse sind diese Schwingungen im Blattwerk für die Katydidendamen aber Zeichen genug, um das Zusammentreffen der Sexualpartner zu sichern. Außerdem klettern die Heuschrecken auch mehr im Unterwuchs des Urwaldes herum als die Entomologen das von verwandten Insektenarten gewohnt sind. Zwar sind all diese Aktivitäten energetisch viel aufwendiger, als nur singenderweise im Urwald zu sitzen; jedoch die räuberischen Fledermäuse, die sich immerhin zu 40 Prozent von den Heuschrecken ernähren, waren offenbar Antrieb genug, einst angestammtes Verhalten zu modifizieren.

Die Zoologen Belwood und Morris vermuten daher, daß die insektenfressenden Fledermäuse und ihre balzenden Beutetiere in der Tat ein langes Stück Evolutionsgeschichte gemeinsam zurückgelegt haben; nur so hatten die Katydiden überhaupt Gelegenheit, ein spezielles Feindabwehrverhalten gegenüber den lebensgefährlichen Hörangriffen zu entwickeln. Mit Zittern und sporadisch hohem Zirpen entgehen die um Weibchen werbenden Heuschrecken seitdem ihren fliegenden Feinden.

Allein daß vielfach auch die stummen Weibchen den Fledermäusen zum Opfer fallen, verblüffte selbst die Wissenschaftler. Denn die Fledermäuse jagen ja kaum mit ihrem eigenen Ultraschallradar, lokalisieren mithin allenfalls die Männchen anhand der nächtlichen Gesänge. Bleibt die Vermutung: Vielleicht werden die Weibchen allein deshalb von den fliegenden Säugern erbeutet, weil sie nun lange im Blattwerk nach den nur noch unregelmäßig zirpenden Männchen suchen müssen. Je länger sie dabei ohne Deckung sind, desto eher werden sie nun ihrerseits ein gefundenes Fressen für die Fledermäuse. Die Vorsicht der Männchen wird den Weibchen so leicht zum Verhängnis.

Warnung für Freund und Feind: Gewitzte Vögel geben stillen Alarm

Kaum ein Problem im Verhalten von Tieren gegenüber ihren Feinden hat mehr Theorien und weniger Fakten geliefert als die Entstehung des Feindabwehrverhaltens und die Funktion der Alarmrufe bei Vögeln. Das jedenfalls meint Dr. Georg Klump, Ethologe in Bochum; und der muß es wissen, beschäftigt ihn doch die Evolution des »Hassens« bereits seit Jahren.

Und in der Tat scheint es mehr als nur rätselhaft – ja vielmehr ausgesprochen lebensgefährlich zu sein, wie scheinbar leichtsinnig da so mancher Singvogel auf den Angriff eines Flugfeindes, etwa eines herannahenden Sperbers oder Habichts, reagiert: Anstatt möglichst unbemerkt, aber eiligst in einer Deckung Schutz zu suchen, wenn der Vogel die Gefahr doch schon bemerkt hat, macht er durch laute Alarmrufe auch noch auf sich aufmerksam. Derart selbstlos schimpfende Singvögel warnen damit gleichzeitig aber auch Artgenossen und andere Vogelarten ihrer Umgebung.

Ethologen von der Arbeitsgemeinschaft für Verhaltensforschung um Prof. Eberhard Curio an der Universität Bochum, der sich seit Anfang der sechziger Jahre für das Problem des Feinderkennens und dessen Abwehr vor allem bei Vögeln interessiert, fanden unlängst in einem cleveren Freilandexperiment eine Erklärung für jenes geradezu »selbstmörderisch« anmutende Verhalten. Die Singvögel »wissen« nämlich durchaus, was sie tun!

Sie setzen auf eine Schwäche, die den meisten ihrer Feinde gemein ist: Denn solche Greifvögel, die sich in der Hauptsache von Vögeln ernähren, hören in ganz bestimmten Frequenzbereichen einfach zu schlecht, um ihre Beute noch sicher orten zu können; selbst dann, wenn die lauthals alarmiert. Am Beispiel von Kohlmeisen konnte Dr. Georg Klump an der Universität Bochum nun nachweisen, daß Singvögel unterschiedliche Frequenzbereiche im Hörsystem von Freund und Feind dazu nutzen, um ihre Artgenossen zu warnen und zusätzlich den angreifenden Beutegreifer regelrecht zu »demoralisieren«.

Unterstützt von der deutschen Forschungsgemeinschaft, arbeitet Georg Klump seit 1981 an der Aufklärung des Alarmverhaltens von Singvögeln. Sein Versuchsobjekt sind Kohlmeisen im hessischen Waldgebiet um den Ort Schlüchtern, wo die Tiere seit längerem auf kontrollierten Futterplätzen beobachtet werden. Das Problem für die Wissenschaftler war bisher immer, daß natürliche Interaktionen zwischen Räubern und Beute, zwischen Kohlmeisen und Greifvögel, im Freiland nur selten beobachtet werden können. Um dennoch an die nötigen experimentellen Daten zu gelangen und eine für die Meisen weitgehend ungefährliche Räuber-Beute-Begegnung ermöglichen zu können, benutzte Georg Klump handzahme und dressierte Greifvögel, die bei den Meisen das fragliche Alarmieren auslösen sollten. Dazu richtete er nach Art der Falkner drei heimische Sperber so ab, daß sie immer wieder einen Scheinangriff auf einen in der Nähe sich aufhaltenden Kohlmeisenschwarm flogen und anschließend zu ihm zurückkehrten. Mit einem Tonbandgerät konnten während dieser Angriffe die Alarmrufe der Meisen aufgezeichnet und später im Labor mittels eines Klangspektrographen analysiert werden.

Am Ende dieser Freilandstudie stand ein verblüffendes Ergebnis: Die Meisen verwenden zwei ganz unterschiedliche Typen von Alarmrufen. Blieb der Sperber in einer Entfernung von circa 30 bis 100 Metern zum Schwarm, stießen die Meisen einen sehr hohen Ruf aus. Dr. Klumps Messungen ergaben dafür eine Frequenz von etwa 8000 Hertz. Flog der Sperber dagegen direkt und aus kurzer Entfernung an, so ließen die Kohlmeisen einen zweiten, mit etwa 4000 Hertz deutlich tieferliegenden Alarmruf hören, den die Bochumer Forscher als eine Art lautes Schimpfen interpretieren.

Das Außergewöhnliche dieses abgestuften Alarmverhaltens liegt in seiner Zweckbestimmung, wie Klump dann in Zusammenarbeit mit Bioakustikern der Ruhr-Universität in sogenannten schalltoten Kammern herausfand. Die akustischen Versuche mit Kohlmeisen und Sperbern zeigen deutlich, daß die Hörfähigkeit beider Vogelarten im Verhältnis zu Frequenz und Entfernung recht ordentlich differiert. Während nämlich Meisen hohe Frequenzen zwischen 6 und 9 kHz auch auf größere Entfernung noch gut hören, nimmt der Sperber allein die niederfrequenten Töne sehr viel besser wahr; hochfrequente Töne hört er dagegen nur auf kurze Entfernung von bis zu 10 Metern – ein Manko, das die Singvögel dann gelernt haben, sozusagen schamlos für ihre Zwecke auszunutzen!

Denn es ist diese unterschiedliche Hörfähigkeit, die für die Bochumer Ethologen zweifelsfrei das zunächst eher unvernünftig erscheinende Alarmverhalten der Singvögel erklärt. Der hohe Ruf gilt den Artgenossen im Schwarm als Warnung. Selbst für Meisen, die noch außerhalb einer sicheren Deckung herumfliegen, ist er insofern ungefährlich, als Sperber ihn auf größere Entfernung gar nicht wahrnehmen können. Das laute Schimpfen indes, der niederfrequente Ruf, gibt dem Sperber unmißverständlich zu verstehen, daß er entdeckt und sein Angriff längst erkannt ist. Und auch dieser Ruf erscheint sinnvoll: Denn da Sperber als Versteckjäger vor allem auf Schnelligkeit und den Überraschungseffekt angewiesen sind, kann das Signal des potentiellen Beutetieres: »Ich habe deinen Angriff durchschaut!« den Greifvogel vom weiteren Angriff abhalten.

Inzwischen ist dieses empfindliche Manko der Greifvögel bei der Lokalisierung ihrer potentiellen Beute auch von amerikanischen Forschern bestätigt worden. Dr. Charles Brown hat in einem ähnlichen Experiment einigen amerikanischen Rotschwanzbussarden und Uhus solche hochfrequenten Luftfeind-Alarmrufe in Freifluganlagen vom Tonband vorgespielt und die Reaktion der Greife anhand von Videoaufzeichnungen untersucht. Er verglich dabei die Drehung des Kopfes in die Richtung, aus der die Rufe der vermeintlichen Beute kamen, und fand einen mittleren Ortungsfehler von 51,5 Grad, wenn er die tiefen Haßrufe, das bekannte Schimpfen, vorspielte. Die Ortungsfehler bei den Alarmrufen mit hohem und schmalem Frequenzband aber lagen mit 124,5 Grad bei weitem darüber.

Die Luftfeind-Alarmrufe haben also anders als die tiefen Rufe trotz ihrer scheinbaren Auffälligkeit dennoch tarnende Eigenschaften und minimieren das Risiko der Singvögel. Für die Räuber jedoch ist ihre Lokalisation dank der spezifischen Frequenzstruktur der Rufe nicht mehr möglich. Vermutlich, so Brown, erklärt sich dies durch besondere Eigenschaften des Gehörsystems der Greifvögel: Deren Innenohren sind durch einen Gang verbunden, so daß die Schallwellen von zwei Seiten, von innen und von außen, zum Ort der Wahrnehmung gelangen. Im Bereich bestimmter Tonfrequenzen, eben der hohen kurzen Warnrufe der Singvögel, und von einer bestimmten Größe des Vogelkopfes an führt diese anatomische Baueigentümlichkeit zu einer Art akustischer Täuschung, die die exakte Ortung verhindert. Singvögel nutzen diesen »Konstruktionsfehler«, der sich nur bei den größeren Greifvögeln bemerkbar macht, zu ihrer Verteidigung aus.

Zwar weiß man im Unterschied dazu von Schleiereulen, daß sie in

Versuchen die hohen »sieh«-Alarmrufe von Drosseln sehr gut orten konnten und sich genau auf die Schallquelle hin ausrichteten, doch verwundert diese Fähigkeit bei einem nachtaktiven Räuber, der seine Beute – meist kleine Nager – nach dem Schall ortet, durchaus nicht. Viele Eulenarten fallen hier zudem aus dem Rahmen, weil sie dank einer bilateralen (zweiseitigen) Asymmetrie des Außenohres zu einer viel exakteren Unterscheidung der Richtungs- und Entfernungskomponente des Schalls fähig sind als die tagaktiven Greifvögel.

Das realitätsnahe Experiment Dr. Klumps lieferte noch ein weiteres aufschlußreiches Ergebnis: Kohlmeisen zeigen bei ihren Warnrufen etwas, was in ethologischen Fachkreisen als »altruistisch reziprokes Verhalten« bekannt ist. Unter Altruismus verstehen die modernen Soziobiologen eine uneigennützige Verhaltensweise. Und gerade die Frage, ob der alarmierende Vogel nun tatsächlich so uneigennützig handelt, ist unter den Biologen stets umstritten gewesen. Der Ruf könnte ja nicht nur Artgenossen vor einer sich nähernden Bedrohung warnen, sondern auch die Wahrscheinlichkeit verringern, daß der Räuber zukünftig diese Art in diesem Gebiet jagen wird. Dann wären die Kosten und die Gefahr für den Warner im Wald tatsächlich sehr viel geringer als der langfristige Nutzen; von Altruismus also keine Spur. Auch fördert, wie das gemeinschaftliche Hassen auf einen Räuber beweist, das Alarmieren den Zusammenschluß der Beute und verringert so das Risiko eines Individuums per se.

Neben diesem »Zusammentrommeln« zwecks kooperativer Gruppenabwehr haben die Alarmrufe aber nach Ansicht der meisten Ethologen sicher auch die Funktion, Verwandte in der allernächsten Nähe zu warnen, die mit dem Rufer ja einen – oft nicht unbedeutenden – Teil seiner Gene gemeinsam haben. Und noch ein weiterer Grund für das »mobbing«, jenes gemeinschaftliche Hassen der Singvögel: Bei Amseln wird damit zugleich auch die Feindkenntnis an die Jungen tradiert. Einem noch unerfahrenen Jungvogel, dem auf diese Weise recht nachhaltig beigebracht wird, was ein gefährlicher Räuber ist, kann das leidvolle bis tödlich verlaufende Erfahrungen am eigenen Leib ersparen.

Eine inzwischen schon klassisch zu nennende Studie an Erdhörnchen stützt die Hypothese, nach der die Alarmrufe Nachkommen und andere Verwandte warnen sollen. Bisher legen die meisten Hinweise deshalb in der Tat nahe, daß das Warnverhalten in der Tat durch sogenannte Verwandtenselektion evoluiert ist. Danach werden im Verlauf der Evolution auch solche Verhaltensweisen herausgebildet und begünstigt, die zwar primär von Nachteil für das einzelne Individuum sein können, die aber den nahen Verwandten einen Nutzen bringen – und damit letztendlich doch zur Weitergabe bestimmter Gene an die Nachkommengeneration führen.

Indes: Die Kohlmeisen warnen mit ihren Alarmrufen ja nicht nur verwandte Artgenossen, sondern alle Vögel in der Nähe eines Schwarmes. Dadurch dürfen sie gleichzeitig auch darauf hoffen, daß die anderen dann ihrerseits vor einem Räuber warnen, sollten sie ihn einmal zuerst entdeckt haben. Auch hier also winkt wieder ein Geschäft auf Gegenseitigkeit! Deshalb reden die Forscher allenfalls von reziprokem, von wechselseitigem Altruismus!

Den Zoologen bereitet es allerdings noch immer nicht geringe Schwierigkeiten, sich in einer Population von Nichtrufern überhaupt das Etablieren einer solchen »uneigennützigen« Verhaltensweise vorzustellen. Denn selbst wenn sich das Rufen einmal durchgesetzt hat, besteht eine hohe Wahrscheinlichkeit, daß es einige Individuen gibt, die ihre Artgenossen »betrügen« und die sich für die erwiesenen Warnungen in gefährlichen Situationen nicht revanchieren.

Georg Klump konnte bei seinen Versuchen an Kohlmeisen allerdings im Unterschied zu anderen Singvögeln nicht feststellen, daß sie ihre Adressaten zu manipulieren versuchten. Während dagegen Finken und Amseln schon gelegentlich einmal ihre Artgenossen durch falsche Rufe zu ihrem eigenen Vorteil auszutricksen versuchten, waren die Rufe der Kohlmeisen stets eindeutig und korrekt.

2. Kapitel
Biokommunikation – Subtile Signale sind ihre Welt

Wenn Tieren ein Licht aufgeht

Ein Kommunikationsmittel ganz ungewöhnlicher Art ist die Biolumineszenz: die Fähigkeit einiger Tierarten, sich im Dunkeln ihr eigenes Licht zu machen. Wer nun denkt, nur die heimischen Glühwürmchen, die genaugenommen Leuchtkäfer sind, geben sich in lauen Sommernächten diesen aufwendigen Lichtspielen hin, der irrt. Vom einfachsten Einzeller bis hin zu Fischen sind es vor allem Meerestiere, die leuchtendes Beispiel geben. Da gibt es einen winzigen Dinoflagellaten namens *Noctiluca miliaris,* eine begeißelte Alge, die in Spätsommernächten gleich massenhaft im Plankton des Mittelmeeres auftaucht und ein geheimnisvolles Meeresleuchten hervorruft. Und man muß nächtens schon einmal staunend in einem stockdunklen marinebiologischen Laboratorium gestanden und mit der Hand vorsichtig ein vom Grund des Meeres heraufgezogenes Weichkoralentier berührt haben, um dieses ganz eigentümlich kalte Licht wie aus einer anderen Welt zu erleben, mit dem einem solch eine Seefeder da plötzlich auf diesen Reiz hin entgegenleuchtet.

Ohne Chemie geht auch dieses Bioleuchten nicht, soviel ist sicher. Doch obgleich der chemische Vorgang der Lumineszenz inzwischen bekannt ist, tappen die Biologen noch immer nach Theorien tastend im dunkeln, wenn es um die Frage geht, warum die unterschiedlichsten Tierarten auf diesen Trick mit der Biolampe gekommen sind. Für die oben erwähnten *Pennatula* jedenfalls, Bewohner sandig weicher Böden etwa des Mittelmeeres, die erglüht, sobald man ihre Korallenpolypen berührt, fehlt derzeit noch eine einleuchtende Erklärung. Scheinbar einfach dagegen fällt die Antwort bei einem kleinen, vielgliedrigen Meereswurm auf einem Atoll im subtropischen Atlantik aus, der mit geschlechterspezifischem Lichtspiel seinen Partner findet. Für ihn ist der Preis der Biolumineszenz die erfolgreiche Paarung.

Bermuda-Feuerwurm: Glühende Liebe im Meer

Von der Biologischen Station auf den Bermudas, einem kleinen Inselarchipel im nordwestlichen Atlantik nicht viel größer als Sylt, sind es nur wenige Minuten Fußweg zu einer idyllischen, flachen Bucht, vorbei an der Whalebone Bay bis hinaus zur Landzunge Ferry Point, wo eine kleine Fußbrücke einen schmalen Meeresarm der Lagune überspannt. Hier, und vornehmlich in lauschigen, tropischen Vollmondnächten des Sommers, geben sich ganze Scharen von tagsüber so nüchtern und illusionslos wirkenden Meeresbiologen – meist übrigens unvermutet paarweise – ein regelmäßiges Stelldichein. Der Grund ihres Kommens ist vordergründig freilich rein wissenschaftlicher Natur. Aber fasziniert nicht auch sie das vielleicht eindrucksvollste Beispiel wahrhaft erleuchtender Liebe unter Wirbellosen? Angelockt jedenfalls werden die Forscher (ähnlich den Feuerwurm-Männchen) vom fahlen, grünlichen Schein winziger Tierchen, die da eines nach dem anderen unvermutet im dunklen Wasser der Bucht auftauchen, leuchtende Kringel hinter sich herziehen und vor deren Liebe so manche Wirbeltierhochzeit schlichtweg verblaßt.

Der Name des tagsüber unscheinbaren, rund 20 Millimeter messenden Wurms ist *Odontosyllis enopla.* Der »glow worm« oder »fire fish«, wie ihn die Bermudianer auch gern nennen, ist ein echtes Meerestier, ein *Polychaet* aus der großen Gruppe der Ringelwürmer und damit aus der sehr weitläufigen Verwandtschaft unserer gartenumgrabenden Regenwürmer. Doch keineswegs alle diese Gliederwürmer leben an Land; der Bermuda-Feuerwurm bevorzugt sandige Aufenthaltsorte in warmen Meeresbuchten – und er hat einen angeborenen Sinn fürs Licht.

Bereits vor Jahren war den an der Bermuda-Biological-Station tätigen Zoologen aufgefallen, daß die Glühwürmer stets nur dann zum Leuchten kommen, wenn der Mond einmal im Monat sein volles Licht gerade wieder über die flachen, subtropischen Meeresbuchten ergossen hat. Und pünktlich ist der Wurm gleich in zweifacher Hinsicht: Nicht genug damit, daß die Tiere ihr Erscheinen ziemlich präzise an die Mondphase gekoppelt haben und stets sehr zahlreich erst in der dritten Nacht nach Vollmond bei ihrem leuchtenden Liebeswerben so richtig in Fahrt geraten, nein, die Wissenschaftler konnten sogar ihre Uhr danach stellen (und die ging dann nur wenig falsch!), wann genau die ersten Glühwürmer im Meer auftauchten: Sie tun das nämlich exakt 56 Minuten nach Sonnenuntergang. Die eiligsten Würmchen wurden bereits 51 Minuten nach Sonnenuntergang von den Marinebiologen registriert; die letzten Meeresglühwürmer kamen dagegen erst nach 63 Minuten hervor. Alles in allem also ein recht kurzes Spektakel, dem zu Ehren die Forscher der Station da einmal im Monat eine richtige »fire worm party« geben – aber ein intensives allemal.

Erstaunt bereits die genau getimte Beziehung zwischen Fortpflanzung und Mondphase, so fasziniert der eigentliche Modus vivendi, mit dem Männchenwurm und Weibchenwurm im dunklen Meer zueinanderfinden. Und es sind diesmal die Weibchen, die da zuerst aus dem Sandgrund ins freie Wasser schwimmen und den Männchen den Weg zu sich leuchten. Denn mit dem bläulich-grünen Licht, das sie in speziellen Zellen ihres Körpers erzeugen, malen sie, in immer engeren Kreisen an die Oberfläche schwimmend, ihre Leuchtspur ins Wasser der Bucht. Die kleineren Männchen mit den großen Augen schießen daraufhin sofort pfeilgleich und mit kurzen Leuchtsalven aufgeregt blitzend herbei, um als erste das am ganzen Körper erglühende Weibchen zu erreichen. Und sie müssen sich auch beeilen, denn die Konkurrenz schläft nicht! Wie die Meersbiologen herausfanden, gibt es stets zu viele Männchen, die da einer im Kreis herumfunkelnden Wurmdame den Hof machen, bis sie endlich eine Wolke ebenfalls illuminierter Eier ausstößt. Für die Wurmmannen ist dies Lichtsignal genug, jetzt ihren Samen dazuzugeben; die Befruchtung erfolgt schließlich ohne weiteres Zutun der Tiere im Wasser.

Während die Männchen derart deutlich auf die Leuchtsignale eines Weibchens reagieren und sich selbst vom Licht einer kleinen Taschenlampe anlocken lassen, die neugierige Zoologen gelegentlich ins Wasser halten, beantworten die Wurmweibchen das Aufblitzen herannahender Männchen nicht; allein deren Ankunft im Leuchtkringel stimuliert sie dann schließlich zur Abgabe einer leuchtenden Wolke von Eiern.

Die hohe Synchronisation, so erkannten die angesichts solch erleuchtender Liebe ehrfürchtigen Forscher, wird über die Länge der Dunkelperiode zwischen Sonnenuntergang und Mondaufgang erreicht; erst wenn sie einmal im Monat die richtige Dauer hat, entschließt sich *Odontosyllis enopla* zum Laichen.

Nicht näher verwandt, aber mit ähnlicher Vorliebe für Vollmondnächte, lebt der Palolowurm in den warmen Gefilden des Pazifischen Ozeans. Auch bei diesem Polychaeten ist der Mond Zeitgeber für das Liebesleben, obschon er selbst auf leuchtende Signale seiner Befruchtungsfähigkeit zugunsten einer anderen, aber nicht minder kuriosen Strategie verzichtet: Dieser Meereswurm bevorzugt stets die drei Nächte im letzten Mondviertel und eine bestimmte Nachtzeit zum Laichen. Anders als der Bermuda-Feuerwurm allerdings, der es während des gesamten Jahres zur glühenden Liebe im Meer bringt (wenn er auch die Sommermonate besonders nutzt), beschränkt sich *Eunice viridis* vor den Südseeinseln des Pazifiks auf die Monate Oktober und November. Und während *Odontosyllis* beim Schwärmen buchstäblich sein Ganzes gibt, opfert der Palolowurm dieser Liebe nur den hinteren Körperabschnitt: Ihn kostet die Hochzeit wenn schon nicht den Kopf, so doch immerhin einige hundert Leibessegmente.

Denn der Hinterleib dieser Ringelwürmer, der mit Gameten, den Geschlechtszellen des Männchens oder des Weibchens gefüllt ist, wird beim mondgesteuerten Laichen im Meer völlig abgeschnürt. Als sogenanntes »Epitok«, eine Art Befruchtungsvehikel zur späteren Verwendung, schwimmt allein dieser Wurmteil dann hinauf zur Wasseroberfläche, wo er zerfällt und Eier und Samen freisetzt.

Auch hier sichert eine marine Massenorgie den Fortpflanzungserfolg, denn die Mondphase synchronisiert wie beim Bermuda-Feuerwurm die gesamte Population. Die Palolowürmer indes ersparen sich den Aufstieg zur Oberfläche – aus gutem Grund, so könnte man denken – und schicken ihre Hinterenden als Stellvertreter in den Liebesakt. Die Inselbewohner des Südpazifiks nämlich kennen den exakten Zeitpunkt der Wurmhochzeit seit alters her und schöpfen die schwärmenden Hinterenden von der Meeresoberfläche ab; »sie verzehren sie«, so die einschlägigen Berichte, »roh oder gedünstet als Leckerbissen«.

Indes: Des Wurmes Vorderende, immerhin noch mit rund 500 Segmenten, blieb ja geschützt im Gang eines Korallenriffs zurück; jenes »atoke Vorderteil« rettet dem Wurm das Leben, der seinen Hinterleib nun für eine weitere lunarperiodische Fortpflanzung regeneriert; die freilich dann erst wieder im nächsten Jahr, und so der Mond richtig steht.

Zwischen Glühwürmchen und Glühbirne mag es eine Vielzahl von Unterschieden geben; eine Besonderheit der Biolumineszenz ist jedoch sicherlich, daß Tiere ein sogenanntes »kaltes Leuchten« erzeugen, das kaum eine Wärmeabstrahlung aufweist. Und darin sind Bermuda-Feuerwurm und unser heimisches »Johanniskäferchen« gleich: Rund 90 Prozent und mehr werden tatsächlich als Licht und nicht wie bei herkömmlichen Glühbirnen als Wärme abgestrahlt. Die Leuchtorganismen dieser Welt gehen also durchaus sehr rational mit ihrer Energie um.

Chemikern gelang es mittlerweile, zwei Stoffe zu isolieren, deren Reaktion sie die Verantwortung für dies kalte Leuchten zuschreiben: neben *Luciferin* ist es vor allem das Enzym *Luciferase*. Bringt man letzteres mit Sauerstoff zusammen, so wird das Luciferin unter Leuchten – Chemiker sprechen von Lichtemmission – oxydiert, also chemisch verbrannt. Als ein universelles Prinzip möchten die Wissenschaftler diese Luciferin-Luciferase-Reaktion heute jedoch nicht mehr uneingeschränkt ansehen; zu viele anders verlaufende Reaktionen bei Krebsen, Geißeltierchen, Bakterien und Pilzen haben sie inzwischen entdeckt.

Unbewiesen im Raum stehen auch Theorien darüber, daß die Biolumineszenz eigentlich nur ein Relikt aus erdgeschichtlich allerersten Tagen ist, als die damals lebenden Organismen mit einem plötzlich auftretenden Sauerstoffschock in der Atmosphäre fertig werden mußten. Mit der Luciferin-Oxydation hatten wenigstens einige von ihnen quasi die zündende Idee, wie sie das Stoffwechsel»gift« Sauerstoff unschädlich machen konnten; denn als solches wirkt O_2 in den Zellen, die daran nicht angepaßt sind! Möglicherweise ist das Leuchten also nur eine einst nebensächliche Begleiterscheinung; eine Art Notlösung des tierischen Stoffwechsels und eine Erinnerung an die Zeit der sogenannten »Sauerstoffkatastrophe« in der Erdgeschichte, der diese Tiere auf recht eigenwillige Weise entkamen. Sie haben das beim Entsorgen freiwerdende Licht dann sozusagen kultiviert, sich ihr Eigenleuchten zur Methode gemacht und für ihr weiteres Überleben und ihre Fortpflanzung daraus Nutzen gezogen bis in unsere

Tage; wie es eben so ist mit den kleinen Nebensächlichkeiten im Leben, die es bekanntlich ja erst lebenswert machen.

Unbestritten die raffiniertesten »Leuchten« auf diesem Gebiet dürften wohl die Anglerfische der Tiefsee sein; denn sie locken mit einer körpereigenen Taschenlampe ihre Beute an. Auf nach vorn verlängerten Rückenflossenstrahlen, der frei beweglichen und namensgebenden Angelrute, tragen sie ein Leuchtorgan; bei anderen Fischen sitzen die Lämpchen direkt am Mundeingang. Der Zweck ist in beiden Fällen der gleiche: potentielle Beute buchstäblich hinters Licht zu führen und sie sich durch blitzschnelles Öffnen des Schnappmauls einzuverleiben.

Auch unter den so gern gesehenen und dennoch bei uns fast ausgestorbenen »Johanniskäferchen«, gemeinhin als Glühwürmchen bekannt, bedienen sich einige dieses »einleuchtenden« Tricks. Sie leben als Kannibalen unter den anderen Leuchtkäfern.

Leuchtende Käfer, listige Räuber

Die milde südliche Sommernacht mit einer Unzahl von Lichtpunkten, die da zwischen den Bäumen und Sträuchern hin und her schwirren und die leuchtendes Zeugnis vom Fortpflanzungsgeschäft einer ganzen Insektenfamilie geben, läßt Gedanken an Konkurrenz und Täuschung, Betrug und Beutezug eigentlich gar nicht erst aufkommen. Und doch, der Schein trügt – und das gleich in doppeltem Wortsinn! Denn im Südosten der Vereinigten Staaten ist der Hochzeitsflug der *Lampyridae* oft nur tödliche Fassade, und die »Lämpchen der Verliebten« sind keineswegs leuchtendes Beispiel für partnerschaftliche Beziehung.

Der Zoologe James E. Lloyd klärte durch seine jahrelangen Untersuchungen auch die Fachwelt darüber auf, daß die Paarungssignale nicht weniger Leuchtkäfer bloßer Betrug sind. Denn die Blinkzeichen, mit denen Leuchtkäfer des Nachts auf sich aufmerksam machen, werden keineswegs nur von den Weibchen der eigenen Art beachtet. Auch andere Glühkäferweibchen antworten prompt auf dieses Liebeswerben; doch ihnen geht es beim nächtlichen Lichterspiel nicht um Paarung, sondern allein um Proviant fürs eigene Überleben.

James Lloyd von der Insektenabteilung der Universität von Florida in Gainesville ist inzwischen, was Glühwürmchen betrifft, zum Blinkzeichen-Sachverständigen geworden; immerhin von 130 Lampyridenarten – es gibt insgesamt etwa 2000 Arten auf der ganzen Welt – kennt er die Sexualsignale, die er akkurat wie ein Morsealphabet nach Dauer und Rhythmus der Blinkzeichen in verschiedene Gruppen einteilt. Da gibt es Käfer, die sich mit einem schlichten Lichtblitz begnügen, den sie dann aber in endloser Folge bringen; andere dagegen funken derart schnell, daß das menschliche Auge dies allenfalls noch als Flackern erkennen kann. Was die von Käferart zu Käferart verschiedenen Lichtzeichen zusätzlich voneinander unterscheidet, ist das typische Ansteigen und Abschwellen der Lichtintensität in einer solchen Blinksequenz. Aus dem spezifischen Leuchtcode kann jedes einzelne Tier genau ablesen, ob da im Dunkeln nun ein Männchen oder Weibchen der eigenen Art sein Paarungsverlangen proklamiert (und nur die eigene Spezies ist ja, wenn es um erfolgreiche Fortpflanzung geht, interessant) oder ob da irgendein anderer x-beliebiger Leuchtkäfer einen Lichtertanz aufführt.

Und je mehr Leuchtkäferarten zusammen herumschwirren, desto vielfältiger werden die Leuchtcodes, deren sie sich bedienen, so erkannten die Entomologen. Angesichts der stets gleich von mehreren Leuchtkäfern besetzten Lebensräume vor allem in den Tropen, wo beispielsweise auf Lichtungen und freien Flächen entlang von Flüssen ein Dutzend Arten zum Paarungsflug aufsteigen, sind jene speziesspezifischen Lichtzeichen auch ausgesprochen hilfreich, will man häufigen und im Wortsinn fruchtlosen Verwechslungen vorbeugen.

Das nächtliche Balzflackern der Männchen ist die eine Seite, das kurze Erglühen der Weibchen als deren Beitrag zum Finden der Geschlechter die andere Seite der Leuchtkäferhochzeit. Während die Käfermännchen nämlich lichtblitzenderweise über Wiesen und Wipfel schwirren, sitzen die größeren und bei vielen Arten flugunfähigen Weibchen am Boden oder irgendwo im Geäst und reagieren erst auf die Blinkzeichen eines fliegenden Männchens mit einem Antwortleuchten. Dies plötzliche Anschalten des Leuchtorgans an ihrem Hinterleib ist dann die Anflughilfe für das herannahende Männchen, quasi das Flugfeuer der Käfer für eine gezielte Punktlandung.

Und erst dieses von Art zu Art verschieden verschlüsselte Lichterduett beider Partner sichert das Zusammentreffen der »richtigen« Leuchtkäfer; gleichzeitig verhindert es auch, daß sich im Dunkeln und »im Eifer des Gefechts« die falschen Tiere paaren: Kommunikation per Sexualsignal also als Mittel zur »reproduktiven Isolation«. Viel Zeit, sich zu entscheiden bleibt dem Männchen nämlich nicht, wenn ein Weibchen erst einmal Landeerlaubnis gegeben hat; die Konkurrenz unter den Männchen ist groß, so James Lloyd. Er fand heraus, daß bei einigen Arten bis zu 50 Männchen auf jedes Leuchtkäferweibchen kommen. Entsprechend begehrt sind die flügellosen Käferdamen, die da irgendwo in der Nacht sitzen, und entsprechend lange muß so ein Käfer herumfliegen, bis ihm buchstäblich ein Licht aufgeht.

In zahllosen Nächten auf den Wiesen in Florida ist James Lloyd den Leuchtkäfern gefolgt und hat ihre Flugstrecke vermessen; die 199 Käfermännchen, denen er nachging, legten insgesamt immerhin mehr als 10 Meilen zurück. Durchschnittlich, so errechnete Lloyd für die Art *Photuris collustrans,* sind das etwas mehr als eine halbe Meile Flug, währenddessen das Männchen 455mal den artspezifischen Leuchtcode funkt; und doch, die Chancen, dabei ein Weibchen zu finden, sind minimal. Von den 199 beobachteten Männchen kamen nur ganze zwei zum Ziel, denn auch die Zeit für Glühwürmchens Lichterspiel ist kurz: Die Leuchtkäfer sind an jedem Abend nur für rund 15 bis 20 Minuten und nur kurz nach Sonnenuntergang sexuell aktiv. Das Resultat dieser selbstauferlegten Beschränkung: Jedes Männchen braucht rund sieben solch abendlicher Suchflüge, bis es endlich bei einer Leuchtkäferdame landen kann.

Und als ob das nicht schon schwierig genug wäre: Unterwegs lauern auch noch heimtückische Gefahren. Leuchtkäferweibchen anderer Arten nämlich führen die vorbeifliegenden Männchen per Leuchtsignal in die Irre und verführen sie mit beachtenswerter Perfektion zur Landung: Endlich beim vermeintlichen Gatten angekommen, erwartet die Männchen dann statt Liebe nur der Tod. Mit einer ausgefeilten »Angriffsmimikry«, so nennt das James Lloyd, imitieren räuberische Glühwürmchen in Florida das Paarungssignal anderer Käferarten, um sie anzulocken und aufzufressen.

Ein räuberischer Lebensstil ist ja allen diesen Lampyriden eigen, sozusagen Familientradition; auch die europäischen Glühwürmchen

Lampyris und *Phausis* ernähren sich mit Vorliebe von anderen Wirbellosen. *Lampyris noctiluca* etwa lebt von Schnecken, denen indes nur die stets in Bodennähe lebenden Käferlarven nachstellen. Dank der auffälligen Schneckenschleimspur finden sie zielsicher zu ihrer Beute, die sie mit gekonntem Kopfbiß töten.

Zu Kannibalen unter der eigenen Verwandtschaft freilich werden erst die subtropischen Vertreter der Leuchtkäfer. Besonders ausgereift ist diese Art der Beutebeschaffung bei Lloyds Lieblingskäfern aus der Gattung *Photinus*. Die meisten der irregeleiteten Leuchtkäfermännchen gehen auf das Konto einer dieser *Photinus*-Vertreter, unter denen die meisten der etwa 60 Arten eine Ausnahme von der Regel machen, die da lautet: Mit dem Erwachsenwerden legen Leuchtkäfer auch ihre räuberische Ernährung ab. Ähnlich den Fledermäusen Panamas, die den Balzgesang der Laubheuschrecken belauschen, machen sich dagegen auch einige *Photinus*-Weibchen die Signalsprache ihrer Verwandten beim Beutefang zunutze.

Kaum ist ein blitzendes Glühwürmchenmännchen in der Nähe, schaltet das räuberische *Photinus*-Weibchen auf deren intimen Signalcode um und funkt ganz so wie die gesuchte Käferdame. Immerhin 16 Prozent aller vorbeifliegenden Leuchtkäfer ließen sich dadurch von den *Photinus*-Weibchen täuschen, so beobachtete Lloyd, und landeten bei den meist deutlich größeren Räuberinnen. Meister dieser Art von Sexualmimikry ist die in Florida beheimatete *Photinus versicolor,* die gleich die Leuchtsignale von fünf anderen Glühwürmchenspezies nachzuahmen in der Lage ist. Ihren Täuschungsmanövern fallen damit die in Nordamerika häufigsten Leuchtkäferarten zum Opfer.

Ganz ohne Abwehrmaßnahmen stehen sie der räuberischen Verwandtschaft indes nicht gegenüber. Einige Glühwürmchen verhalten sich bei der Annäherung an ein potentielles Blinksignal, das ein paarungswilliges Weibchen, aber auch eine beutehungrige Räuberin signalisieren kann, entsprechend vorsichtig. Sie bauen zusätzliche Blinkzeichen in ihre Leuchtsignale ein. *Photinus macdermotti* ist so ein Fall: Die Männchen dieser Leuchtkäferart umschwirren erst einmal in sicherem Abstand das erglühende Weibchen, landen allenfalls auf einem benachbarten Blatt oder Grashalm und senden aus der Nähe zusätzliche Leuchtcodes aus, um die Antwort des vermeintlichen Weibchens zu testen.

Zwar gibt diese aufwendige »Sicherheitsüberprüfung« auch anderen Männchen Gelegenheit, auf das gemeinsame Lichtduett aufmerksam zu werden und das Weibchen für sich zu beanspruchen; schließlich fand James Lloyd gerade bei diesen Käfern gar nicht selten ein wahres Gerangel von bis zu fünf Männchen um ein Weibchen. Doch angesichts der täuschend echten Mimikry seitens räuberischer *Photinus*-Weibchen kann solch vorsichtige Annäherung lebensrettend sein.

Vom Gegen- und Miteinander bei Insekten

Wie Fruchtfliegen ihre Feinde narren

Die Sexualsignale und damit typische Verhaltensweisen anderer nachzumachen muß nicht nur Beute einbringen, wie etwa bei den Leuchtkäfern; einige Fliegen haben Wege gefunden, mittels Mimikry ihre Freßfeinde gründlich zum Narren zu halten, noch dazu im Angesicht der potentiellen Beute. *Rhagoletis zephyria* ahmt minutiös das Verhalten der Springspinne *Salticus scenicus* nach und entgeht so just diesem räuberischen Feind.

Auf welch verschlungenen Pfaden der Evolution sich das »Tarnkappenverhalten« bei Fruchtfliegen herausbildete, das entdeckten zwei Forschergruppen jetzt unabhängig voneinander. Und die überaus raffiniert anmutende Variante dieser Tarnung durch Täuschung, die die Fliegen den Verhaltensbiologen vorführen, ist bislang einmalig bei Tieren. Denn daß ein Beutetier seinen eigenen Räuber nachahmt, ist für die Zoologen eine völlig neue Mimikryvariante. Normalerweise nämlich bedienen sich Tiere der Mimikry, um sich durch das Nachahmen tarnender oder aggressiver Zeichnungsmuster wehrhafter Arten vor Beutefeinden zu schützen; bestes Beispiel solcher *Bateschen Mimikry,* der immer solch ein Modell-Nachahmer-Paar zugrunde liegt, sind Schwebfliegen. Die werden dank ihres auffälligen gelbschwarzen Streifenmusters auf dem Hinterleib fälscherlicherweise auch von vielen Menschen für Wespen gehalten. Und wenn Tiere erst einmal mit einer wehrhaften Wespe unliebsame Bekanntschaft gemacht haben, werden sie künftig auch die gänzlich harmlosen Schwebfliegen meiden. Das Besondere an der Mimikry à la *Rhagole-*

tis ist dagegen: Den eigenen Hauptfeind quasi mit dessen Spiegelbild zu täuschen, läßt die Fruchtfliegen zum Schaf im Wolfspelz werden.

Rhagoletis zephyria, einer der beiden Täuschungskünstler, ahmt mit einem speziellen Streifenmuster auf den Flügeloberseiten die gleichfalls gestreifte Beinzeichnung von Springspinnen der Gattung *Salticus* nach, so berichten Monica Mather und Bernhard Roitberg von der Simon Fraser University in Burnaby, Kanada. Und wer diese Zeichnungsmuster beider Tierarten vergleicht, der wird in der Tat verblüfft von der ungewöhnlichen Ähnlichkeit; es braucht auch für uns nur wenig Phantasie, sich angesichts der Flügelzeichnung von *Rhagoletis* gestreifte Spinnenbeinpaare vorzustellen.

Normalerweise signalisieren die Salticiden mit diesen gebänderten Vorderbeinen herannahenden Artgenossen ihre Abwehrbereitschaft. Zwar verteidigen sie strenggenommen keine Reviere, aber in einer gewissen »Privatsphäre« um sich herum dulden sie auch keine andere Spinne. Um dies kundzutun, bewegen sie ihre behaarten Beine rasch auf und ab, so als ob sie auf der Stelle treten; nach gängiger »Spinnenetikette« ist das für andere Salticus-Vertreter ein unmißverständliches Zeichen, sich zurückzuziehen und einer ernsthaften Auseinandersetzung mit dem Artgenossen aus dem Weg zu gehen.

Was bei der Zebra-Springspinne als arteigenes Signal den Gebietsanspruch dokumentiert, wird von der Fruchtfliege *Rhagoletis* zur überaus wirkungsvollen Feindabwehr zweckentfremdet. Denn mit ihrem ebenfalls schwarzweißen Flügelmuster täuschen die Fliegen den räuberischen Springspinnen einen territorialen Artgenossen vor, wo diese es doch eigentlich mit potentieller Beute zu tun haben. Entsprechend groß ist die Verwirrung bei den Salticiden, treffen sie bei ihren Pirschzügen plötzlich auf eine Fliege. Denn noch während sie die Beute mit ihrem großen, nach vorn gerichteten Augenpaar wie mit Suchscheinwerfern anvisieren, um zum gezielten Sprung anzusetzen, dreht sich *Rhagoletis zephyria* flugs um und zuckt mit den schwarzweiß gestreiften Flügeln. Statt einer lohnenden Mahlzeit sieht sich *Salticus scenicus* unvermittelt einem drohenden Artgenossen gegenüber, der vorgibt, seine Intimsphäre zu verteidigen – ein gelungener Bluff, der der Fruchtfliege die Chance gibt, sich aus dem Staub zu machen, bevor Salticus den Trick durchschaut und sich erneut zum Sprung entschließt.

Allein die ähnliche Flügelbänderung schützt die Fruchtfliegen jedoch nicht, so erkannte ein zweites Forscherteam um Erick Greene von der Princeton University. Ihr Interesse galt einer anderen Fruchtfliegenart namens *Zonosemata vittigera,* die sich mit ähnlicher List wie *Rhagoletis* gegen Übergriffe räuberischer Springspinnen schützt. Mit erstaunlichen Experimenten gelang es Greene, Orsak und Whitman, dem Geheimnis der Fliegenmimikry auf die Spur zu kommen. Dazu verpflanzten sie ihren Fruchtfliegen ungezeichnete und transparente Flügel von gewöhnlichen Stubenfliegen. Nicht genug damit, daß sich die Fruchtfliegen mit diesen transplantierten, fremden Flügeln wie mit ihren eigenen verhielten; sie konnten damit sogar fliegen, so berichteten die Wissenschaftler im August 1987 im angesehenen amerikanischen Fachblatt »Science«. Und tatsächlich zeigte sich jetzt, welche Rolle vor allem die Winkbewegung der Fruchtfliegen bei der Spinnenabwehr spielt. Denn obgleich die präparierten Stubenfliegen dank der *Zonosemata*-Flügel die Zeichnung der Spinnenbeine imitierten, wurden sie von den hungrigen Salticiden angesprungen, mit einem Giftbiß zur Strecke gebracht und ausgesaugt.

Nicht viel besser erging es auch den Fruchtfliegen selbst, denen die Princeton-Forscher die ungebänderten Stubenfliegenflügel verpaßt hatten: Die Springspinnen, von den Zoologen zwei Tagen ohne Nahrung gehalten, zeigten sich diesmal nur wenig beeindruckt und sprangen ihre Opfer kurzerhand an; da half auch alles Flügelzucken nicht, mit dem *Zonosemata* üblicherweise auf die Annäherung einer räuberischen Spinne reagiert.

Erst die Kombination von Flügelmuster plus typischem Flügelzukken macht die Täuschung perfekt. Nur das sorgsam abgestimmte Zusammenspiel von gestreiften Fliegenflügeln und typischer Winkbewegung seitens der Fruchtfliegen bietet angreifenden Salticiden demnach wirksam Einhalt. Sie brechen ihre Pirsch prompt ab und antworten mit aggressivem Auf und Ab ihrer gestreiften Beine auf die Drohung der vermeintlichen Spinne.

So verblüffend dieser Mimikryeffekt bei Fruchtfliegen ist, Evolutionsbiologen vermögen seine Entstehung dennoch recht plausibel zu erklären: Denn während den Springspinnen das Streifenmuster ihrer Beine zur Verteidigung dient, nutzen die Fliegen die einst wohl nur zufällig ähnliche Flügelstreifung bei der Balz um eine Angebetete. Und nur weil *Rhagoletis* im Laufe der Evolution »gelernt« hat, auch noch das entsprechende Auf und Ab der Beine im Verteidigungsverhalten der Spinne mit einem entsprechenden Flügelzucken nahezu perfekt nachzuahmen, entgeht sie heute den Angriffen sichtlich irritierter Springspinnen. Lockte der Wink mit den aufgestellten Flügeln einst nur paarungsbereite Fliegenweibchen an, so schreckte das Zeichnungs- und Bewegungsmuster dank der zufälligen Übereinstimmung mit den gestreiften Spinnenbeinen vermutlich auch gelegentlich einmal beutejagende Spinnen ab. Da Springspinnen und Fliegen im gleichen Lebensraum vorkommen und beispielsweise *Rhagoletis* die bevorzugte Beute von *Salticus* ist, dürfte sich das Flügelzittern der Fliegen im Verlauf der Evolution bald als nützlich, weil unter dem Selektionsdruck durch Räuber lebensrettend, erwiesen haben.

Wer es dann nicht nur während der Balz, sondern auch gegenüber angreifenden Spinnen zur Schau stellte, für den machte sich die abschreckende Wirkung bald schon bezahlt. Das uns so raffiniert erscheinende Verhalten fiel also keineswegs vom Himmel; vielmehr veränderte sich seine Funktion dank eines Überlebensvorteils, den es im anderen Kontext bot. Diesen anfänglich sicherlich noch geringen Nebeneffekt nutzen die Fruchtfliegen dann aus, um ihre Tarnung weiter zu verfeinern und das einst ausschließliche Balzverhalten immer dann zur Feindabwehr einzusetzen, wenn Springspinnen auftauchten. Viele Fruchtfliegen zucken seitdem, sobald sie beunruhigt werden, mit steil gestellten Flügeln: Man kann ja nicht vorsichtig genug sein . . .!

Das ungewöhnliche Spinnenmimikry-Verhalten, das den Wissenschaftlern jetzt bei einigen Fruchtfliegen auffiel, könnte dabei durchaus nicht so selten sein, wie man annehmen mag: Ein genauerer Blick in die endlosen Museumsregale mit den Fliegensammlungen aus der ganzen Welt zeigt, daß eine Unzahl von ihnen derart gebänderte und gestreifte Flügelmuster aufweist. Möglicherweise ist auch bei ihrer Entstehung Feindabwehr per Spinnenbein-Mimikry mit im Spiel gewesen; ein Phänomen, das die Fruchtfliegen dann erst so richtig zur Methode gemacht haben. Die Entomologen werden es herausfinden.

Ein Duftcocktail für Bienen

Ihr Fleiß ist sprichwörtlich, sozial ist sie von Haus aus – und überdies auch für uns Menschen recht nützlich, denken wir allein an das Honigbrötchen zum Frühstück. Gemeint ist natürlich die Honigbiene *Apis mellifera.* Daß auch diese Bienen eine »Sprache« haben, weiß heute jedes Kind. Mittels eines raffinierten Schwänzeltanzes, der den Forschern trotz der bahnbrechenden Arbeiten von Karl von Frisch noch immer Rätsel aufgibt, verständigen sich Honigbienen über Richtung, Entfernung und Ergiebigkeit einer Nahrungsquelle.

Doch neben der Tanzsprache erkennen die Entomologen – die Insektenforscher – zunehmend chemische Signale als Nachrichtenübermittler par excellence. Solche Signalstoffe wurden lange übersehen, vielleicht weil sich der Mensch selbst weitgehend optisch und akustisch orientiert. Nicht so die Bienen.

Wichtig für das Funktionieren des faszinierenden Sozialverbandes in einem Bienenstaat sind vor allem die Duft- und Signalstoffe, mit denen Insekten kommunizieren; und besonders wichtig sind dabei jene Pheromone, die die Königin in speziellen Drüsen an der Basis ihrer Mundwerkzeuge, den Mandibeln, produziert.

Pheromone – das sind leicht flüchtige Botenstoffe, die im Gegensatz zu den im Körperinneren zirkulierenden Hormonen von den Tieren nach außen abgegeben werden. Die »Königinnensubstanz« etwa setzt sich aus solchen Drüsensekreten des vordersten Paares der Mundwerkzeuge der Bienenkönigin zusammen. Es ist nicht nur das Signal für die Anwesenheit der Königin, sondern lockt junge Arbeiterinnen heran, die die Königin versorgen; gleichzeitig hemmt es die Ovarentwicklung bei den Arbeiterinnen eines Bienenstocks und verhindert auch, daß sie weitere Weiselzellen bauen. In solchen Weiselzellen werden die Königinnen des Bienenstaates mit Hilfe eines besonderen Futters, bekannt als »Gelee Royale«, aufgezogen.

Fehlt das Duftpheromon einer Bienenkönigin, signalisiert dies den Arbeiterinnen unmißverständlich den Ausfall oder Verlust der Königin: Alarm für den Bienenstaat! Und unverzüglich beginnen die Bienen mit dem Bau von Weiselzellen für die Königinnennachzucht, die Ovarien der Stockbienen entwickeln sich; doch sie legen unbesamte Eier ab, aus denen nur Drohnen – die männlichen Bienen – schlüpfen. Es kommt zur sogenannten Drohnenbrütigkeit.

Aber die Drüsensekrete einer Königin vermögen noch mehr: Mittels eines aus mehreren Komponenten bestehenden Sexuallockstoffes macht die Königin auch während ihres Hochzeitsfluges auf sich aufmerksam, lockt Drohnen herbei, von denen sie dann mehrere Male begattet wird und deren Samen sie über Jahre hinweg, oft vier Jahre lang, speichern kann; ein Vorrat, aus dem sie sich immer wieder bedient, um die bis zu 3000 Eier täglich zu legen.

Die Mandibeldrüsen der Bienenkönigin stellen also ein vielseitiges Arsenal weiblicher Duft- und Lockstoffe her, mit dem die Königin den Bienenstaat am Leben und auf Trab hält.

Ein Team von Chemikern und Biologen der Simon-Fraser-Universität in Burnaby, Kanada, hat jetzt die Zuammensetzung dieses Königinnenlockstoffes chemisch genau analysiert und seine Wirkung mit Hilfe einer künstlichen Königinnenattrappe getestet. Die Chemie vieler Insektenpheromone ist noch weitgehend unbekannt; denn meist handelt es sich nicht um einzelne chemische Verbindungen, sondern um Stoffgemische. Daß diese Verbindungen, aus denen sich Signalstoffe aufbauen, auch nur zusammen ihre volle Wirkung erreichen – eben genau wie beim Cocktail –, konnte das kanadische Forscherteam für die Mandibelsekrete der Honigbiene eindrucksvoll nachweisen. Auch hier zeigt sich: Das Ganze ist mehr als nur die Summe seiner Teile!

Bei *Apis mellifera* sichern fünf solcher als »Semiochemicals« bezeichneten Komponenten der Königin die Gefolgschaft ihrer Arbeiterinnen. Trotz 25jähriger Forschung war es deshalb zuvor nie gelungen, lediglich mittels einzelner Sekretkomponenten das volle Verhaltensspektrum der Stockbienen gegenüber ihrer Königin hervorzurufen.

Um diese Drüsensekrete chemisch aufzuklären, wurden zuerst einmal eierlegende Königinnen bei minus 20°C immobilisiert, quasi ruhiggestellt, indem die Wissenschaftler sie »auf Eis legten«. Dann entfernten sie die Drüsen und entnahmen ihren Inhalt rund 100 Mikroliter. Dieses Drüsensekret wurde dann chemisch in insgesamt zehn Fraktionen aufgetrennt und in einem Gaschromatographen analysiert. Die einzelnen Duftstofffragmente ließen sich anschließend wieder in allen nur denkbaren Kombinationen in einem Attrappenversuch im Bienenstock testen.

Wichtigstes Hilfsmittel der kanadischen Forscher: eine kleine gläserne Königinnennachbildung. Die setzten sie zu den Arbeiterinnen eines Bienenstocks auf die Wabe. Solch eine »Pseudokönigin« hatten die Wissenschaftler kurzerhand aus dem Endstück einer gläsernen Pasteur-Pipette gebastelt, indem sie die Enden des Glasröhrchens bis auf eine kleine Vertiefung zuschmolzen; die Vertiefung nahm die jeweilige Testsubstanz auf.

Und diese für den menschlichen Betrachter zugegebenermaßen recht unattraktive Königinattrappe hatte dennoch alles, was Bienen anmacht; zumindest solange ihr nur der Geruch bestimmter Sekretstoffe entströmte. Die Entomologen beobachteten und filmten nun die Reaktion der Arbeiterinnen auf die einzelnen Pheromonfraktionen, um deren Wirkung kennenzulernen. Auffällig war dabei vor allem, daß stets nur die Kombination mehrerer Fraktionen eine deutliche Antwort der Arbeiterinnen hervorrief; die begannen nämlich, die Königin mit ihren Antennen, in denen hochempfindliche Riechorgane sitzen, zu betasten.

Durch chemische Analyseverfahren wie das der Massenspektroskopie konnten aus den Fraktionen dann schließlich die insgesamt fünf verantwortlichen Sekretkomponenten – meist alkoholische Verbindungen – isoliert und bestimmt werden. Nachdem die Chemie der einzelnen Sekretstoffe erst einmal aufgeklärt war, beantworteten die Bienen einen synthetisch hergestellten Pheromoncocktail, den die Forscher aus den einzelnen Komponenten gemixt hatten, fast ebenso heftig wie das natürliche Extrakt aus den Mandibeldrüsen einer echten Königin.

Selbst als die kanadischen Wissenschaftler verschiedene Enantiomere, quasi die Spiegelbilder ansonsten chemisch identischer Verbindungen, den Arbeiterinnen bei ihren Experimenten »unter die Nase hielten«, versagten die Bienen ihrer Attrappenkönigin keineswegs die Gefolgschaft. Dies, so die Forscher, sei ein weiterer Beleg für die biologische »Gleichbehandlung« solch chemischer Spiegelbilder.

Die kanadische Arbeitsgruppe ist nicht die einzige, die Jahre darauf verwandte, dem Geheimnis der Bienen auf die Duftspur zu kommen. Auch für Prof. Dr. Heinz Rembold und seine Mitarbeiter von der Arbeitsgruppe Insektenbiochemie am Max-Planck-Institut für Biochemie in Martinsried hat die Frage, weshalb es in einem Bienenstock nur ein einziges, aber überaus fruchtbares Weibchen gibt, das die Geschicke des gesamten Staates lenkt, nichts an Faszination eingebüßt. Für ihn sind die jüngsten Ergebnisse aus Kanada ein weiterer Hinweis darauf, daß in der »Geruchswelt« der Insekten vielfach mit regelrechten »Parfüms«, zusammengesetzten Duft- und Wirkstoffen, gearbeitet wird.

Prof. Rembold hatte erst kürzlich bei der chemischen Analyse der Bienenlarvennahrung herausgefunden, daß auch die Entstehung einer Bienenkönigin ganz eng an die Zusammensetzung der Nahrung gebunden ist. Aus der geschlechtslosen Arbeiterschaft eines Bienenstaates entwickelt sich ja stets nur eine einzige Larve zur tatsächlichen Königin. Voraussetzung dafür ist, daß diese Bienenlarve in einer Weisel- oder Königinnenzelle mit besonderem Futter versorgt wird. Lange war man auf der Suche nach jenem mysteriösen Stoff, der die Königin macht.

Doch diesen Stoff gibt es nicht. Wie die Arbeitsgruppe in Martinsried nach jahrelanger Arbeit herausfand, haben vielmehr bereits kleinste Veränderungen im Verhältnis der einzelnen beteiligten Stoffkomponenten dieses Futters, etwa das Verhältnis Kohlenhydrat zu Eiweiß, einen dramatischen Einfluß auf die Kastenbildung im Insektenstaat. So erhalten die meisten Bienen vom dritten Larvenstadium an nur noch eine aus Honig und Pollen bestehende Magerkost. Dank der Bienenammen im Stock, die sie füttern, wird der Nachwuchs dann prompt zu Arbeiterinnen. Und einmal als Arbeiterin aufgewachsen, bleiben die Tiere ihr Leben lang in dieser Kaste. Während die Entwicklung und das Wachstum in den ersten drei Larvalphasen bei späteren Stockbienen und bei der Königin noch gleich ist, nimmt allein das Gewicht einer Larve in den Königinnenzellen mit dem vierten Stadium rapide zu; auch nach der Verpuppung bemerkten die Forscher bei der späteren Königin einen gewaltigen Entwicklungsschub, der sie die Entwicklung zum fertigen Insekt um ein Drittel schneller beenden läßt als die übrigen Arbeiterinnen. Nach dem dritten Larvalstadium also werden die Weichen endgültig gestellt.

Unter streng kontrollierten Versuchsbedingungen, unter denen

Bienenlarven in einer Art Minifingerhut im Brutschrank aufgezogen wurden, konnten in Martinsried der Einfluß der Nahrung und die biochemischen Zusammenhänge aufgeklärt werden. Mengt man den Bienenammen, die die Larven versorgen und die sich dabei zuvor noch als wahre Diätschwestern betätigt hatten, etwas Weiselfutter aus den Königinzellen in den Nahrungssaft, so ließen sich im Experiment auch Königinnen in den von ihnen versorgten Waben züchten.

Allein durch die geschickte Änderung der Nahrungszusammensetzung gelang es der Arbeitsgruppe um Prof. Rembold, praktisch ausschließlich Königinnen oder aber Arbeiterinnen heranzuziehen. Es gibt mithin keinen wie auch immer aussehenden Stoff, der allein Königinnen macht, so die Quintessenz der Forschungen Rembolds. Es ist letztlich nur die feine Abstimmung der Ernährung, die eine weibliche Bienenlarve zur Königin werden läßt. Die ausgewogene Ernährung eben macht es! Erst diese schafft die Voraussetzung für das Anlaufen eines Entwicklungsprogramms, das zwar in der Erbinformation der weiblichen Bienenlarve bereits angelegt ist, dessen Ausprägung dann aber über die unterschiedliche Ernährung in der sensiblen Periode der Larvalstadien gesteuert wird, so erläutert Prof. Rembold. Und so wie die Zusammensetzung der Nahrung darüber entscheidet, ob eine Biene als Königin oder als Arbeiterin lebt, so entscheidet auch die Zusammensetzung der Lockstoffe aus einzelnen Komponenten über das Leben im Bienenstock.

An der Nase herumführen lassen sich die Arbeiterinnen eines Staates dennoch nicht. Wie das kanadische Forscherteam um Dr. Mark Winston in einem letzten Versuch feststellen mußte, ist das Bienenvolk sehr wohl in der Lage, die eigene Königin zu erkennen. Auf ihre Anwesenheit reagieren sie am stärksten, ihr Drüsensekret lockt am meisten Bienen des Stockes herbei. Die Insektenforscher vermuten daher, daß noch andere Signale – möglicherweise bestimmte Verhaltensweisen – oder zusätzliche Pheromone, die ihnen bislang bei ihren Analysen entgangen sind, eine Rolle spielen. Imker freilich wird dies wenig wundern: Sie wissen, daß fremde Königinnen von den Stockbienen eines anderen Staates sogar abgestochen werden; denen fehlt nämlich der typische Stockduft, eine Art Eintrittskarte für den Insektenstaat.

Demnach hätte jede Königin so eine Art persönliche Duftnote oder einen geruchlichen Fingerabdruck, der sie von allen anderen Königinnen unterscheidet und den nachzuahmen auch den kanadischen Wissenschaftlern mit ihrer gläsernen Pseudokönigin doch nicht gelang.

Vom Tuten und Quaken im Bienenstaat

Eine Verständigung mit chemischen Signalen, wie es uns die Bienen vormachen, ist im Tierreich (und nicht nur unter Insekten) verbreitet. Beispiele dafür sind Legion: angefangen etwa bei der Kommunikation der als Forstschädlinge ins Gerede gekommenen Borkenkäfer, wo ein ausgeklügeltes System chemischer Signale Geschlechtspartner anlockt, Rivalen fernhält und sogar die Populationsdichte reguliert; bis hin zu den raffinierten Strategien, mit denen die Weibchen des Seidenspinners über Kilometer hinweg auf sich aufmerksam machen.

Staunend wie sensibel die Chemorezeptoren von Insekten auf solche Duftsignale reagieren, die die Verständigung zwischen Männchen und Weibchen sichern, fanden Chemiker und Biologen heraus, daß bereits tausend Moleküle des Lockstoffes *Bombykol* in einem Kubikzentimeter Luft genügen, um einem Seidenspinnermännchen sicher den Weg zur Partnerin zu weisen. Produziert werden diese Pheromone von den Nachtfalterweibchen in speziellen Duftdrüsen, die das Tier am Hinterleib ausstülpen kann; die hochempfindlichen Geruchsrezeptoren der Männchen sitzen in den fein aufgefiederten Antennen am Kopf. Der Insektenforscher und Schüler des Nobelpreisträgers Karl von Frisch, der Würzburger Zoologe Martin Lindauer, erläuterte die verblüffende Leistung von *Bombyx mori* einmal so: »Verteilte man ein Kilogramm dieser Substanz über dem Gebiet der Bundesrepublik, wäre die Konzentration an jedem Ort noch groß genug, um die männlichen Falter anzulocken.« In der Tat eine unvorstellbare Verdünnung, die dennoch die Hochzeit unter den Seidenspinnern garantiert.

Der Hamburger Ethologe Prof. Dierk Franck hält diese Art der chemischen Verständigung sogar für stammesgeschichtlich älter als die Kommunikation mit optischen und akustischen Signalen, die erst später mit der Entwicklung leistungsfähiger Lichtsinnes- und Hörorgane aufgetreten sein soll.

Wie auch immer: Unsere Honigbiene beherrscht beides und wird dadurch unvermutet auch zum Star einer bioakustischen Studie. Denn ihr schwänzelnder Tanz auf der Wabe ist durchaus recht geräuschvoll, wie sich kürzlich herausstellte. Man muß nur ein Ohr dafür haben.

Der Däne Axel Michelsen hatte solch ein Ohr; er entdeckte erstmals die akustische Verständigung bei Bienen, die sich damit auch im Dunkel ihres Stockes über lohnende Futterplätze verständigen können – und nicht nur darüber.

Üblicherweise schwänzelt eine Honigbiene in festgelegten Halbkreisfiguren über die Wabe, wenn sie ihren Stockgenossinnen den Weg zu einer ergiebigen Futterquelle mitteilen will. Dabei setzt sie die einzuschlagende Himmelsrichtung um, indem sie auf der senkrecht stehenden Wabe ihre Kreisfigur so durchläuft, daß die Richtung der Schwerkraft stets den entsprechenden Winkel zur Sonne widerspiegelt. – Bienen zumindest verstehen das und können daran die exakte Richtung zur angezeigten Nahrung ablesen. Läuft eine Stockbiene beispielsweise nach jedem Halbkreis immer wieder senkrecht an der Wabe empor, so werden die Stockgenossinnen unfehlbar gen Sonne fliegen, sobald sie den Stock verlassen. Ein Winkel von 50 Grad rechts oder links bedeutet eine dementsprechende Abweichung vom Stand der Sonne.

Da die meisten Bienenforscher diesen Bienentanz in gläsernen Wabenkästen studierten, entging ihnen, was Axel Michelsen von der Universität Odense entdeckte: Eine stumme Biene bleibt gänzlich ohne Wirkung auf ihre Stockgenossinnen. Erzeugt eine tanzende Sammelbiene dagegen im Dunkel eines Stocks zusätzlich aber auch noch bestimmte Laute mit einer Frequenz von etwa 280 Hertz, schickt dies ihre Stockgenossinnen auf Sammelreise. Die Tanzsprache der Bienen hat also auch eine akustische Komponente. Und die Schallsignale scheinen ebenso hochevoluiert zu sein wie die optische oder gar chemische Kommunikation im Bienenstaat, in jedem Fall aber sind sie ebenso kompliziert!

Die durchaus nicht unwichtige »Hintergrundmusik« erzeugen Bienen in kurzen Pulsen von 20 Millisekunden, und zwar durch vibrierende Bewegung ihrer Flugmuskulatur. Etwa zehnmal langsamer als bei maximaler Fluggeschwindigkeit, mit der Bienen fliegen können, sind diese Flügelbewegungen immer noch stark genug, um von den Fühlern der Begleitbienen als vielfach unterbrochener Luftstrom wahrgenommen zu werden und ihnen über die Entfernung der Nahrungsquelle zu berichten. Über eine Mikrosonde aufgenommen, hört sich das pulsartige Schallsignal für unsere Ohren wie ein Schnarrlaut an.

Dieser Laut wird vertikal über die Flügel abgestrahlt; und damit, so erläutert Prof. Martin Lindauer von der Universität Würzburg, vermeiden die Honigbienen zugleich auch einen »Info-Salat« in ihrem Stock; denn wenn jede Tänzerin ihre Schallsignale statt senkrecht nach oben nun horizontal abgäbe, dann würden nicht nur die Bienen der unmittelbaren Umgebung, sondern der ganze Stock alarmiert werden. Bei mehreren gleichzeitig tanzenden Bienen wäre das Durcheinander auf der Wabe dann allerdings perfekt, eine weitere Verständigung mithin ähnlich erfolgreich wie ein ruhiges Gespräch in einer lärmerfüllten Diskothek. Statt dessen erhalten immer nur die Bienen, die den Tanz einer gesprächigen Kundschafterin aus nächster Nähe verfolgen, die akustische Information über einen lohnenden Futterplatz.

Und auch die Daheimgebliebenen folgen einer kundigen Sammelbiene keineswegs stumm über die Wabe; sie selbst erzeugen ein mit etwa 320 Hertz typisches Bettelsignal. Die tanzende Kundschafterin veranlaßt das, sogleich eine Kostprobe der neu aufgetanen Futterquelle abzugeben. Und diese Futterprobe informiert die nachfolgenden Bienen dann en détail über die Art der Nahrung, die in der angezeigten Richtung zu erwarten ist.

Doch während die Tänzerin lediglich die Luft über der Wabe in Schwingung versetzt und in ein bis zwei Zentimetern Entfernung mit über 70 Dezibel auch noch recht ordentliche Schallpegel erzielt, bringen die Stockbienen mit ihrem Bettelsound gleich die ganze Wabe unter ihren Beinen zum Vibrieren. Mit entsprechend feinfühligen Meßgeräten konnte das Forscherteam solche Wabenvibrationen aufzeichnen, denen es dann genauer nachging. Hinter den speziellen physikalischen Eigenschaften einer Bienenwabe vermutet es seitdem noch mehr; nicht zuletzt eine wichtige Funktion für die

Kommunikation bei Honigbienen. Die scheinen sich nämlich vor allem mittels Vibrationen ihrer »Tanzfläche« über die Interna des Stocks zu verständigen.

Als die Bienenforscher dann die Wabe mit den Bienen darauf künstlich in Schwingung ganz ähnlicher Amplitude versetzten, wie es ihnen zuvor die Bienen vorgeführt hatten, »froren« deren Bewegungen urplötzlich und wie »vom Donner gerührt« ein. Bewegungslos verharrten sie, gerade so, als ob sie auf etwas horchten, solange ihre Wabe vibrierte, so berichten Axel Michelsen und Martin Lindauer. Über die genaue Bedeutung dieses »freezing« bei der Kommunikation im Bienenstock sind sich die Experten noch nicht sicher. Deshalb basteln sie zur Zeit an einer künstlichen Biene. Ihr bewegliches Bienenmodell mit Flügeln aus Rasierklingenblättern, die auf Diamantlagern ruhen, erproben sie derzeit an der Universität in Würzburg als »Vortänzerin«. In aufwendigen, computergestützten Flugversuchen ließen sich bereits die ersten Stockbienen durch die vom Tonband abgespielten Schnarrlaute der Kunstbiene in die Felder der Umgebung schicken, als ob ihnen eine echte Stockbiene Informationen über Richtung und Entfernung einer Futterquelle übermittelt hätte. Bis zur Perfektion dieser »robotbi«, wie Michelsen seine Bienenattrappe auf dänisch nennt, wird allerdings noch einige Zeit vergehen.

Auch die Königinnen bedienen sich der Wabe als akustischen Mediums, um sich mittels Vibration untereinander und mit ihren Arbeiterinnen im Stock zu verständigen. Da Bienen kein etwa dem Wirbeltierohr vergleichbares Hörorgan besitzen, nehmen sie viele Schallimpulse nicht so sehr über die Luft, sondern als Erschütterungen des Untergrunds wahr; die Vibration der Wabe ist so ein »Substratschall«, den die Insekten mit winzigen Erschütterungsmeßgeräten an den Beinen aufnehmen. Und Schwingungen der Wabe, so erklärt Prof. Axel Michelsen, werden selbst dann noch als Signal wahrgenommen, wenn ihre Auslenkung weniger groß ist als der Durchmesser eines Wasserstoffatoms; eine für Menschen unvorstellbare Feinfühligkeit bei Insekten.

Bereits den Imkern früher waren eigenartige Geräusche aus ihren Bienenstöcken aufgefallen, nachdem die alte Königin mit einem Teil des Bienenstaates ausgezogen war, um eine neue Kolonie zu gründen; ein Moment im Leben eines Bienenstocks, in dem die Imker besonders wachsam sein müssen. Etwa sieben bis elf Tage nach dem ersten Schwärmen ist ein merkwürdiges Getöse aus dem Inneren der Waben zu vernehmen, und aus Erfahrung wissen Imker dies als sicheres Zeichen für das erneute Schwärmen ihrer Bienen zu nehmen. Es sind die jungen Bienenköniginnen in den Waben, die damit ihre künftige Regentschaft über den Bienenstaat kundtun. Axel Michelsen ist diesem Tuten und Quaken jetzt mit einem Arsenal akustischer Geräte auf den Grund gegangen. Denn obgleich man von den eigenwilligen Geräuschen seit langem weiß, hatte man sie nie genauer untersucht.

Während das »Toot«-Signal von der Königin stammt, die bereits ihr Wabensechseck verlassen hat, geben die übrigen Königinnen, die noch in ihren Zellen eingedeckelt sind – und die vorerst auch da bleiben sollen –, tatsächlich eine Art Quaken von sich. Sollte der Staat nach dem Auszug der ersten Königin tatsächlich noch einmal schwärmen, dann erfüllt die Thronfolgerin bis zu ihrem Abflug mit ihrem Tuten den Bienenstock; mit diesem charakteristischen Tutsignal hält sie ihre potentiellen Nachfolgerinnen in den Zellen in Schach, bis sie mit einem weiteren Teil des Bienenstocks zum Schwärmen ausfliegt. Erfüllt dann plötzlich Stille den Stock, ist das für die quakenden Bienenköniginnen das Zeichen herauszukommen. Schwärmen die Bienen allerdings nicht noch einmal, dann nagt die junge Königin ein Loch in die Weiselzellen der übrigen »Bienenprinzessinnen« und tötet eine nach der anderen; denn es kann immer nur eine den Staat dominieren.

Die übrigen sind nur die biologische Reserve, die das Überleben der Bienen sichern sollen, falls der Königin unverhofft doch etwas zustößt.

Mit einem Laservibrometer hat das Team um Prof. Axel Michelsen nun den Wechselgesang der tutenden und quakenden Königinnen untersucht und diese »Substrattöne«, die über das Weiterleben des Insektenstaates entscheiden, quantitativ analysiert. Obwohl die Forscher aus den Wabenzellen ihres Versuchsstocks auch spontanes Quaken aufzeichnen konnten, meldeten sich die eingeschlossenen Königinnen stets dann im Chor zu Wort, sobald die freie Königin ihr »toot« hatte vernehmen lassen. Offenbar versuchen die Königinnen in den Zellen sogar, ihre Antwort untereinander zu synchronisieren:

Meist begann eine Königin unmittelbar nach solch einem »toot« mit dem ersten »quak«, und andere Königinnen stimmten wie bei einem Choral in dieses Quak-Konzert ein.

Die Natur der Signale beweist den Forschern, daß sie allein der Nahverständigung der Königin und ihrer potentiellen Thronfolgerinnen dienen, sozusagen »Nachrichten aus dem Regierungspalast« sind, die allenfalls noch einige der mit der Brutpflege beschäftigten Bienenammen angehen. Bisher hatten vor allem die Imker immer geglaubt, das Tuten und Quaken aus den Wabenzellen diene als Mitteilung für den ganzen Staat.

Und auch wenn sich die Bienenforscher recht sicher sind, daß die Wabenvibrationen tatsächlich der Vorbereitung zum Schwärmen dienen, über die eigentliche »Neuigkeit«, die sich Bienen mittels solcher Signale mitteilen, sind sich Michelsen, Lindauer und ihre Mitarbeiter noch nicht im klaren. Das entschiedene »toot« zögert zwar das Erscheinen weiterer Königinnen hinaus, welche Rolle dabei indes die Arbeiterinnen spielen, die eine Königin nicht selten aus der Nähe der Weiselzellen vertreiben, ist noch immer Geheimnis der Bienen.

Und wenn sich vorerst auch nicht definitiv entscheiden läßt, was zuerst da war: optische, akustische oder chemische Kommunikation im Bienenstaat, amerikanische Wissenschaftler konnten kürzlich immerhin einen weiteren Mosaikstein in das Bild vom Miteinander bei Bienen einfügen. Bisher nämlich hatten auch Entomologen eher vage Vorstellungen davon, wie alt diese soziale Ader bei unseren Honigbienen eigentlich ist. Und wie es häufig passiert: Neue Tatsachen bereichern auch des Forschers Weltbild. Buchstäblich Stein des Denkanstoßes war dabei der Fund eines Hautflüglers, sorgsam eingebettet in einen Bernsteinsarg.

Soziale Biene aus der Kreidezeit

Für zahlreiche Tiere und Pflanzen wurde er bereits zum harzigen Begräbnis – der Bernstein. In einem Stück aus New Jersey haben amerikanische Insektenforscher die mit rund 85 Millionen Jahren älteste Honigbiene entdeckt. *Trigona prisca,* die Biene aus der Kreide, ist damit um rund 40 Millionen Jahre älter als die bisherigen Bienenfunde im baltischen Bernstein aus dem Eozän. Bereits vor Jahren gesammelt, war der kostbare Bernsteinbrocken mit der Honigbiene mehrere Jahre unbeachtet in der Sammlung der Columbia-Universität geblieben.

Doch nicht allein das Alter dieser eindeutig zu den *Apidae* gestellten Biene überrascht: Das stachellose Weibchen im durchsichtigen Sarg unterscheidet sich zudem kaum von den heute lebenden, stachellosen, aber staatenbildenden Bienen der Gattung *Trigona,* die in den tropischen Wäldern Südamerikas vorkommen. Gerade die Gattung *Trigona* war bislang allerdings als eine der abgeleitetsten Bienengruppen erschienen. Darin und in der Interpretation biogeographischer Zusammenhänge werden die Forscher jetzt dank des Fundes wohl umdenken müssen.

Der Clou indes: Die Entomologen Charles Michener und David Grimaldi identifizierten das Bienenweibchen als Arbeiterin. Arbeitsteilung scheint demnach – wenigstens bei Bienen – ein altes Prinzip zu sein. Mithin besaßen Bienen bereits am Ende des Erdmittelalters, vor 96 bis 74 Millionen Jahren, einen Sozialstaat – und vermutlich auch die entsprechenden Strategien, sich untereinander zu verständigen, ob nun mit Tuten oder Quaken, Flügelvibrieren oder Schwänzeltanz.

Die soziale Biene im Bernstein belegt, daß die Wurzeln des einzigartigen und komplizierten Sozialverhaltens der staatenbildenden Insekten älter sind als bislang angenommen. Die Evolution der Bienen begann demnach schon während der rund 50 Millionen Jahre dauernden Zeitspanne seit Anfang der Kreide. Und für Botaniker ist mit dem Nachweis von *Trigona* auch das kreidezeitliche Erscheinen der bedecktsamigen Blütenpflanzen (vor rund 135 Millionen Jahren), die für ihre Bestäubung meist auf Insekten angewiesen sind, nicht länger mehr rätselhaft. *Trigona prisca* besaß nämlich einen langen Rüssel zum Nektarsaugen und Pollentaschen an den Beinen, wie es sich für blütenbesuchende Bienen bereits damals gehörte.

Vibrierende Balz auf Hawaii

Sie gelten als eines der spektakulärsten Beispiele für Artbildungsprozesse – die rotäugigen Drosophilafliegen auf den Hawaii-Inseln.

Auf dem Archipel, der als einer der isoliertesten der Erde gilt, haben sich mehr als 500 Arten dieser Fruchtfliegen, die sich morphologisch und ethologisch gut unterscheiden lassen, nach und nach aus gemeinsamen Vorfahren des Festlandes herausgebildet.

Die Hawaii-Inselkette liegt über einem sogenannten »hot-spot«, einem geologischen »heißen Fleck«, wo glühendes Magma aus dem Erdinneren durch die ozeanische Erdkruste nach oben drängt und an der Meeresoberfläche zahlreiche Inseln bildet. Durch diese vulkanischen Vorgänge wurden im Laufe der Erdgeschichte periodisch immer wieder neue Inseln gebildet, die ständig neuen Lebensraum für die Kolonisation mobiler Tierarten boten. Die Abstammung der heute auf Hawaii heimischen Drosophilafliegenarten von solchen des Festlandes, konnte durch morphologische Untersuchungen und durch Studien der Chromosomen – der »Einheitsverpackung für Gene« – einzelner Fliegenarten glaubhaft gemacht werden, ja, ihre Herkunft ließ sich sogar bis auf ein oder zwei kontinentale Gründerweibchen zurückführen, die einst über den Ozean verdrifteten und auf den Inseln ein neues Kapitel in der Evolutionsgeschichte dieser Fliegengruppe aufschlugen.

Ronald R. Hoy von der Cornell-Universität und Kenneth Kaneshiro von der Universität Hawaii präsentierten jetzt zusammen mit einer finnischen Kollegin erstmals Hinweise, daß auch die »Balzgesänge« der Fruchtfliegen Hawaiis deutlich von denen der Festlandsarten abweichen. Dies betrifft bei den zwanzig untersuchten Arten des Archipels nicht nur die Lautmuster, sondern auch die Art und Weise, mit der die Laute erzeugt werden. So erreicht die auf der Insel Maui lebende Fliegenart *Drosophila fasciculisetae* bei dem für sie typischen »Klickgesang« mit 5 bis 6 Kilohertz eine Trägerfrequenz, die um ein Vielfaches höher liegt als die bekannten Frequenzen kontinentaler Arten, so etwa die von *Drosophila melanogaster* mit gerade 170 Kilohertz. Damit ähnelt der Gesang der Fruchtfliege Hawaiis eher den Lauten einer Zikade als denen einer kleinen Fliege!

Lebt man auf abgelegenen Inseln, so sind derlei Absonderlichkeiten und Eigenarten bei Tieren gar nicht so selten – wie wir noch sehen werden. Anders zu sein als die Festlandbewohner ist geradezu symptomatisch für solch isolierte Tierpopulationen.

Und auch die hochfrequenten, im Kilohertzbereich liegenden

Signale dürften tatsächlich eine spezielle »Erfindung« der Fliegen Hawaiis sein, da weder von den Verwandten des Kontinents noch von anderen Zweiflüglern (Dipteren) derart hohe Töne bekannt sind. Auch die Balzrufe von *D. cyrtoloma* von Maui erinnern mit ihren komplexen Schwingungen eher an das Zirpen der Grillen als an Fruchtfliegenlaute. Selbst *D. silvestris* von Hawaii, deren Gesang dem der Festlandsform ansonsten noch sehr nahekommt, unterscheidet sich in einem deutlich von diesem: Die Inselfliegen erzeugen ihre Liebeslaute durch Vibration des Hinterleibes, während Drosophila auf dem Kontinent allein durch Flügelschwingungen Laute hervorbringt. Mit Hilfe eines »Hinterleibmotors« zu kommunizieren und damit Fliegendamen zu becircen ist den Forschern von andern, kontinentalen Drosophilaformen fremd und damit eine weitere Besonderheit der auf dem Inselarchipel isolierten Fruchtfliegen.

Hoy und Kollegen interpretieren diese abweichenden Balzgesänge von Drosophila als ein wichtiges Beispiel für die bemerkenswerten Innovationen auch des Verhaltens, das während der geographischen Isolation auf den abgelegenen Hawaii-Inseln erworben wurde. Allerdings ist bislang noch ungeklärt, ob die Fliegen auf Hawaii die auffällig hochfrequenten Schwingungen der Fliegenmännchen überhaupt hören können; die gründlich »verhörten« Drosophilaarten des Festlandes jedenfalls vermögen solche hohen Töne nicht mehr wahrzunehmen. Die Hörorgane der Fliegen sprechen gewöhnlich nur auf Frequenzen zwischen 100 und 500 Hertz an; die »Klicks« von *D. fasciculisetae* würden ihnen somit entgehen. Sollen deren Signale aber eine Funktion bei der Fliegenfortpflanzung haben, so hat das zumindest auf Hawaii gleichzeitig mit den hochfrequenten Balzrufen auch die Evolution modifizierter Gehörorgane nötig gemacht.

Uns bringt dieses letzte Beispiel der Kommunikation unter Insekten zugleich zu einem Kapitel, in dem es immer wieder um solche Inseln im Meer wie Hawaii und um ihre Bedeutung für die Erforschung dessen geht, was der britische Naturforscher Charles Darwin vor rund 150 Jahren als das »Geheimnis der Geheimnisse« bezeichnet hat; nämlich die Frage, wie eigentlich neue Tier-(und natürlich auch Pflanzen-)Arten entstehen können.

3. Kapitel
Aus der Werkstatt der Evolution

Was Darwin-Finken erzählen
Von Konkurrenz und Anpassung

Das Paradies stellt man sich gewöhnlich anders vor: Das Klima ist überraschend trocken, obgleich wir uns in den Tropen befinden; zwischen Januar und Juni, in der wärmeren Regenperiode, gehen gelegentliche, dann aber tropisch-ergiebig, Regenfälle nieder, während es von Juli bis Dezember mit 19 Grad Celsius und wolkenverhangenem Himmel eher ungemütlich ist. Die vulkanisch-unwirtlichen Inseln sind meist Halbwüsten, die allenfalls Trockenheit liebenden Sukkulenten und Kakteen eine Chance lassen, und nur in den höheren Lagen gedeiht eine prächtige tropische Vegetation.

Und dennoch: Dieser Inselarchipel ist eine kleine Welt für sich – und für Evolutionsbiologen eben das Paradies.

Denn die Galapagos-Inseln, rund 1000 Kilometer westlich von Ecuador im Pazifik gelegen, sind für Wissenschaftler gleichermaßen zum Paradigma für evolutive Abläufe und zum idealen Freilandlabor geworden. Dank der Isolation konnte sich auf dem vulkanischen Archipel eine ganz eigentümliche Tier- und Pflanzenwelt entwikkeln, die sich von den Festlandsformen deutlich unterscheidet. Die einzelnen Inseln – es sind sechs Hauptinseln und zehn kleinere –, die in verschiedener Entfernung, nicht selten aber in Sichtweite voneinander direkt unter dem Äquator liegen, boten mit ihrer Vielfalt ökologischer Bedingungen die Möglichkeit für die Entfaltung zahlreicher, einmaliger Arten.

Besonders die berühmten Darwin-Finken, sperlinggroße und oft dunkelgefiederte Landvögel, sind es, mit denen sich die jüngste evolutionsbiologische Forschung wieder beschäftigt, nachdem bereits Charles Darwin bei seinem Besuch während der legendären Fahrt mit dem Forschungsschiff »Beagle« im September 1835 die Schlüsselrolle solcher Inselformen für seine Theorie der Evolution erahnte. Mehr als eine Ahnung freilich war es nicht, so meinen Wissenschaftshistoriker heute, die Darwin damals hatte, als er nach fünfwöchigem Aufenthalt im Inselreich Galapagos Richtung Heimat davonsegelte. Tatsächlich erkannte er erst im Rückblick die Bedeutung der unscheinbaren Finken für die Veränderlichkeit der Arten. Die verschiedenen Finken, die auf jeder Insel wieder anders aussehen, die sich im Gefieder zum Teil verblüffend ähnlich sind und die sich doch so auffällig in ihren Schnäbeln unterscheiden, können ihre gemeinsamen Vorfahren allesamt dennoch nicht leugnen. Diese lokale Differenzierung, die sich auch bei anderen Landtieren des Archipels beobachten läßt, führte den britischen Naturforscher neben vielen anderen Belegen, die er auf der Fahrt der »Beagle« sammelte, zu der Überzeugung, daß Arten keine konstanten, einmaligen »Schöpfungen« sind, wie man bis dahin glaubte. Jede einzelne Inselpopulation ist vielmehr unter Anpassung an die jeweilig herrschenden ökologischen Bedingungen auf den Inseln entstanden. Und in der Selektion, der natürlichen Auslese, bei der nur die am besten angepaßten Tiere überleben, fand Darwin dann nach seiner Rückkehr 1838 auch die treibende Kraft für die Evolution.

So wurden die Galapagos-Inseln mit ihren endemischen Finken, Spottdrosseln, Elefantenschildkröten, Meeresechsen und Landleguanen nicht nur zu einem bedeutenden Beleg für die *Tatsache* einer natürlichen Entwicklung von Organismen, sondern gleichzeitig auch für den zugrundeliegenden *Prozeß,* der zu solchen evolutiven Veränderungen führt. Schließlich sollte noch ein Vierteljahrhundert vergehen, bis Darwin dann 1859 in seinem Buch »Über die Entstehung der Arten« mit seiner Evolutionstheorie an die Öffentlichkeit trat; die, das ist bekannt, schrie teilweise entsetzt auf, ob der dadurch implizierten Schlußfolgerungen für den Menschen.

Ihre tragende Rolle für das Gedankengebäude Charles Darwins untermauerten die kleinen Finkenvögel, die seinen Namen tragen, erst durch die Studien des britischen Ornithologen David Lack. Der nämlich erkannte fast ein Jahrhundert später im fernen England, daß die in vieler Hinsicht simpleren und auch für Wissenschaftler überschaubareren Bedingungen auf abgelegenen Inseln eine Tiergruppe wie die Galapagos-Finken zum idealen Studienobjekt machen; und er fuhr flugs zu den tropischen Archipel im Pazifik, um diese evolutionsbiologischen Klassiker unter den Vögeln vor Ort zu untersuchen. Lack selbst schrieb dann eine Monographie über die Finken Darwins, die nun ihrerseits zum Klassiker wurde.

Doch es ist Peter Grant und seinen Kollegen von der University of Michigan zu verdanken, daß neben morphologischen Studien jetzt erstmals auch detaillierte Daten über die Nahrungsökologie der verschiedenen Inselfinken vorliegen. Durch ihre jahrzehntelangen Studien konnten sie jüngst belegen, wie gerade die Konkurrenz der Finken untereinander die Artengemeinschaft beeinflußt; und sie haben damit einen weiteren, den neuesten Mosaikstein für unser Bild der Evolution geliefert; ein Bild, das die Zoologen seit Generationen versuchen zusammenzusetzen.

Die heutige Population der Galapagos-Finken ist das Ergebnis einer sogenannten »adaptiven Radiation«, der Aufspaltung einer Ahnenform in mehrere Arten und Anpassungsrichtungen. Anfangs waren es vielleicht nur wenige Tiere einer Finkenart gewesen, aus der dann relativ schnell viele verschiedene Formen entstanden. Heute sind es insgesamt 13 Finkenarten auf Galapagos; eine weitere, die erst vor einigen Jahren genauer unter die wissenschaftliche Lupe genommen wurde, kommt zudem auf der nördlich von Galapagos gelegenen Kokosinsel vor. David Lack verteilte diese Finken auf einen dreiteiligen Stammbaum mit zwei Laubsängerartigen sowie jeweils sechs Grundfinken- und Baumfinkenarten.

Sie entstanden in nur zwei Millionen Jahren; für die Evolution ist das eine geradezu lächerlich geringe Zeitspanne. Jede dieser Finkenarten hat heute dennoch eine ganz charakteristische Schnabelform, mit der sie an ihre Umwelt angepaßt ist, und damit an ganz spezielle Nahrungsgewohnheiten. So besitzen einige der am Boden lebenden Grundfinken kräftige, klobige Körnerfresserschnäbel, die den unterschiedlich großen, hartschaligen Körnern, die sie bevorzugt fressen, angepaßt sind. Andere wieder haben feinere Schnäbel, allenfalls geeignet zum Öffnen von kleinen und weichschaligen Samen. Und schließlich gibt es auch Finken mit sehr schlanken und dünnen Schnäbeln, mit denen sie hervorragend Insekten erbeuten können und die sich daher ähnlich wie unsere Grasmücken ernähren. Sogar einen Spechtfinken fanden die Biologen; da ihm jedoch das erforderliche Rüstzeug eines gewöhnlichen Spechtes fehlt, der mit seiner langen, klebrigen Zunge in den freigemeißelten Bohrgängen des Baumholzes nach Insektenlarven sucht, behilft sich *Cactospiza pallidus* auf Galapagos anderweitig: Mit Hilfe von Kakteenstacheln und kleinen Ästchen stochert er so lange in Spalten und Ritzen der Baumrinde nach Insekten und deren Larven, bis die hervorkommen.

Jeder dieser Darwin-Finken auf Galapagos hat somit seinen ganz speziellen Platz im ökologischen System der Inselgruppe und nutzt diesen Lebensraum in besonderer Weise. Tatsächlich spiegeln die verschiedenen Schnabelformen die speziellen Anpassungen an die Nahrung der Finken wider; Schnäbel, die so unterschiedlich sind wie in Mitteleuropa die von Kernbeißer, Meise, Braunelle und Fink.

Zur wissenschaftlichen Sensation wurden die Darwin-Finken, wie wir gesehen haben, erst nachdem sich der britische Zoologe David Lack 1938 und 1939 auf den Galapagos-Inseln daranmachte, die Vögel genauer zu untersuchen. Lack versuchte zu klären, wie es eigentlich zur Aufspaltung in 13 beziehungsweise 14 verschiedene Finkenarten kommen konnte: Denn das genau war die Frage, die Evolutionsbiologen am brennendsten interessierte und die bereits Charles Darwin in seinem ersten Reisebericht über den ozeanischen Archipel als »that mystery of mysteries – the first appearance of the new beings on this earth« bezeichnet hatte.

David Lack nun vermutete, daß sich die Vögel unter dem permanenten Druck der gegenseitigen Konkurrenz auf ganz bestimmte Nahrungsquellen spezialisiert hatten, ja spezialisieren mußten, wollten sie auf den nicht eben großen Inseln überleben Dabei seien dann die verschiedenen Schnäbel entstanden. Schließlich stand die Nahrung auf den Inseln ja nur in gewissen Mengen zur Verfügung. Und ein biologischer Lehrsatz besagt, daß zwei Arten mit genau gleichen Nahrungsansprüchen nicht nebeneinander existieren können – das sogenannte *Konkurrenzausschlußprinzip*.

Auch die 13 Darwin-Finkenarten konnten nur überleben, weil sie begannen, alle auf andere Weise ihre Nahrung zu suchen; sie vermeiden also die Konkurrenz.

Doch dieses Konkurrenzprinzip war von Wissenschaftlern oft angezweifelt worden, obgleich es kürzlich beispielsweise von Bernd Leisler, Wissenschaftler am Max-Planck-Institut für Verhaltensphysiologie in Seewiesen, auch für die ökologische Einmischung der europäischen Rohrsängerarten erkannt wurde. Die sechs Rohrsängerarten leben nämlich gemeinsam im selben Gebiet, ja fast im selben Lebensraum; wie genau sie sich diesen jedoch aufgeteilt haben und dadurch koexistieren, das konnte Leisler durch aufwendige Untersuchungen belegen. Die Konkurrenz unter den nahe verwandten Schilfbewohnern belebt dabei tatsächlich »das Geschäft der Evolution«.

Auch für den amerikanischen Zoologen Peter Grant schien die Zeit reif zu sein, nun seinerseits das Gedankengebäude David Lacks zu überprüfen. Wie in der Wissenschaft üblich, zieht ja eine Theorie immer wieder neue Fragen nach sich. Grant hatte zuvor auf den Kanarischen Inseln und den Azoren vor allem die beiden dort heimischen Finkenarten, den auch bei uns bekannten Buchfinken und seinen nahen Verwandten, den Teydefinken, studiert und erste Erfahrungen mit dem Problem des Zusammenlebens für nahe verwandte Vogelarten auf an sich unwirtlichen Inseln gemacht.

Während früher Biologen die evolutionären Veränderungen als zu langsam ansahen, um sie experimentell zu untersuchen, ging es Grant vor allem um eine quantitative Bestätigung solch evolutionärer Prozesse. Er wollte sozusagen Daten direkt aus der »Werkstatt der Evolution« liefern. Mit Hilfe unzähliger Beringungen, dem Vermessen von Finkenbälgen und -schnäbeln in den zoologischen Sammlungen und von lebend gefangenen Vögeln auf den einzelnen Inseln sowie durch Versuche mit ausgestopften Finkenattrappen sammelten Grant und andere Forscher jahrelang beharrlich Material für eine statistische Auswertung der Ökologie und des Verhaltens der Inselfinken.

Zwar ist die Entstehung der 13 Finkenarten ein höchst komplexer Vorgang, den die Biologen noch immer nicht in allen Einzelheiten durchschauen, doch immerhin, so Grant, lassen sich inzwischen zwei grundlegende Phasen unterscheiden: In einem frühen, sogenannten *allopatrischen* Stadium erfährt eine Finkenart die ersten geringfügigen evolutiven Abänderungen, etwa eine Veränderung der Schnabelform und Schnabelgröße. Allopatrie bedeutet dabei, daß derartige Differenzierungen bei einer geographisch von anderen Populationen getrennten Finkengruppe auftreten, also beispielsweise nur auf

Oben: Dohlenpärchen (Hans Reinhard/Okapia)
Unten: Die mehrsprachige Goldammer (Uwe Walz/Silvestris)

Oben: Goliath-Käfer (Paysan)
Unten: Nashorn-Käfer (Volkmar Brockhaus/Silvestris)

Honigbiene über Weidenblüte, in der Vergrößerung 8:1
(Darwin Dale/Okapia)

Oben: «Helix aspersa«-Weinbergschnecke (R. Maier/Silvestris)
Unten: Rote Wegschnecke (Fritz Hanneforth/Silvestris)

Oben: Streifenkiwi (A.N.T./Silvestris)
Unten: Flüchtender Feldhase (Manfred Danegger/Silvestris)

Berggorilla (Carlo Dani, Ingrid Jeske/Silvestris)

einer einzigen der vielen Inseln und Inselchen im Galapagos-Archipel. Die Individuen der Ursprungsart, die den Archipel kolonisierte, passen sich unabhängig voneinander an die verschiedenen Nahrungsressourcen an, die sie auf jeder der von ihnen erreichten Inseln vorfinden.

Damit sich solche Abweichungen überhaupt entwickeln können, braucht es neben den beiden Evolutionsfaktoren Mutation (die ja erst die genetische Grundlage für die Veränderung im Körperbau schafft!) und Selektion, die bereits Darwin als essentiell erkannte, noch einen dritten Faktor: die Separation oder räumliche Sonderung. Geographisch isolierte Populationen entstehen etwa durch trennende Gebirgszüge, Meere oder andere Barrieren, die für die betreffende Tierart keinen Lebensraum bieten und über die hinweg kein genetischer Austausch zwischen den Tieren mehr möglich ist. Vor allem aber Inseln spielen bei dieser *allopatrischen Artbildung* eine wahre »Schrittmacherrolle« der Evolution. Diese Vorstellung von zwei Populationen einer Vorläuferart, die durch geographische Hindernisse getrennt werden, bestimmt heute die Evolutionslehre und damit auch die modernen systematischen Konzepte. Wenn eine Tierart mit ihrer Lebensweise eine bisher noch nicht genutzte Lebensmöglichkeit erschließt, die zudem noch ausbaufähig ist, kommt es zur Artaufspaltung und damit zur Artenvermehrung. Denn Evolution, so wissen die Biologen heute, ist Artentrennung.

Grants Vorstellungen, wie dies bei den Darwin-Finken geschah, gehen aber noch weiter. In einer zweiten, *sympatrischen* Phase werden die anfänglich ausgebildeten Schnabelunterschiede durch das Aufeinandertreffen einzelner, zuvor auf den Inseln isolierter Populationen erweitert. Dies passiert zum Beispiel, wenn eine Population ihren Lebensraum auf eine benachbarte Insel ausdehnt und dort auf bereits zuvor angesiedelte Finken stößt. Denn zu diesem Zeitpunkt tritt nun die Konkurrenz unter den in ihren Merkmalen und Anpassungen unterschiedlich ausdifferenzierten Finkengruppen auf und verstärkt die Artbildung. Peter Grant erklärt diesen Vorgang anhand folgenden Modells: Im ersten Schritt besiedelten die Finken einst, sagen wir, die Insel San Cristobal als die dem Festland am nächsten gelegene; dort entstanden entsprechende Finkenformen, die sich allmählich an die spezifischen Umweltbedingungen anpaßten, etwa die

Zahl der Regenfälle und die damit verbundene Art der Nahrung für die Finken, was wiederum ihre Körperbaumerkmale, speziell ihre Schnäbel, beeinflußte. Im weiteren wurden, vermutlich mehrmals, die umliegenden Inseln besiedelt. Und in einem dritten Schritt erreichte dann eine dieser im Verlauf von Jahrtausenden modifizierten Finkenarten erneut die Ausgangsinsel und siedelte sich dort als nunmehr neue Art an. In morphologischen und ethologischen Merkmalen von der Ahnenform abweichend, kreuzt sie sich nicht mehr mit der ursprünglichen Population. Wiederholt sich dieser Zyklus oftmals,so entstehen nach und nach die 13 derzeit bekannten Finkenarten.

Die heute noch sichtbare Verteilung der Finken über den Archipel belegt deshalb auch nach Ansicht Peter Grants das Konkurrenzmodell: Denn bestimmte nahe verwandte Finkenarten kommen auf Galapagos selten gemeinsam auf ein und derselben Insel vor; und wenn doch, so sind sie jedenfalls auf ganz unterschiedliche Lebensräume, wie etwa auf einzelne Höhenregionen, verteilt. Bestes Beispiel sind *Geospiza difficilis* und *Geospiza fuliginosa,* zwei nahe verwandte Grundfinkenarten, die nur ganz selten sympatrisch leben, obwohl sie beide sehr weit über die Inselgruppe verbreitet sind. Wenn diese beiden Arten einmal dieselbe Insel bewohnen, so unterscheiden sie sich stärker in ihren Schnabelformen, vergleicht man dies mit Angehörigen der gleichen Art, die auf einer anderen Insel allein vorkommen. Zoologen haben für dieses – übrigens auch bei Tieren des Festlands nicht seltene – biologische Phänomen ein hübsches Fachwort: *character displacement,* eine Art Kontrastbetonung. Denn jede der beiden Finkenarten sucht auch andere Nahrung, wenn sie nebeneinander leben; sie gehen sich also buchstäblich aus dem Weg. So sucht einer von ihnen, der Spitzschnäbelige Grundfink, auf einigen Inseln wie eine Amsel im Laub der feuchten Wälder nach Insekten, auf trockenen Inseln ernährt er sich dagegen von Sämereien.

Für den Zoologen zeigt die unterschiedliche Nahrungsbevorzugung deutlich, daß ökologische Sonderung, bei der sich während der frühen Phase die verschiedenen Schnabelformen herausbildeten, eine der wichtigsten Rollen bei der Vorbereitung zur Artbildung spielt. Besonders während des extremen Dürrejahres 1977 erkannte

Peter Grant bei einer Studie über die Nahrungsökologie des Kaktusfinken *Geospiza scandens* auf der Insel Daphne, wie stark die Nahrungssituation – in diesem Fall die Menge der Opuntienblüten und -früchte – das Überleben der Darwin-Finken beeinflußt.

Und eine weitere Frage konnten Grant und Mitarbeiter gleich mitbeantworten: Warum sich nämlich auf Galapagos lediglich 13 Arten herausbildeten, nicht aber noch mehr. Es war nämlich nicht etwa zu wenig Zeit für die Entstehung noch weiterer Finkenformen, sondern für neue Arten blieb keine freie ökologische Nische mehr, die ihre Evolution möglich gemacht hätte. So fehlt beispielsweise eine extrem kleine Grundfinkenart einzig aus dem Grund, weil *Geospiza fuliginosa,* der Kleine Grundfink, auch kleinste Samen (die durchaus häufig sind) mitfrißt. In Dürrezeiten aber ist er als einziger in der Lage, auch größere und härtere Pflanzensamen zu knacken, was für eine noch kleinere Finkenart unmöglich wäre. Während ihre Entstehung also durchaus denkbar wäre, fehlt ihr über weite Strecken und besonders zum Zeitpunkt ökologischer »Flaschenhälse«, wie dies Dürreperioden nun mal sind, eine ausreichende Nahrungsbasis.

Das Konkurrenzvermeidungsprinzip läßt eine zufällige Verteilung der Finken auf den Inseln nicht zu, sondern führt über kurz oder lang zu einer ganz verschiedenen Besiedlung – und damit auch zur Anpassung der Zahl der Finkenarten an die jeweiligen Bedingungen der Insel.

Große evolutionäre Veränderungen, so notierte schon David Lack, werden normalerweise allmählich in kleinen Schritten erworben und zeigen sich graduell. Die dabei zu beobachtenden Übergänge und Zwischenformen solch einer Entwicklungsreihe sind Beleg für einen derartigen Evolutionsverlauf und für die Entstehung neuer Arten. Lack sprach von »species in the making«. Wie die Evolution »neue Arten macht«, das erfuhren die beiden amerikanischen Zoologen Tracey Werner und Thomas Sherry kürzlich durch ihre Studien auf der einsamen Kokosinsel vor der Küste Costa Ricas im tropischen Pazifik. Dort lebt *Pinaroloxias inornata,* der einzige Darwin-Fink außerhalb des Galapagos-Archipels. Konkurrenz von anderen nahen Verwandten hat er dank der Abgeschiedenheit der reich bewaldeten »Schatzinsel« nicht zu erwarten, und so verwundert es wenig, daß er ein enorm weites Nahrungsspektrum aufweist, wie sonst nur mehrere Finken zusammen. Werner und Sherry nun studierten diese Nahrungsnische des Kokosfinken im Detail und stellten – zu ihrer eigenen Überraschung – fest, daß zwar durchaus Spezialisierungen zu erkennen sind, wie dies auch die gängige ökologische Lehrmeinung für die Bedingungen auf einer tropischen Insel vorhersagen würde. Indes ist die Nahrungsbevorzugung einzelner Tiere (etwa Sämereien, Insekten, Schnecken, Früchte oder Blütennektar) keineswegs an irgendwelche erkennbaren Unterschiede etwa im Alter, Geschlecht oder Körperbau der Individuen gebunden.

Statt dessen implizieren die Ergebnisse der beiden amerikanischen Forscher, daß es bei den Kokosfinken zu einer »innerartlichen Spezialisierung« gekommen ist, das heißt, einzelne Kokosfinken bevorzugen bestimmte Nahrung, weil sie diese als Jungtiere möglicherweise von den Elterntieren als bevorzugte Nahrung kennengelernt haben. Selbst innerhalb einer in sich geschlossenen Inselpopulation also kann es zu solchen sich allmählich ausprägenden »Verhaltenslinien« kommen, die einen Vogel eben eher ein Insekt jagen lassen als am Boden nach Sämereien suchen. Die Nahrungsnische ist den Finken damit zwar nicht »in die Wiege gelegt«, aber sie erlernen sie. Ähnliches wurde kürzlich auch für äquatorialafrikanische Vogelarten der Gattung *Pyrenestes* nachgewiesen. Dort ist die innerartliche Nahrungsbevorzugung sogar mit morphologischen Veränderungen innerhalb einer Finkenart verbunden: Finken mit kräftigen Schnäbeln haben sich auf harte Samen spezialisiert, solche mit zarteren fressen dagegen bevorzugt die weichen Körner. Ob dies nun genetische Ursachen hat oder nur eine allmähliche Anpassung an die ständig gesuchte Nahrung ist, macht den Zoologen bislang aber noch Kopfzerbrechen.

Die jetzt entdeckten, verhaltensbedingten Spezialisierungen beim Darwin-Finken der Kokosinseln hingegen deuten eben jenen »Wandel in kleinen Schritten« an, von dem Evolutionsbiologen seit Charles Darwin und David Lack immer sprechen und der so wichtig für die Entstehung neuer Tierarten ist. Ob es auf den Kokosinseln aber jemals zu einer neuen Finkenart kommen wird, darf mit Recht bezweifelt werden; dort fehlt ja die räumliche Trennung wie im Galapagos-Archipel, die derartige anfängliche Unterschiede erst deutlich genug ausprägen und im Laufe der Evolution stabilisieren könnte.

Die Wissenschaftler diskutieren solche von den Altvögeln erlernten Verhaltensweisen derzeit noch in ihrer Bedeutung; wir erinnern uns unterdessen daran, daß ja auch Gesangsvarianten als erlernte »Schrittmacher« einer solchen Entwicklung wirken können, wenn etwa Dialekte tatsächlich den Genfluß zwischen den einzelnen Gesangspopulationen unterbinden. Und Peter Grant entdeckte neben den unterschiedlichen Nahrungspräferenzen, die eine ökologische Sonderung nahelegen, in den geographisch variierenden Gesängen der Darwin-Finken auf Galapagos dann noch einen weiteren verhaltensbedingten Unterschied zwischen einzelnen Finkengruppen: Denn die Gesänge der Finken weisen auf den einzelnen Inseln regelrecht Dialekte auf, wie wir sie von der Goldammer bereits kennen. Und die Gesangsdifferenzen verhindern möglicherweise, daß sich Finken einer Art »verstehen« und infolgedessen auch verpaaren. Denn die Finkenmännchen, das zeigten die ersten Freilandversuche, können durchaus zwischen zumindest arteigenem und artverschiedenem Gesang unterscheiden; kurioserweise um so stärker, wenn eine nahe verwandte Art mit ihnen zusammen auf einer Insel lebt. Auch hier also wieder die bereits bekannten Differenzen bei sympatrischem und allopatrischem Vorkommen; diese – fast möchte man sagen zwanghafte – »Betonung des feinen Unterschieds« nach dem Motto: »Bloß anders sein als der Nachbar!«

Auf diese Weise könnte sich auch im bioakustischen Bereich eine beginnende Artbildung andeuten, wie sie sich durch die innerartliche Nahrungsspezialisierung beim Kokosfinken bereits abzeichnete und die Peter Grant auch für seine Galapagos-Finken vermutet.

Des Forschers Fazit nach über zehnjährigen Studien: Die gegenseitige interspezifische Konkurrenz, die solch winzige Unterschiede im Verlauf der Evolution erst herausarbeitet und für die Finken zum Überlebensvorteil werden läßt, ist tatsächlich die treibende Kraft bei der Entstehung der verschiedenen Finkenarten. Die Wechselwirkung zwischen Konkurrenz und dem Nahrungsangebot hat dabei deutlich ihre Spuren im Schnabelbau der Galapagosfinken hinterlassen. Peter Grant hält all dies für überzeugend genug, um Konkurrenz als einen fortwährenden und für die Evolution von Organismen essentiellen Prozeß anzusehen. Er sieht in diesen an Darwin-Finken gewonnenen Erkenntnissen über den innerartlichen und zwischenartlichen Wettbewerb zudem ein allgemeines Phänomen, das auf Galapagos nur besonders deutlich, quasi mit einem evolutionsbiologischen Brennglas, zu beobachten ist. Die Darwin-Finken machen mithin ihrem Namengeber alle erdenkliche Ehre.

Gefahr für die »Archen Noah« dieser Welt Galapagos in Flammen

Ende Februar 1985 passierte das, was für Wissenschaftler und Naturschützer auf den Inseln stets Alptraum war: Beobachter entdeckten die ersten Flammen im südlichen Teil der Insel Isabela, der größten des Archipels; buchstäblich in Windeseile hatte das Feuer bald die steilen Hänge erreicht. Nach den ausgiebigen Regenfällen der Jahre 1982 und 1983 war die Vegetation auf einigen Inseln des Galapagos-Archipels besonders üppig gewachsen. In der anschließenden langen Trockenzeit starb dann viel Pflanzenmaterial ab und bildete dürres Gestrüpp, und so konnte sich das Feuer schnell zum Buschbrand entwickeln.

Ekuadorianisches Militär und einige Siedler versuchten, mit Schneisen im Busch die Ausbreitung des Feuers zu verhindern. Als dies nicht gelang, baten sie Anfang März 1985 um internationale Hilfe für die bedrohte Arche Noah im Pazifik. Der Flächenbrand hatte schnell eine Breite von rund 20 Kilometern erreicht und fraß sich mit einer Geschwindigkeit von fast 100 Metern in der Stunde weiter.

So sehr wir uns an die Meldungen von sommerlichen Waldbränden aus Mittelmeerländern wie Frankreich und Griechenland oder den Wäldern der USA und Kanadas gewöhnt haben, auf den vergleichsweise winzigen Eilanden im Ozean mit ihrer einmaligen, weil zum großen Teil endemischen Flora und Fauna ist ein solches Feuer mehr als eine Katastrophe; es kann für viele nur dort lebende Tier- und Pflanzenarten, deren Naturgeschichte die Wissenschaft seit langem interessiert, die Apokalypse bedeuten.

Auch die Wissenschaftler der Charles-Darwin-Forschungsstation, die ansonsten in die natürlichen Abläufe auf den Galapagos-Inseln schon aus Prinzip nicht eingreifen, mußten umdenken, wollten sie nicht den Verlust ihrer Studienobjekte und einzelner Arten miterleben. Ihnen ging es in erster Linie um die Rettung der in der betroffenen Region lebenden Riesenschildkröten; mit ihren rund 500 Kilogramm und einem Alter von (so wird behauptet) bis zu 200 Jahren zählen sie zu den großen Besonderheiten des auch sonst an Raritäten nicht gerade armen Archipels. Für alle Fälle hatte man schon eine Luftbrücke geplant, um die Reptilien auszufliegen.

Bedroht waren auch die nicht eben zahlenstarken Populationen der Landleguane. Beide Arten sind an den Hängen der Vulkanberge Isabelas zu Hause und dort mit Lokalrassen vertreten. Experten wissen allein durch das Äußere der Tiere genau zu sagen, von welchem Fleck auf dem Archipel diese oder jene Form stammt.

Der Einsatz kanadischer Löschflugzeuge, das Ausheben feuerhemmender Gräben und glücklicherweise einsetzender Regen führten dazu, daß Anfang April das Feuer endlich unter Kontrolle gebracht werden konnte. Über anderthalb Millionen D-Mark soll die Feuerbekämpfung gekostet haben; ein einmaliges Freilandlaboratorium der Naturgeschichte konnte so vor dem Schlimmsten bewahrt werden. Wissenschaftler der Universität Quito begannen sofort, die Auswirkungen der Brände zu untersuchen. Inzwischen meldeten sie, daß das Ökosystem auf Isabela nicht längerfristig durcheinandergeraten sei. Die verbrannte Pflanzendecke erholt sich schnell, und die Verluste des Tierbestandes, so glauben und hoffen die Zoologen, werden bald wieder ausgeglichen sein. Doch das Feuer ist bei weitem nicht die einzige und schon gar nicht die größte Gefahr, die auf ozeanischen Inseln droht. Einige Beispiele von Inseln rund um die Erde sollen dies im folgenden schlaglichtartig beleuchten: Denn vor allem ...

Eindringlinge werden zur Konkurrenz

Daß sich auch die Spottdrosseln der Galapagos-Inseln, ähnlich wie die berühmten Darwin-Finken, auf den einzelnen Inseln des Archipels im Laufe ihrer Evolution in verschiedene Formen aufgespalten haben, das erkannte bereits Charles Darwin nach seinem Besuch mit der *»Beagle«*. Wenig später jedoch starb eine der vier Drosselarten auf der Insel Floreana aus. Robert Curry, der als Biologe jahrelang die Spottdrosseln der Galapagos-Inseln beobachtet hat, glaubt jetzt den Grund für das plötzliche und rätselhafte Verschwinden von *Nesomimus trifasciatus* entdeckt zu haben. Wenn seine These richtig ist, dann sind nicht nur die Spottdrosseln der anderen Inseln in Gefahr, ausgerottet zu werden.

Denn vom Menschen eingeschleppte Ratten zerstören die Gelege der bodenbrütenden Spottdrosseln und sämtlicher anderer Vögel des Inselreichs in so drastischer Weise, daß deren Bruterfolg rapide zurückgeht. Während sich die Spottdrosseln auf den Inseln Isabela, Santa Cruz, Santiago und San Cristobal, wo heute ebenfalls Ratten vorkommen, erfolgreich behaupten, starben sie auf Floreana aus. Auf dieser Insel nämlich hatte es niemals vorher einheimische Ratten gegeben, wie Curry jetzt vermutet, so daß sich die Spottdrosseln dort auch nicht an den Räuber anpassen konnten. Auf den übrigen Inseln ist dies den Drosselarten gelungen. Das von einigen Experten diskutierte Aussetzen der auf Floreana einst ausgerotteten Drosselart, die bis heute glücklicherweise noch auf zwei kleinen benachbarten Inselchen überlebte, dürfte nach Ansicht Currys daher wenig bis keine Erfolgschancen haben, solange auf Floreana noch Ratten leben.

Deren aber Herr zu werden, haben die Wissenschaftler der Charles-Darwin-Forschungsstation bisher vergeblich versucht. Schlimmer noch: Das Beispiel der Spottdrosseln zeigt, wie gering die Überlebenschancen der einmaligen endemischen Fauna und Flora des Archipels tatsächlich sind, sobald die Inseln, die keine natürliche Rattenpopulation haben, von eingeschleppten Ratten erobert werden.

Und: Während das Augenmerk der Wissenschaftler und Naturschützer in der Hauptsache auf der oft einzigartigen Tierwelt des Inselarchipels im Pazifik lag und auch heute noch liegt, ist die Pflanzenwelt auf Galapagos wenig beachtet worden. Meist standen die endemischen Elefantenschildkröten, Meerechsen, die Seelöwen und viele der Vogelarten im Mittelpunkt der internationalen Schutzbemühungen; dies beweist nicht zuletzt die im April 1986 erfolgte Gründung eines marinen Schutzgebiets, das die Gewässer rund um den Archipel dem Nationalpark Galapagos angliedert. Doch auch der Flora der vulkanischen Inseln drohen zahlreiche Gefahren. Und wie die Tierwelt, so weist auch die Vegetation des Galapagos-Archipels dank ihrer Isolation zahlreiche endemische, also nur dort vorkommende

Arten auf. Über ein Drittel der etwa 500 dort heimischen Pflanzen kommen nur auf Galapagos vor. Wegen der rauhen Umwelt, kleiner Populationen und einer geringen Verbreitungsmöglichkeit auf den Inseln haben die meisten Pflanzen seit jeher mit ungünstigen Umweltfaktoren zu kämpfen. Doch Sorgen machen den Botanikern vor allem die anthropogenen, die menschengemachten Veränderungen in den letzten 150 Jahren. Der Botaniker Jonas Lawesson von der Charles-Darwin-Forschungsstation auf Galapagos warnt vor einer Ausrottung vieler endemischer Pflanzenarten der Inseln. Vor allem verwilderte Ziegen, Schweine, Esel und Rinder der Siedler richten Schaden an der natürlichen Vegetation an, was langfristig zur Erosion führt. Die vier besiedelten Inseln Floreana, San Cristobal, Isabela und Santa Cruz sind davon bereits betroffen mit inzwischen zum Teil irreversiblen Veränderungen. Ziegen, die auch auf einige der vom Menschen unbesiedelten Inseln gelangten, konnten erst in den vergangenen Jahren nach fast zwanzigjähriger ehrgeizigster Verfolgung durch den Nationalparkdienst nahezu vollständig zurückgedrängt werden, so daß sich die Vegetation erholen kann. Lediglich auf Santiago, inzwischen nicht mehr bewohnt, leben noch Tausende von Ziegen und Schweinen und zerstören weiterhin die Flora.

Nicht weniger ernsthaft ist das Problem der wachsenden Holznachfrage der Inselbevölkerung. Obwohl neun Zehntel der Inselfläche als Nationalpark ausgewiesen sind, wurde den Siedlern bisher der kontrollierte Zugang zu den natürlichen Rohstoffquellen wie Holz und Wasser auch der unbesiedelten Inseln gestattet. Doch der unerwartete Anstieg der Bevölkerung, besonders die Vergrößerung der Stadt Puerto Ayora seit der Gründung der Forschungsstation, zusammen mit dem beträchtlichen Aufleben des Tourismus, verursacht ernste Gefahren für die begrenzten Waldgebiete, da Holz in wachsender Menge als Brenn- und Baumaterial verlangt wird. Schneisen werden in die Vegetation geschlagen. Die Wissenschaftler der Forschungsstation und des Nationalparkdienstes haben mittlerweile damit begonnen, die optimalen Wachstumsbedingungen der gefragtesten Bäume genauer zu untersuchen, um später mit Pflanzungen auf dem Farmland die Nachfrage nach Holz befriedigen zu können und gleichzeitig die Waldgebiete des Nationalparks zu entlasten.

Größeres Kopfzerbrechen bereiten den Botanikern indes die von den Siedlern eingeschleppten Pflanzen, die mit den heimischen Arten konkurrieren; und das oft überaus erfolgreich. Bisher zählte man vierzig für die Galapagos-Inseln fremde Arten, und ihre Zahl steigt. Zumindest einige von ihnen dringen mit Vehemenz in den Nationalpark vor und verdrängen die endemischen Pflanzen. Zur Zeit wird versucht, *Psidium* und *Persea, Lantana* und *Cedrela,* wie die fremden Florenelemente heißen, rechtzeitig an der weiteren Verbreitung zu hindern. Einige Eindringlinge wurden sogar mit verschiedensten Baumgiften (Arboriciden) traktiert, in der Hoffnung, wenigstens ein wirksames Mittel zu finden. In den höhergelegenen Gebieten auf Santa Cruz mußten die Botaniker *Cinchona*-Bäume niederschlagen, die in die einmalige *Miconia*- und Pampas-Region des Archipels vorzudringen drohen. Doch solange für derartige Maßnahmen nicht mehr Personal und Geld zur Verfügung steht, werden sich die aggressiven fremden Pflanzenarten wohl kaum vernichten lassen. Unglücklicherweise, so Lawesson in einer Ausgabe der »Noticias de Galapagos«, gelte dies auch für die übrigen Pflanzenschutzbemühungen. Bisher mußte man die Arbeit weitgehend auf die Insel Santa Cruz konzentrieren, wenngleich der ganze Archipel betroffen ist. Auf anderen Inseln sieht es dementsprechend schlechter aus.

Besonders betroffen sind die immergrünen *Scalesia*-Wälder, die auch während des Großfeuers im Frühjahr 1985 extrem bedroht waren. Diese zu den Kompositen zählende Pflanzengattung kommt allein auf Galapagos mit 15 von insgesamt 21 Arten vor. Die aufrecht wachsenden Pflanzen zeigen sowohl eine erstaunliche morphologische Vielfalt wie auch eine Anpassung an die unterschiedlichsten Lebensräume, vom feuchten Hochland bis hinunter zu den Lavafeldern der ariden Küstenzone. Sie liefern damit dem botanisch orientierten Evolutionsbiologen ein etwa den Darwin-Finken vergleichbares, faszinierendes Beispiel für Artaufspaltungsprozesse. Die jüngste Neubeschreibung einer weiteren, den Wissenschaftlern bisher unbekannten *Scalesia*-Art macht deutlich, wie wenig erforscht die Pflanzenwelt der pazifischen Inselgruppe dabei auch heute noch ist. Und *Scalesia gordilloi,* wie die neue Spezies zu Ehren des Entdeckers Jacinto Gordillo heißt, ist dabei nun beileibe nicht gerade ein kleines und mithin schwer zu entdeckendes Pflänzchen; der einstämmige Strauch kann immerhin bis zu 1,50 Meter Höhe auswachsen. Andere Scalesia-Arten wachsen bis zu Baumgröße heran – wenn man sie läßt. Auf zwei der vier Inseln, auf denen Scalesia vorkommt, ist die häufigste Art *Scalesia pendunculata* augenblicklich am stärksten durch verwilderte Haustiere gefährdet. Auf Santiago sahen sich die Botaniker gezwungen, die verbliebenen Vorkommen durch ziegensichere Zäune zu sichern, während auf Floreana eingewanderte fremde Pflanzen die Bestände gefährden.

Jonas Lawesson hält es für unvermeidbar, daß verschiedene Pflanzenarten des Galapagos-Archipels aussterben, wenn nicht in nächster Zeit geeignete Maßnahmen zu ihrem Schutz ergriffen werden. Der Botaniker Henning Adersen schätzt, daß schon jetzt wenigstens 100 der 500 heimischen Galapagos-Arten ernstlich bedroht sind. Mit einer Veränderung der natürlichen Flora auf Galapagos aber werden auch tiefgreifende Veränderungen der einmaligen Fauna einhergehen; eine Gefahr, die bisher auch von Zoologen zuwenig beachtet worden ist. Und nicht zuletzt droht mit der Ausrottung endemischer Pflanzenarten auf Galapagos durch menschliche Einflüsse und fremde Konkurrenten ein einmaliges Zeugnis biologischer Evolution auf der Erde ausgelöscht zu werden.

Die Galapagos-Inseln, weltberühmt und daher vielleicht eher zu retten, sind freilich alles andere als ein Einzelfall: Machen wir zuerst einen Sprung in den Indischen Ozean. Dort wird eine Krähe auf den Seychellen zum ...

»Schwarzfahrer« der Arche Noah

Daß die Tier- und Pflanzenwelt isolierter Inselgruppen auf das Einschleppen und Einwandern von fremden Arten besonders empfindlich reagiert, ist ein leidiges Problem weltweiter Naturschutzbemühungen und eine Crux für die Forscher, die sich Sorgen um das Überleben ihrer Studienobjekte machen. Den Seychellen im Indischen Ozean erging es seit ihrer Entdeckung im 18. Jahrhundert nicht viel anders als vielen einst durch Wasserwüsten vom Festland getrennten Inseln. Seeleute und Siedler rodeten den Wald, schleppten Ratten und Mäuse ein, die sich über die Eier der auf den Seychellen brütenden Vögel hermachten; auch ausgewilderte Katzen und Eulen konnten dem kein Ende setzen, sondern fanden in den endemischen Tieren der Seychellen ebenfalls leichte Beute. Bisher starben dort dennoch nur zwei Vogelarten aus, ein bisher recht glimpfliches Ergebnis. Das könnte demnächst indes anders werden, denn neuerdings breitet sich die Indische Hauskrähe *Corvus splendens* über den gesamten Indischen Ozean aus und hat mittlerweile auch die Seychellen erreicht. Einst nur von Pakistan bis Thailand verbreitet, dehnt diese Krähenart in den letzten Jahrzehnten ihr Areal kontinuierlich aus. Heute kommt sie an den Küsten Afrikas und in Malaysia vor, einige Tiere gelangten nach wochenlanger Schiffsreise sogar bis nach Australien. Einmal dort ansäßig, wird die überaus intelligente Hauskrähe zu einer wahren Pest: Sie erbeutet oder vertreibt die heimischen Tierarten, in erster Linie verschiedene See- und Landvögel, sowie Eidechsen und Geckos. Die Artenvielfalt auf den Mombasa-Inseln vor Kenias Küste ist auf diese Weise bereits zusammengeschrumpft, da die Krähen die Nester kleinerer Arten plündern, andere Beutegreifer – etwa die größeren Greifvögel – vertreiben und als Allesfresser auch Fledermäusen und Reptilien gefährlich werden. Eine ähnliche Gefahr besteht jetzt auch für die Seychellen. Zudem kommen die Krähen als Erreger verschiedener Krankheiten in Frage.

Zwar gibt es auf den Seychellen, die erstmals 1977 von nur fünf Krähen erreicht worden waren, heute nur rund 25 Tiere; doch da die Krähen als extrem anpassungsfreudig gelten, könnten sie sich leicht explosionsartig vermehren. Mombasa erreichte *Corvus splendens* 1947, doch bereits in den sechziger Jahren reduzierten sie dort die Bestände einheimischer Vögel beträchtlich, und das trotz der Gegenwart von Feinden wie Falken und Sperber, die auf den Seychellen zudem fehlen. Inzwischen schätzt man die Population, die sich über die kenianische Küste und auch landeinwärts ausbreitet, auf 100 000 bis 200 000 Krähen. Ähnlich explosiv, so wird befürchtet, könnten sie sich auch auf den Inseln vermehren; binnen fünf Jahren wären die Zahlen in den Tausenden, und spätestens dann sind sie eine ernstliche Gefahr für das empfindliche Ökosystem und vor allem für die zum Teil endemische Vogelwelt der Seychellen. Wie schnell so etwas gehen kann, werden wir später noch auf den Bermudas sehen.

Da die Indischen Krähen sich offenbar als »blinde Passagiere« auf Schiffen über den Ozean verbreiten, sollte nach Ansicht von Artenschützern auf den Schiffen kontrolliert werden. In Australien hat man dazu bereits Belohnungen ausgesetzt, wenn es gelingt, die Krähen zu töten. Möglicherweise erreicht die Indische Hauskrähe sonst noch entferntere Regionen.

Was auf den Seychellen als Bedrohung der heimischen Tierwelt am Horizont erscheint, das ist längst Wirklichkeit auf Neuseeland. Machen wir noch einen Schritt weiter Richtung Osten, wieder zurück in den Pazifischen Ozean.

900 Kiwis und ein Hund

Welche Auswirkungen das Auftreten eines Allochthonen für die Tierwelt der Region fremden Räubers auf einheimische Arten haben kann, demonstrierte kürzlich in besonders drastischer Weise ein einzelner Schäferhund auf Neuseeland, dem möglicherweise mehr als die Hälfte des Bestandes flugunfähiger Brauner Kiwis *(Apteryx australis mantelli)* zum Opfer gefallen ist. Das jetzt dokumentierte »Hund gegen Kiwi«, so meint der Zoologe Jared M. Diamond von der Universität in Los Angeles, sei nicht nur das jüngste Beispiel dafür, wie schnell gerade auf Inseln eingeführte Tierarten die heimische Fauna an den Rand des Aussterbens bringen können; der Kiwis räubernde Hund im Staatsforst von Waitangi könnte leicht zur klassischen Fallstudie für den Artenschutz werden. Denn möglicherweise sind die vom Menschen eingeführten Hunde, Katzen und Wiesel auch für das Verschwinden vieler anderer dort heimischer Arten verantwortlich, die Neuseeland in den wenigen Jahrhunderten seit der Ankunft von Europäern verloren hat.

Zur Untersuchung des Fortpflanzungsverhaltens dieser gleichermaßen seltenen wie eigenartigen Schnepfenstrauße, die zudem das Nationaltier Neuseelands sind, hatte Michael Taborsky vom Institut für Vergleichende Verhaltensforschung der Österreichischen Akademie der Wissenschaften in Wien zusammen mit einem Kollegen im Waitangi State Forest auf der Nordinsel Neuseelands 23 Braune Kiwis mit Radiosendern ausgerüstet, um das Auffinden der nachtaktiven Tiere zu ermöglichen. Zwischen Juni und Oktober 1987 fanden sie dann die Kadaver von 13 der markierten Kiwis auf, die – wie auch zehn weitere Vögel ohne Sender – offenbar alle innerhalb weniger Wochen von einem einzigen Hund gerissen worden waren, der die

Tiere verscharrte, aber nicht fraß; legten schon Pfotenabdrücke und Gebißspuren den Täter nahe, so bekamen die Forscher Gewißheit, als Ende September ein Deutscher Schäferhund im Waitangi-Forst erschossen wurde und das Kiwisterben abrupt aufhörte. Bislang lebte im Waitangi-Forst mit 900 Tieren die größte bekannte Kiwipopulation Neuseelands; rechnet man von den 13 getöteten der 23 sendermarkierten Kiwis auf den Gesamtbestand hoch, so könnte der Schäferhund 500 und mehr Braune Kiwis erbeutet haben, zumal die regelmäßige Anwesenheit der Forscher den wildernden Hund im Kerngebiet des Forstes zwar gelegentlich abgehalten haben könnte, nicht aber in den umliegenden Regionen des Waitangiwaldes, wo ebenfalls Kiwis leben. Da Kiwis ein charakteristischer Geruch und laute »kiwi«-Rufe auszeichnen, sind sie eine leichte Beute für Hunde und andere karnivore (fleischfressende) Säuger. Nach Einschätzung von Taborsky braucht die Waitangipopulation 10 bis 20 Jahre, um sich von diesem einen Schäferhundübergriff wieder zu erholen, vorausgesetzt, es kommt zu keinen weiteren Verlusten durch wildernde Hunde. Ein ähnlicher Vorfall nämlich könnte die Population des Braunen Kiwis Neuseelands endgültig vernichten. Um so mehr fordert Michael Taborsky, rigoroser gegen wildernde Hunde im Waitangi-Forst vorzugehen, ebenso gegen Schweine, die jüngst zu Jagdzwecken ausgesetzt wurden und die eine Gefahr für Eier und Jungtiere der in selbstgegrabenen Erdhöhlen brütenden Kiwis sind.

Für Artenschützer ist es ein schwacher Trost, daß ohne das zufällige Zusammentreffen von Taborskys Forschungsarbeit inklusive Sendermarkierung mit den nächtlichen Beutezügen eines wildernden Hundes auch in diesem Fall die Ursache des plötzlichen Kiwisterbens buchstäblich »im dunkeln« geblieben wäre. Jared Diamond und Michael Taborsky schließen jetzt daraus, daß auch andere Arten aus ähnlichen Gründen ausgerottet wurden. So verschwand eine der drei in Neuseeland und den benachbarten Inseln beheimatete Kiwiart, der Kleine Gefleckte Kiwi *Apteryx owenii,* in unerklärlicher Weise von der Hauptinsel.

Als unspezialisierte Jäger, die ihre Beutetiere zu wechseln vermögen, ist es auch Hunden möglich, eine Tierart gänzlich auszurotten, ohne selbst zuvor an Nahrungsmangel einzugehen; ein Phänomen, das von natürlich gewachsenen und eingependelten Räuber-Beute-Beziehungen bislang unbekannt ist, bei gestörten aber sehr wohl

wohl beobachtet wird. Bei eingeführten Arten gerade auf Inseln aber ist dies mittlerweile zu einem weltweiten Problem geworden.

Bermuda: Mikrokosmos mit delikatem Gleichgewicht

Christoph Columbus segelte 1492 noch dicht an dem Atoll vorbei und überließ so dem Spanier Juan Bermudez den Ruhm, die Inseln 1503 erstmals zu sichten; und Bermudez war es auch, der bereits 1515 Schweine auf dem wegen seiner Riffe als »Isles of Devils« berüchtigten Archipel zwischen Westindien und Europa aussetzte. In der Annahme, die Inseln könnten möglichen Schiffbrüchigen nicht ausreichend Nahrung liefern, wollte er so deren Überleben sichern.

Als sich die ersten britischen Siedler 1612 auf der Insel St. George an der Ostseite des Bermuda-Atolls niederließen, wo drei Jahre zuvor Amerikaauswanderer gestrandet waren, trafen sie bereits zahlreiche Nachkommen der Schweine Bermudez' an. Die Siedler brachten zudem Hunde und Katzen mit; ein Segler mit Getreideladung führte wenig später noch dazu Ratten auf den Inseln ein. Die Nager vermehrten sich rapide und sorgten schon zwei Jahre darauf für eine Hungersnot. Als Folge davon gingen die Siedler dazu über, sich von den Scharen der Seevögel zu ernähren; und sie brannten die Wacholderwälder der Inseln nieder, um der Rattenplage Herr zu werden. Zwar verschwanden die Ratten schließlich, doch gingen die nun hungrigen Hunde und Katzen dazu über, ihrerseits Echsen- und Vogelbestände zu dezimieren.

Die vom Menschen eingeführten Tiere, die zuvor auf dem Archipel fehlten, hatten vergleichbare Auswirkungen wie auf anderen ozeanischen Inseln, benahmen sich wie die Schweine, Ziegen und Ratten etwa auf Galapagos. Bereits die ersten Naturforscher, die im 18. Jahrhundert die Bermuda-Gruppe erforschten, vermuteten, daß daher viele uns unbekannt gebliebene Vogel-, Reptilien-, Insekten- und Schneckenarten der Bermudas durch die vereinten Anstrengungen von Schweinen und Ratten ausgerottet worden sind. Und der amerikanische Evolutionsbiologe und Paläontologe Stephen Jay Gould macht die eingeschleppten Säuger neben der Konkurrenz durch später eingeführte Landschnecken dafür verantwortlich, daß auch die für die Bermudas endemische Schnecke *Poecilozonites* in den letzten Jahrhunderten drastisch zurückgegangen und heute faktisch ausgerottet ist. *Poecilozonites* aber ist dabei durchaus nicht irgendeine Schnecke:

Denn wenngleich die Bermudas den evolutionsbiologisch Interessierten nicht mit gleichermaßen spektakulären Phänomenen wie etwa der Radiation von 14 Darwin-Finken beeindrucken können, so meint Stephen Gould mit seinen Untersuchungen an den Landschnecken, doch immerhin auch für den Archipel im westlichen Atlantik ein bemerkenswertes Beispiel für Artauffächerung bei terrestrischen Wirbellosen gefunden zu haben; und das steht dem klassischen Fall von Speziation und ökologischer Differenzierung etwa auf den Galapagos-Inseln in nichts nach. Gould hatte in den sechziger Jahren über die nur wenige Millimeter großen fossilen und rezenten Landschnecken der Gattung *Poecilozonites,* quasi die Darwin-Finken unter den Weichtieren, gearbeitet und deren Evolutionsgeschichte versucht zu rekonstruieren. Kürzlich ließ er sich dann dazu hinreißen – angesichts der heutigen Lage auf den Bermudas durchaus nicht leichtfertig –, 100 Dollar Prämie auszusetzen für denjenigen, der ihm noch eine einzige lebende *Poecilozonites bermudensis* zeigen kann. Das Geld wartet noch immer vergeblich darauf, abgeholt zu werden . . .

Die isolierte Lage der Bermudas rund 1000 Kilometer südöstlich von Kap Hatteras in North Carolina und umgeben vom über 4000 Meter tiefen Ozean läßt unschwer an ein »Klein-Galapagos« im westlichen Atlantik denken. Oft zeichnen sich derartige Inseln weitab von den Kontinenten ja durch eine ungewöhnliche Flora und Fauna aus, die zufällig oder aber dank vorherrschender Meeresströmung dorthin gelangt ist und in relativer Isolation, etwa dank fehlenden Konkurrenten und Feinden, eine eigenständige Evolution mit besonderen Anpassungen an die jeweilige Umwelt durchlief. Die natürliche Lebewelt der Bermudas, so schrieb Stephen Jay Gould, sei tatsächlich solch ein klassischer Fall einer verarmten und disharmonischen Ansammlung von Organismen, charakteristisch für isolierte ozeanische Inseln, die durch zufälliges Verdriften vom entfernten Festland besiedelt werden. Untersucht man die rezente terrestrische Flora und besondere Fauna der Bermudas, so fällt aber nicht nur die angesichts der Studien auf ozeanischen Inseln kaum noch überraschende Limitierung der Artenzahl auf; bemerkenswert erscheint vor allem, daß bislang allein Gould mit seiner Studie über die Evolution der lungenatmenden Landschnecken *Poecilozonites* ein illustres Beispiel für adaptive Radiation auf den Bermudas vorlegen konnte. Ihr jetzt offenbar besiegeltes Schicksal, auszusterben, ist daher um so bedauerlicher für die Naturforscher. Demgegenüber wurden ähnliche evolutive Vorgänge auf anderen Inselgruppen jeweils übereinstimmend an mehreren verschiedenen Tierarten konstatiert. Auf dem Galapagos-Archipel beispielsweise sind es ja neben den Darwin-Finken und Spottdrosseln auch Schildkröten, Kielschwanzleguane, Schlangen und Geckos, die allesamt Inselvarianten bilden. Und auch auf der anderen Seite des Atlantiks, auf den Inselgruppen der Kanaren und auf Madeira, fielen den Wissenschaftlern neben Landschnecken der Gattung *Geomitra* und *Leptaxis,* die vor allem der Däne Mandahl-Barth studierte, stets auch verschiedene andere Vogel- und Schmetterlingsarten als Beleg für eine Archipelspeziation auf.

Die Bermudas sind dabei allemal eimalig: Denn in dem vom warmen Golfstrom durchflossenen Gewässer, dessen Temperaturen kaum unter 20°C sinken, befindet sich das nördlichste Korallenriff der Erde. Auf der heute versunkenen und abgehobelten Spitze eines 35 Millionen Jahre alten erloschenen Vulkans bilden 150 kleine und winzige Inseln den Archipel, zusammen nicht mehr als 53 Quadratkilometer groß und damit etwa von der Fläche Sylts. Während derartige Atolle (neben den Saum- und Barriereriffen ein dritter bereits von Charles Darwin unterschiedener Rifftyp) im Indo-Pazifik keine Seltenheit sind – man zählt dort mehr als 300 –, finden sich im westlichen Atlantik nur deren zehn.

Bermuda als das nördlichste Atoll wird im wesentlichen von einer heute etwa 10 Meter unter dem Meeresspiegel gelegenen Riffplattform gebildet. Nur im Süden erheben sich halbkreisförmig die flachen Inseln auf dem 25 mal 50 Kilometer großen Atollring über den Meeresspiegel. Durch das allmähliche Absinken des basaltischen Vulkansockels entstand im Laufe der Jahrmillionen eine Kappe aus Korallenkalk, indem die Korallen stets nahe der Meeresoberfläche weiterwuchsen. Denn mit ihren symbiontischen Algen, den photosynthetisch aktiven *Zooxanthellen,* als Lebensgefährten sind riffbildende Korallentiere auf die lichtdurchfluteten, oberflächennahen

Bereiche in zudem bewegtem Wasser beschränkt. Nachdem der »seamount« längst im Atlantik versunken war, wuchs auf diese Weise das Bermuda-Atoll empor. Und wieder ist es schließlich das Einführen fremder Floren- und Faunenelemente durch den Menschen, im besonderen Maße auch die Entdeckungsgeschichte der Inseln, die dann die ursprüngliche Tierwelt und Vegetation, die sich auf diesem vorgeschobenen Posten mitten im Ozean angesiedelt hat, einschneidend veränderte.

Die direkte Verfolgung durch den Menschen war dabei ein nicht geringerer Eingriff als das Einschleppen und Aussetzen fremder Faunenelemente. Bereits 1620 mußte der Gouverneur der Bermudas das Abschlachten der Seeschildkröten wegen rapide schwindender Bestände untersagen. Heute versucht man, die noch immer dezimierte Schildkrötenpopulation der Inseln mühsam zu erhalten.

Die Geschichte des Bermuda-Sturmvogels *Pterodroma cohow,* der wohl einzigen endemischen Vogelart des Archipels, ist nur ein weiteres Beispiel für den fatalen Eingriff des Menschen in das delikate Gleichgewicht auf derart isolierten Inseln. Der Cohow, dessen Bestände nach Berichten der ersten Siedler wohl annähernd eine Million Vögel erreicht haben mögen und der überall auf den Inseln in großen Kolonien brütete, galt seit Mitte des 17. Jahrhunderts als ausgestorben, nachdem man ihm während der kurzen Brutzeit auch auf den kleineren vorgelagerten Inseln nachstellte. Was die Schweine nicht vermochten, gelang schließlich den Siedlern.

Das Schicksal des ausgestorbenen Dodo auf Mauritius teilt *Pterodroma* dennoch nicht. Nachdem sie rund 300 Jahre als ausgestorben galt, brüteten 1951 erstmals wieder einige Sturmvögel in den selbstgegrabenen Bodennestern auf einem abgelegenen Eiland des Archipels. Der winzige Bestand der Bermudas konnte dank eines intensiven Schutzprogrammes auf der Nonsuch-Insel auf 25 Brutpaare angehoben werden.Der Cohow ist mit diesen wenigen Vögeln, die nur an Land kommen, um zu brüten, heute dennoch eine der seltensten Tierarten.

Für die natürliche Pflanzendecke der Bermudas brachte die Entdeckung der Inselgruppe durch den Menschen von Anbeginn nicht minder gravierende Veränderungen. Infolgedessen stellt sich die Vegetation des Archipels heute als eine Komposition aus von Menschen eingeführten Arten dar, von denen sich inzwischen rund 800 Spezies etabliert haben. So berichtet noch Diego Ramirez 1603 von der für die Inseln typischen Vegetation, daß sämtliche Inseln mit Wacholder, Palmetto, einigen immergrünen Pflanzen und mit verschiedenen Sträuchern bedeckt waren. Diese Vegetation fanden Naturforscher auch noch um die Jahrhundertwende in vielen Teilen des Archipels vor, obzwar bereits die ausgesetzten Schweine begonnen hatten, den natürlichen Bewuchs auf den Inseln zu vernichten. Kurz nach Ende des Zweiten Weltkrieges eingeschleppte Schildläuse jedoch sorgten dann innerhalb von nur einem Jahrzehnt für das nahezu völlige Verschwinden der einst inselweiten Wacholder der Gattung *Juniperus*.

Heute haben die mit 57 000 Einwohnern zu den am dichtesten besiedelten Flecken der Erde gerechneten Inseln dank der Zitruspflanzen und -stauden in den Gärten, der Bougainvilleen, der Hibiskus- und Oleanderpflanzen und dank der aus Australien stammenden Eukalyptusbäume und der schnellwachsenden Casuarina-Kiefern, die den Bermuda-Wacholder ersetzten, endgültig ein völlig anderes Gesicht bekommen. Allein auf der Nonsuch Island, einem der Hauptinsel vorgelagerten Naturschutzgebiet an der Einfahrt zum Castle Harbor, versucht man noch, den prähistorischen Wald mit Bermuda-Wacholder, Palmetto, Olivenbäumen und typischem Unterwuchs zu erhalten.

Radikal und vermutlich irreversibel hat sich auch die Avifauna seit 1945 verändert. Mit den absterbenden Wacholderwäldern und der zunehmenden Besiedlung verschwanden viele der einheimischen Vogelarten. Neben dem nur während der Brutzeit auf den Inseln anzutreffenden Bermuda-Sturmvogel ist der Weißaugen-Vireo die einzige endemische Form des Archipels. Drei Kranicharten, eine der Stockente ähnliche Entenart, zwei Finken- und vier Rallenarten, ebenfalls einmalige Formen der Bermudas, sind seit langem ausgerottet. Von den einst zwölf endemischen Tierarten leben heute also nur noch zwei, und die bereits am Rande des Artentodes.

Dies fügt sich in das Bild, daß rund die Hälfte der in historischer Zeit ausgestorbenen oder vom Aussterben bedrohten Vogelarten ozeanische Inseln besiedelt hat. Von 217 Arten und Unterarten, die in den letzten 400 Jahren weltweit ausgestorben sind, haben 200 auf Inseln gelebt, so hat der britische Zoologe Tim Halliday einmal nachgerechnet. Und daß Tierarten auf Inseln leichter Gefahr laufen auszusterben als Arten des Festlandes, ist ebenso Teil der wissenschaftlichen Theorien zur Biogeographie von Inseln wie die Tatsache, daß auf Inseln stets weniger Arten siedeln als in Gebieten vergleichbarer Größe auf den Kontinenten.

Gegenüber den Galapagos-Inseln (89 Vogelarten, davon 76 endemisch) oder Hawaii (68 endemische Arten) fällt der mit zwei rezenten beziehungsweise zehn ausgestorbenen endemischen Arten geringe Anteil an Endemismen Bermudas auf. Immerhin gelang es weiteren elf Arten trotz der isolierten Lage, die Bermudas zu kolonisieren, meist von Nordamerika und der nördlichen Karibik aus. Die Besiedlung durch hochseebewohnende Sturmvögel und Tropikvögel sowie durch die an den Meeresküsten lebenden Seeschwalben bedarf dabei wenig Erklärung: Allein die Gattung *Pterodroma* neigt aufgrund ihrer pelagischen Lebensweise dazu, auf jeder größeren ozeanischen Insel in eine oder mehrere Arten zu differenzieren. Bei den in Nordamerika an Süßwasservorkommen gebundenen Bindentauchern, Teich- und Bläßhühnern indes kam es zu einer interessanten Anpassung an die süßwasserlosen Habitate Bermudas. Vermutlich ermöglichte die von allen drei Arten bekannte Fähigkeit, bei zufrierenden Binnengewässern im Winter die eisfreien Meeresküsten aufzusuchen, die vollmarinen oder leicht brackigen Buchten und Binnenseen des Bermuda-Archipels zu besiedeln. Diese wie auch die übrigen Landvogelarten sind vermutlich erst durch Stürme auf die Inseln verdriftet worden.

Auch der Schleiereule gelang es, seit den 30er Jahren auf den Bermudas Fuß zu fassen, nachdem Ratten und Mäuse im Gefolge des Menschen eine ausreichende und vor allem regelmäßig vorhandene Nahrungsbasis boten. Ansonsten fehlen Greifvögel oder karnivore Säuger, ein auf ozeanischen Inseln häufiges Phänomen.

Neun weitere Vogelarten wurden nachweislich durch den Menschen eingeführt. Die Mehrzahl davon sind heute auf den Bermudas die auffälligsten terrestrischen Faunenelemente und ein Beleg für die Tatsache, daß gerade die Fauna kleiner Inseln vom Menschen und den in seinem Gefolge sich ansiedelnden Arten leicht überrannt werden kann. Denn mittlerweile behaupten sich auf den Bermudas auf Kosten der einstmals heimischen Arten vornehmlich solche Tiere, die zuvor bereits ihre Potenz zur Besiedlung neuer Landstriche durch eine rasante Vergrößerung ihres Verbreitungsgebietes eindrucksvoll unter Beweis gestellt haben. Bestes Beispiel: der Star *Sturnus vulgaris,* hierzulande aus jedem Schrebergarten bekannt. Ähnlich schnell wie auf dem nordamerikanischen Festland, wo er sich als einst fremdes Faunenelement seit Mitte des 19. Jahrhunderts zunehmend akklimatisiert, war seine Ausbreitung auf den Bermudas, nachdem 1954 erstmals Stare (vermutlich Abkömmlinge nordamerikanischer Populationen) brüteten. Noch 1959 gab es vom Star, vom eingeführten Kanarienvogel, von zwei Taubenarten und der Virginia-Wachtel nur kleine lokale Vorkommen. Der nicht mal 200 Stare hätte man damals noch Herr werden können; 1970 waren es bereits 50 000 Vögel. Ähnlich rasant eroberte der Haussperling den ozeanischen Archipel.

Haussperlinge und Stare, die mit den heimischen Arten seitdem erfolgreich um Ressourcen konkurrieren, machen heute nahezu die Hälfte aller festgestellten Vögel in den Siedlungen auf den Bermudas aus. Die Anzahl von *Passer domesticus,* 1870 vorsätzlich auf dem Atoll eingeführt, um Insekten zu kontrollieren, wurde zuletzt 1961 auf 100 000 bis 400 000 Tiere geschätzt. Und diese Zahlen belegen einmal mehr, wie leicht die zur biologischen Schädlingsbekämpfung einst auf Inseln angesiedelten Arten außer Kontrolle geraten können.

Noch drastischer allerdings sind die Folgen im Fall des allesfressenden Kiskadee mit Namen *Pitangus sulphuratus,* dem zu den südamerikanischen *Tyranninae* zählenden Schwefeltyrannen. 1957 waren 200 Tiere von Trinidad importiert worden, »in der vagen Hoffnung, sie würden die Anolis erbeuten, die ihrerseits die Marienkäfer fressen, denen es wiederum nicht gelungen war, die Schildläuse zu begrenzen, die die Wacholder vernichteten«, wie ein Forscher diese künstlichen, ökologischen Verflechtungen einmal beschrieb. Auch von den zuvor eingeführten Barbados- und Antigua-Anolis übrigens hatte man gehofft, daß sie zur Insektenbekämpfung beitrügen; schließlich mußte man allerdings erkennen, daß den kleinen Reptilien weniger die auf den Bermudas eingeschleppten Ameisen zum Opfer fallen als vielmehr die nützlichen Marienkäfer.

Bis 1976 war die Population der Schwefeltyrannen auf rund 60000 Exemplare angewachsen; neben dem Gezwitscher der Stare ist ihr typischer »kiskadee«-Ruf, der ihnen den Namen eintrug, heute ebenso unverkennbare Lautkulisse des Bermuda-Archipels wie das nächtliche Pfeifen der Baumfrösche.

Die weiter wachsenden Bestände des Schwefeltyrannen sind heute weniger für die Anolis als für die einst heimische Vogelwelt eine erhebliche Gefahr. Vor allem die Jungen des endemischen Weißaugen-Vireo, der Katzendrossel und die des seltenen Hüttensängers werden erbeutet. Seit drei Jahrzehnten wird zudem durch die Besiedlung der Inseln die natürliche Fauna des Archipels immer mehr in die wenigen verbleibenden Randlebensräume in den Siedlungslücken gedrängt.

Dies scheint nun auch das Schicksal der einzigartigen Schnecken der Bermudas zu sein. Auf die lungenatmenden *Poecilozonites* hatten bereits die ersten Naturforscher aufmerksam gemacht. Die einzig auf dem westatlantischen Archipel lebende Tiergruppe stammt von nordamerikanischen Vertretern ab. Als Stephen Jay Gould 1969 seine Studie vorlegte, beschrieb er die Evolution der insgesamt 15 *Poecilozonites*-Arten als eine Fallstudie adaptiver Radiation, ganz wie bei den Finken auf Galapagos. Erst kürzlich meldeten sich dazu jetzt kritische Stimmen, die an der bisher rekonstruierten Evolutionsgeschichte der Landschneckengattung *Poecilozonites* begründete Zweifel anmeldeten. Die könnte nämlich auch gänzlich anders verlaufen sein, als Gould sich das vorstellte.

Eine Überprüfung auf dem Archipel selbst indes ist heute unmöglich geworden, da die Bermudas längst nicht mehr das sind, was sie einmal waren: ein Mikrokosmos im Ozean, der dem Zoologe als Freilandlabor dienen kann.

Eine Schnecke wird zum Globetrotter

Welche Wege selbst eine Schnecke, der Inbegriff für Langsamkeit, zurückzulegen vermag, wenn ihr der Mensch dabei hilft, beweist eine exotische Süßwasserschnecke. Weniger problematisch für die Tierwelt jener Regionen, mit der sie dabei in Berührung kommt, tut sich statt dessen für systematisch arbeitende Zoologen ein Problem auf. Und von solchen Schwierigkeiten, die das tägliche Brot der Systematiker sind und die zoologische Forschung für sie erst spannend macht, soll in den folgenden Kapiteln die Rede sein.

Was Zoologen bislang für zwei gänzlich verschiedene, weil an entgegengesetzten Punkten der Erde angetroffene Schneckenarten hielten, ist nach Ansicht eines australischen Malakologen – das sind Weichtierforscher – eine einzige Art mit einem ausgeprägten Hang zur Weltreise.

Bereits 1859 von der Themse in England gemeldet, ist *Potamopyrgus,* eine aus Neuseeland eingeschleppte Süßwasserschnecke, seit 1899 auch in Norddeutschland heimisch, und das stellenweise gleich massenhaft. Der lebende Junge gebärenden, nur wenige Millimeter großen Schnecke verpaßten europäische Zoologen den Artnamen *P. jenkinsi,* in der Annahme, es sei eine neuentdeckte Spezies; Fossilfunde in älteren Sedimenten schienen lange Zeit sogar einen europäischen Ursprung zu bestätigen und ließen den eigenen Artnamen bis heute bestehen.

Genau das, so Winston Ponder vom Australischen Museum in Sydney, sei indes falsch. Denn die jüngsten Vergleiche dieser Süßwasserschnecken mit der in Neuseeland beheimateten Schnecke *P. antipodarum* ergaben, wie bereits zuvor mehrfach vermutet worden war, daß sich keinerlei Unterschiede etwa der Schale oder der Weichteilanatomie finden lassen, die eine solche Arttrennung rechtfertigten. Vielmehr sei *Potamopyrgus,* die heute auch im südöstlichen Australien, vor allem in der Gegend um Melbourne, und auf Tasmanien verbreitet ist, eben nicht nur dorthin, sondern sogar bis nach Europa verschleppt worden.

Der kosmopolitischen Schnecke kommt offenbar zugute, daß sie sich *parthenogenetisch,* also ohne Befruchtung durch Männchen, fortzupflanzen vermag; zur erfolgreichen Ansiedlung reicht demnach oft schon ein einziges Weibchen aus. Die winzigen Weichtiere, die leicht in Süßwassertanks überleben, sind möglicherweise bereits zu Beginn des letzten Jahrhunderts in den Trinkwasservorräten auf den Schiffen der Europäer von Neuseeland aus in deren Heimat gesegelt. Da sie zudem auch noch brackiges Wasser ertragen, konnten sie sich, in Europa angekommen, im Bereich der Flußmündungen von Themse und Elbe ansiedeln, nachdem sie etwa beim Reinigen der Tanks unfreiwillig über Bord gegangen waren.

In Australien, wo sie ebenfalls neben Binnengewässern den Mündungsbereich der Flüsse besiedeln, verhinderten bisher allein höhere Wassertemperaturen die weitere Verbreitung. Temperaturen über 28°C nämlich verträgt *Potamopyrgus antipodarum* nicht mehr.

Ein Vergleich der genetischen Variabilität der einzelnen, über den ganzen Globus verstreuten Schneckenkolonien bestätigte jetzt Ponders Interpretation der jüngsten Verbreitungsgeschichte: Während die neuseeländischen Schnecken genetisch noch sehr variabel sind, verarmten die erst in jüngster Vergangenheit angesiedelten »Überseekolonien« von *Potamopyrgus* in Europa und Australien in genetischer Hinsicht; möglicherweise durch wiederholte »Jungfernzeugung«: In der Ferne fehlten oft die Männchen, um die Eier der Weibchen zu befruchten. Und ohne Männchen geht es eben auf Dauer auch bei Schnecken nicht.

Wenn der Genpool zum Schmelztiegel wird

Vielfach sind die interessantesten wissenschaftlichen Ergebnisse nicht viel mehr als Nebenprodukte der Suche nach etwas anderem. Im Jahre 1912 sammelte der Zoologe Paul Bartsch, damals Kurator für Invertebraten (Wirbellose Tiere) des amerikanischen Nationalmuseums, während eines Besuches auf Andros, einer Insel des Bahama-Archipels, rund 40000 Exemplare einer Landschnecke der Gattung *Cerion*.

Selbst angesichts der großen Stückzahl war dies nichts Ungewöhnliches in einer Zeit, in der biologische Forschung noch weitgehend im Sammeln von Museumsmaterial bestand. Noch heute lagert ein Großteil jener Schneckensammlung im Washingtoner National Museum.

Einige *Cerion*-Schnecken aber setzte Paul Bartsch damals auf der Insel Bahia Honda der Florida Keys aus – und initiiert damit eines der ungewöhnlichsten Beispiele für ein gut dokumentiertes evolutionsbiologisches Phänomen. Von einem kontrollierten Evolutionsexperiment sprechen daher auch die beiden Biologen Stephen Jay

Gould von der Harvard-Universität (wir kennen ihn bereits als Landschneckenforscher auf den Bermudas) und David S. Woodruff an der Universität von Kalifornien in San Diego. Die beiden Wissenschaftler, seit Jahren von der Naturgeschichte der *Cerion*-Landschnecken in den Bann gezogen, haben ein halbes Jahrhundert nach Paul Bartsch mit den modernsten molekularbiologischen Methoden den Ausgang dieses quasi-natürlichen Kabinettstückchens der Evolution verfolgt.

Zur Vorgeschichte: Paul Bartsch wollte mit dem Aussetzen der von den Bahamas stammenden Schneckenart *Cerion casablancae* eine damals noch vieldiskutierte Lamarcksche These überprüfen. Und die besagt, übertragen auf unsere Schnecken, daß die eingeführten Schalenträger unter der Sonne Floridas, in einem für diese Art neuen Lebensraum also, allmählich Nachkommen hervorbringen, deren Schalenform nun mehr den dort heimischen *Cerion*-Formen gleicht als den eigenen Ahnen von den Bahamas. Bartsch glaubte nämlich an eine modifikative Wandlung der Schnecken allein durch die neue Umgebung, in der sie leben. So etwa hatte sich einst auch der französische Naturforscher Jean-Baptiste de Lamarck die Veränderung von Tierarten vorgestellt.

Nun, um es vorwegzunehmen: Das Experiment von Bartsch schlug fehl. Die eingeführten Landschnecken veränderten auch nach mehreren Generationen keineswegs ihre Schalenmorphologie. Bartsch gab auf, nachdem er bei wiederholten Stippvisiten keinerlei Veränderung der Schnecken erkennen konnte, und überließ die Tiere auf den Florida Keys schließlich sich selbst.

Nur gelegentlich noch besuchte er das Eiland Bahia Honda Key, wo sich die rund 500 ausgesetzten Schnecken der Andros-Insel in ihrem neuen Lebensraum kräftig zu vermehren begannen. Im Jahre 1931 stellte Bartsch jedoch überrascht fest, daß ein naher Verwandter der Bahama-Schnecken, nämlich die in Florida heimische *Cerion incanum,* inzwischen ebenfalls, aber ohne menschliches Zutun, Bahia Honda zu besiedeln begann, wo sie zuvor gefehlt hatte. Plötzlich waren die Landschnecken von den Bahamas in ihrem neuen Domizil nicht mehr allein. Und dort, wo beide Schneckenformen miteinander in Kontakt kamen, traten überraschenderweise Mischlinge auf. Bartsch versprach in einer seiner letzten Arbeiten eine detaillierte Studie dieses Vorgangs, die jedoch nie erschien.

Stephen Gould und David Woodruff haben diese Lücke jetzt geschlossen. Ihr erstes Ergebnis: Sie fanden auf Bahia Honda nur noch Hybride zwischen den beiden *Cerion*-Formen, jedoch keine der einstmals von Bartsch eingeführten Schnecken von den Bahamas vor. Eine genaue Untersuchung aller *Cerioniden* der Insel ergab schließlich, daß sich tatsächlich eine große Mischpopulation etabliert hat; die Bartsche *Casablancae*-Form vom Andros aber ist mittlerweile völlig verschwunden. Die auf den Florida Keys heimische *Incanum*-Form hat die »Eindringlinge« von den Bahamas demnach offenbar regelrecht aufgesogen.

Zweites Ergebnis der Schneckenforscher indes: Die Spuren jener unfreiwilligen Immigranten der Bahamas lassen sich in der Schalenmorphologie und in den Genen der einheimischen Schneckenpopulation noch heute nachweisen. Darüber haben Gould und Woodruff ihren Kollegen kürzlich im Fachblatt »Evolution« Bericht erstattet. Und für die Evolutionsbiologen liest sich deren nüchterner Wissenschaftsbericht oft genug wie für andere Leute ein Kriminalfall.

Den beiden amerikanischen Zoologen kamen bei ihrer Rekonstruktion dieses »Freilandexperiments« gleich mehrere Umstände glücklich zu Hilfe: Denn erstmals ist durch die Notizen von Paul Bartsch nicht nur der exakte Ursprung der »Einwanderer« und der Beginn der Hybridisation, der Verschmelzung zweier Tierformen, bekannt. Dank seiner Museumssammlung (und das unterstreicht deren Bedeutung für die Wissenschaft allgemein!) läßt sich auch die Schalenmorphologie der Elternpopulation von Andros mit der Gestalt der heute lebenden Schneckenmischlinge vergleichen; ja die Evolutionsbiologen können sogar die Genetik der Ausgangspopulation der Bahamas, die ja heute noch auf Andros lebt, mit dem durch die Verschmelzung veränderten Erbgut der Hybride auf Bahia Honda vergleichen. Und das taten sie auch.

Überhaupt ist Cerion kein unbeschriebenes Blatt. Wäre Charles Darwin anstelle der Galapagos-Inseln auf den Bahamas gelandet und dabei den zahlreichen Cerion-Formen begegnet, deren Arten und Unterarten in aberwitziger Zahl von Insel zu Insel des Archipels varrieren, so wären ihm wohl ähnliche Einsichten in die Arbeitsweise der Evolution gekommen, ohne daß er den anstrengenden Trip rund um die Welt bis zur pazifischen Inselgruppe noch hätte unternehmen müssen.

Die Landschneckengattung Cerion weist mit rund 600 beschriebenen Formen eine enorme morphologische Formenfülle auf, die sie zur Faszination für Evolutionsbiologen, aber damit auch zur Frustration für Taxonomen werden läßt. Die nämlich müssen angesichts der Gestaltfülle in jedem Fall entscheiden, was nun eine neue Art und was bloße Variation ist. In jahrelangen Studien hatten Stephen Jay Gould und David Woodruff bereits zuvor auf dem Bahama-Archipel gezeigt, daß solche in der Schalengestalt sich unterscheidenden »Morphotypen« keineswegs zufällig über die subtropischen Inseln verteilt sind; sie zeigen vielmehr ein bestimmtes Muster in ihrem Vorkommen, das an bestimmte Lebensräume und eine bestimmte Geographie gekoppelt ist.

Das spitz gewundene Gehäuse der meist weißlich-cremefarbenen Cerion-Schnecken mit ihrer markanten Rippenbildung auf der Außenseite, macht sie für Stephen Gould zu einem idealen Studienobjekt für morphometrische Vergleiche von insgesamt 18 Variablen. Was für Gould die Schale ist, steckt für den kalifornischen Genetiker David Woodruff im Weichkörper: Er untersuchte durch eine Analyse des Enzym-Polymorphismus bei den einzelnen Schnecken die genetische Divergenz, also die Ähnlichkeit bestimmter Proteine (Enzyme), um dadurch auf die Verwandtschaft einzelner Schneckenformen untereinander schließen zu können. Dazu analysierte er 17 Proteine aus dem Gewebe des Schneckenweichkörpers und fand tatsächlich genetische Unterschiede zwischen den einzelnen Cerion-Populationen von der Bahamas-Insel, den Florida Keys und dem Mischlingsbestand.

Dank einer computergestützten Statistik konnten die angefallenen Datenberge beider Forscher dann sogar noch überschaubar aufgearbeitet werden, bevor sich die beiden Wissenschaftler endlich an eine Interpretation wagen durften. Das Ergebnis schließlich: Die Hybridpopulation liegt morphologisch und genetisch mit wenigen Ausnahmen zwischen den beiden Ausgangspopulationen *C.incanum* und *Casablancae;* was man leicht vermuten konnte, wurde also mit wissenschaftlicher Gründlichkeit bestätigt: Mischlinge sind eben Mischlinge!

Doch der für die Evolutionsbiologen weitaus interessantere Befund kommt erst noch: Wie der Vergleich mit den ersten noch von Bartsch 1933 entdeckten Hybriden ergab, haben sich die genetischen und morphologischen Merkmale der Mischpopulation während des letzten halben Jahrhunderts immer mehr zur Florida-Population hin verschoben. Gould und Woodruff sprechen von einer regelrechten »Merkmalswanderung«. Die Schneckenmerkmale, große Mündung, kleine Mündung, viele Rippen, wenig Rippen oder ähnliches, bewegen sich sozusagen zum *Cerion-incanum*-Typ.

Und just im Nachweis dieser Verwandlung des Schneckenäußeren wie auch ihrer genetischen Ausstattung (denn darüber geben die Proteine ja Auskunft) sehen die Zoologen das Hauptereignis der von Paul Bartsch vor fünfzig Jahren verursachten Hybridisation.

Nicht so sehr die eigentliche und allgemein zu erwartende Verschmelzung ist es also, was die Biologen fasziniert, sondern vielmehr, daß es ihnen gelungen ist, die Veränderung einzelner Merkmale im Laufe von insgesamt vielleicht 16 Generationen in Richtung auf die im Bestand beherrschende Inselform in mehreren Schritten zu verfolgen. Die Schneckenhybriden verlieren auf diese Weise mit jeder Generation zunehmend jene Eigenarten, die für ihre von den Bahamas eingeführte Stammform typisch waren. Der Schmelztiegel wandert sozusagen dank des stärkeren Genflußes aus der Florida-Population, so daß heute reine *C.-casablancae*-Schnecken auf den Florida Keys nicht mehr existieren. Und diese allmähliche Merkmalsänderung des Mischbestandes läßt sich auch geographisch auf Bahia Honda nachweisen, denn wo die Hybriden in unmittelbarer Nachbarschaft mit den *Incanum*-Formen leben, sind sie diesen Schnecken inzwischen ähnlicher als im östlichen Teil der Insel, wo Bartsch einst die *Casablancae*-Form von Andros aussetzte.

Für Gould und Woodruff bieten diese Vorgänge eine Erklärung für die Evolution des heute zahlreiche Arten und Unterarten umfassenden *Cerion*-Komplexes. Deren Variabilität könnte durch wiederholte Kolonisation von Inseln, etwa infolge der Verbreitung durch einen Hurrikan, und nachfolgende Verschmelzung zustande gekommen sein. Die Studie wirft zudem Licht auf die – wenigstens unter Zoologen – vieldiskutierte Bedeutung von Hybridzonen für die Evolution. Dies sind Gebiete, wo zwei einst getrennt lebende Tierarten nach langer Zeit wieder aufeinanderstoßen und ihre Genpools zu einem einzigen verschmelzen. Das genetische Material dieser Formen, das sich über lange Zeit hinweg unabhängig voneinander entwickelte und unabhängig voneinander Mutationen, also genetische Veränderungen, ansammelte, wird dabei wieder zu einem einheitlichen Genpool eingeschmolzen. Im engsten Bereich dieser Vermischungszone finden Genetiker dann stets hochgradig genetische Anomalien mit andernorts unbekannten Genkombinationen. Und solches »Zusammenbauen« einstmals getrennter Genansammlungen quasi nach dem Baukastenprinzip könnte eine wichtige Quelle für das Entstehen neuer Tierformen sein.

Obgleich Bartschs Aussetzexperiment insofern künstlich ist, als er es war, der die Schnecken übersiedelte, simuliert dies doch einen für ganz entscheidend gehaltenen biologischen Prozeß: nämlich die Wiedervereinigung zweier isolierter Tierformen, die nicht lange genug getrennt evoluierten, um zu völlig neuen Arten zu werden. Statt zur Bildung einer neuen Art kommt es sekundär zum Aufsaugen der kleineren Population durch die zahlenmäßig überlegenere; in unserem Fall durch die Schnecke mit dem Heimvorteil eben.

Allein im Genpool und in der Schale der Art hinterläßt dieses Ereignis noch lange deutliche Spuren.

Als zwei getrennte Arten mögen Gould und Woodruff *Cerion casablancae* und *C. incanum* mithin nicht länger mehr führen, da der sogenannte »Sympatrietest« dank Bartsch negativ verlief: Kommen beide als Semi- oder Subspezies anzusehenden Schneckenformen, die man bislang rein typologisch – also lediglich nach äußeren, uns ähnlich erscheinenden Merkmalen – als Arten auffaßte, wieder miteinander in Kontakt und vermischen sich, so gehören sie einer Fortpflanzungsgemeinschaft an. Nur die völlige reproduktive Isolation jedoch gilt heute unter modernen Biologen als das entscheidende Kriterium für den Artstatus. Für die *Cerion*-Formen der Bahamas müssen die Systematiker daher jetzt eine revidierte Taxonomie schreiben. Das unbeabsichtigte Experiment von Paul Bartsch lieferte vor fünfzig Jahren Grundlage – und Einblick in die Arbeitsweise der Evolution zugleich.

Systematiker haben »Familienprobleme« – Verwandtschaft unter der Lupe

»Das Sammeln und Einordnen von Käfern erfordert ganz andere Fähigkeiten, Talente und Anreize – ich sage nicht: tieferstehende –, als in der theoretischen Physik oder in der statistischen Epidemiologie am Werke sind. Gewiß wertet die Hackordnung der Wissenschaft – ausgetragen als hochkomplizierte Geistelei – die theoretische Physik höher als die Taxonomie der Käfer, weil die Ordnung der Natur, so denkt man wohl, beim Sammeln und Klassifizieren von Käfern jede größere Geschicklichkeit in Denken und Urteilen überflüssig macht: Gibt es nicht immer schon ein Kästchen, das auf seinen Käfer wartet?«

Mit diesen wohlgesetzten Worten versuchte der britische Nobelpreisträger Peter B. Medawar einmal die Ehrenrettung der Systematiker, und er fuhr fort: »Jede solcher Annahmen ist nichts als induktive Mythologie. Ein in der Taxonomie erfahrener Wissenschaftler oder ein Paläobiologe wird dem Anfänger versichern, daß gute taxonomische Arbeit viel Überlegung, beträchtliche Urteilskraft und Spürsinn für die Verschiedenheiten unter Wesensverwandten erfordert, die uns erst mit der unter persönlichem Einsatz erworbenen Erfahrung zukommt.«

Daß es tatsächlich gar nicht immer so leicht ist, stets das richtige »Kästchen für den Käfer« zu finden, und wie schwierig es für Zoologen dabei oftmals ist, Arten und Artengruppen voneinander zu unterscheiden und damit zu begründeten Ideen über deren Evolutionsgeschichte zu kommen, das demonstrieren die folgenden Berichte exemplarisch.

Für die Rekonstruktion der Stammesgeschichte von Tierarten ist ja nach wie vor der sorgsame Vergleich der in Frage stehenden Formen die wichtigste Methode. Wie die nicht selten verschlungenen Pfade des Formenwandels und die Verwandtschaftsbeziehungen ermittelt werden, mit welchen Methoden ein Vergleich dann im einzelnen durchgeführt wird, das ist auch abhängig davon, mit welcher Tiergruppe man es gerade zu tun hat.

Und schließlich: Die molekulargenetischen Untersuchungen an einem zugegebenermaßen eher »unbedeutenden«, weil nur sehr lokal verbreiteten und zudem mit einer Unterart bereits ausgestorbenem Vogel, der Strandammer, sollen an einem aktuellen Beispiel exemplarisch aufzeigen, welches Potential gerade neueste biochemische Methoden für diese Rekonstruktion von Stammesgeschichte und Verwandtschaft haben. Neue und wichtige Impulse können sie nämlich keineswegs nur den klassisch-zoologischen Fragestellungen geben, sondern nicht zuletzt auch dem Artenschutz. Wenn vielfach die Grundlagenforschung für sich nicht schon Rechtfertigung genug ist, so dürften es zweifelsohne der Erhalt und der Schutz von Tierarten sein. Und man muß kennen, was man schützt.

Ein molekularer Stammbaum des Tierreichs

Naturforscher sind schon seit den Zeiten des griechischen Philosophen Aristoteles um eine Ordnung des Lebendigen bemüht. Und um ein »natürliches System« der Organismen, ein System, das die Stammesgeschichte der Lebewesen korrekt wiedergibt, bemühen sich die Systematiker seit Carl von Linné, der als einer der ersten versuchte, die Fülle der Pflanzen und Tiere systematisch in den Griff zu bekommen. Die jüngsten Fortschritte im Bereich der Molekularbiologie liefern hierfür zunehmend neue Techniken und neue Einsichten.

Ein Forscherteam von Molekularbiologen und Zoologen der Universität in Indiana hat jetzt die phylogenetische Verwandtschaft von 22 Klassen aus zehn Stämmen des gesamten Tierreichs untersucht. Dazu verwendeten sie die *Ribonukleinsäure* (RNA) aus den Ribosomen von Tierzellen. Diese Partikel der Zelle helfen dabei, die genetische Infomation in die »Aminosäuresprache« der Proteine zu übersetzen. Je nach Größe und bestimmten biochemischen Eigenschaften unterscheidet man morphologisch und funktionell verschiedene Untereinheiten der Ribosomen; eine davon sind 18 S-Ribosomen. Durch den paarweisen Vergleich der 18 S-Ribonukleinsäure bestimmten die Forscher den relativen genetischen Abstand der einzelnen Tierklassen zueinander, um daraus die Aufzweigung des Stammbaumes zu rekonstruieren.

Übereinstimmend mit den klassischen, von Morphologen aufgestellten Stammbäumen erkannten die Wissenschaftler um Katharine Field und Gary Olsen eine frühe basale Zweiteilung der echten Vielzeller in die Nesseltiere *(Cnidaria)* mit den Quallen, Anemonen und Korallen einerseits und den zweiseitig symmetrisch gebauten Tieren, den Bilateria, andererseits. Auch die kurz darauf erfolgte Abspaltung der einfach gebauten und meist parasitisch lebenden Plattwürmer *(Plathelminthen)* deckt sich mit den konventionellen Stammbäumen der Systematiker. Die übrige Stammlinie führt zu den sogenannten »Coelomaten«, die damit als eine monophyletische, das heißt einheitliche Gruppe mit nur einem ihnen gemeinsamen Vorfahren bestätigt wurden. Zu diesen Coelomtieren, die in ihrer inneren Organisation als »Spezialität« eine sekundäre Leibeshöhle (das sogenannte *Coelom*) aufweisen, gehören neben den Chordaten mit den Wirbeltieren, wie etwa dem Menschen, auch die Stachelhäuter *(Echinodermata)*, die Gliedertiere *(Arthropoda)*, Ringelwürmer *(Annelida)* und die Weichtiere *(Mollusca)*.

Über die grundsätzliche Einteilung und Abgrenzung dieser einzelnen Gruppen sind sich die Zoologen heute weitgehend einig; und auch die molekularbiologischen Analysen ergaben keine Widersprüche. Die Rekonstruktion der Abstammung voneinander jedoch ist mehr als umstritten; hier haben sich die Ansichten bestimmter Morphologen-Schulen mittlerweile zu regelrechten Glaubensbekenntnissen verdichtet (etwa die Enterocoel-Theorie und das Archicoelomaten-Konzept der deutschen Zoologen Adolf Remane und Rolf Siewing); bestimmte Arbeitsmethoden verhärteten sich vielfach zu Dogmen, die zu kritisieren als »Nestbeschmutzung« gilt.

Zwar weisen die einzelnen Tierstämme jeweils charakteristische »Baupläne« oder besser Grundmuster auf, die sie gegen andere abgrenzen, die wenigen verbindenden Merkmale, etwa die mehrfach auftretende Segmentierung sind jedoch nur schwer zu bewerten. Die Verwandtschaft etwa der Weichtiere und Gliedertiere wie auch einiger kleiner Tiergruppen ist bislang umstritten. Auch die neuen molekularbiologischen Untersuchungen an der Ribonukleinsäure können bei allen ihnen anhaftenden Unsicherheiten hier nur zusätzliche Hinweise liefern. Im Fall der Gliedertiere etwa, die üblicherweise als aus den Ringelwürmern entstanden interpretiert werden, stützen die Molekularbiologen die Ansicht moderner Systematiker, daß die Gliedertiere sich bereits sehr viel früher und unabhängig von den übrigen Coelom-Tieren von der Hauptlinie abgespalten haben und daher mit den Ringelwürmern nicht näher verwandt sind. Dafür erkannten die Forscher, daß die Weichtiere – was bislang als umstritten gilt – zusammen mit den Ringelwürmern auf einen gemeinsamen Vorfahren zurückgehen. Die Weichtiere, deren Körper heute kaum noch eine Segmentierung erkennen läßt, sind demnach doch aus gegliederten Ahnen hervorgegangen, wie dies manche Systematiker bereits seit langem annehmen. Die Ringelwürmer stehen also nicht den Gliedertieren wie Krebsen, Spinnen und Insekten nahe, sondern vielmehr den Weichtieren wie Schnecken, Muscheln und Tintenfischen. Dies ist neben dem Hinweis auf die frühe Abspaltung der Arthropoden vielleicht das bislang wichtigste Ergebnis der molekularbiologischen Studie an ribosomaler RNA.

Insgesamt drei große Aufspaltungsereignisse, meinen Field und Olsen erkennen zu können. Eine Datierung dieser Verzweigungen ist ihnen dabei allerdings nicht möglich. Alle Überlegungen zu molekularen Stammbäumen beruhen ja auf der Annahme, daß sich die genetischen Veränderungen über längere Zeiträume stets mit gleichbleibender Geschwindigkeit entwickelt haben. Die Existenz einer sogenannten »molekularen Uhr«, wie sie vor 25 Jahren die Biochemiker Linus Pauling und Emile Zuckerkandl postulierten, gilt freilich ebenfalls als kontrovers. Morphologische und anatomische Merkmale einer Tiergruppe ändern sich im Verlauf ihrer Evolution mit unterschiedlicher Geschwindigkeit, so daß nicht einzusehen ist, warum dies nicht auch für Makromoleküle wie die Ribonukleinsäure RNA gelten soll. Viele Wissenschaftler bezweifeln, daß im Erbgut tatsächlich eine molekulare Uhr tickt – noch dazu bei allen Tierarten mit gleicher Geschwindigkeit.

Allein sie ließe die Molekularbiologen verläßlich die Abstammungsgeschichte rekonstruieren und zudem Aufspaltungen exakt datieren. So können Field und Olsen zwar den relativen genetischen Abstand zweier Tiergruppen zueinander angeben, nichts aber über das Tempo der genetischen Veränderung aussagen. Von einigen Insekten, etwa der Fruchtfliege *Drosophila* oder dem Salzkrebschen *Artemia,* nimmt man heute an, daß sie zu den »fast-clock«-Arten gehörten, der Pfeilschwanzkrebs *Limulus* dagegen gilt als »slow-clock«-Art, die nur relativ wenig Mutationen in Form von Veränderungen der Nukleotidsequenz akkumuliert hat. Allein innerhalb der

Gliedertiere ergeben sich also erhebliche Differenzen, denn zu dieser Gruppe gehören ja sowohl Fliege und Krebs als auch *Limulus*. Es bestehen mithin noch erhebliche Unsicherheiten über die Verwandtschaft, da schnell mutierende Arten deutlich tiefer im Stammbaum wurzeln als die nur langsam mutierten Spezies.

Wissenschaftler von der Universität in Berkeley, Kalifornien, und von der Universität in Edinburgh meinen dagegen Hinweise gefunden zu haben, daß selbst bei so unterschiedlichen Organismen wie Bakterien, Blütenpflanzen und Wirbeltieren die Austauschrate innerhalb der Nukleotidsequenz bemerkenswert konstant ist. Existiert also doch eine genaugehende »molekulare Uhr« im Erbgut der Tiere?

Von Hasen und Kaninchen

Wildkaninchen und Hase, obwohl landläufig noch immer gern miteinander verwechselt, haben sich seit 2,4 Millionen Jahren voneinander getrennt entwickelt; und die Domestikation des Kaninchens könnte bereits deutlich früher als bisher angenommen begonnen haben.

Dies ist das Ergebnis einer vergleichenden Analyse der Eiweißvariation von 28 Enzymsystemen bei Hase und Kaninchen, die Günther Hartl vom Forschungsinstitut für Wildtierkunde der Universität Wien durchgeführt hat. Dazu wurde die Zusammensetzung von Eiweißstoffen in der Leber und den Nieren von 25 Feldhasen und 14 Kaninchen mittels Protein-Elektrophorese untersucht und die genetischen Unterschiede zwischen beiden Vertretern der *Lagomorphen* ermittelt.

Diese Hasenartigen, die sich als eine seit langem isolierte Gruppe aus primitiven Säugern entwickelt haben, sind nicht, wie häufig angenommen, mit den Nagetieren verwandt; sie haben ihr Nagegebiß und andere Merkmale lediglich konvergent, als eine unabhängige Parallelbildung, entwickelt. Neben den auffälligen morphologischen Merkmalen, etwa Schädelstrukturen und unterschiedlich lange Hinterläufe und Ohren, unterscheiden sich Hasen und Kaninchen vor allem auch in ihrem Verhalten: Hasen sind Nestflüchter, die in einer oberirdischen flachen Mulde zur Welt kommen, während

Kaninchen Erdbauten anlegen und bei der Geburt nackt und blind sind. Zudem sind Kaninchen heute weltweit verbreitet und können, etwa in Australien und Neuseeland durch den Menschen eingeführt, bei Massenentwicklung zur Plage werden. Die Bestände des Feldhasen dagegen verzeichnen seit Ende der siebziger Jahre in Europa einen bedrohlichen Rückgang.

Hase und Kaninchen auseinanderzuhalten, war also alles andere als ein Problem; doch eine exakte Datierung des Zeitpunkts ihrer Trennung gelang jetzt erst mittels biochemischer Methodik. Die Studien zum Enzympolymorphismus legen den Schluß nahe, daß die morphologische und ethologische Divergenz bereits vor 2430000 Jahren einsetzte; ein Ergebnis, das in guter Übereinstimmung mit den wenigen paläontologischen Befunden steht. Dagegen glaubte man bislang, daß die Domestikation des Kaninchens durch den Menschen erst vor rund 2500 Jahren begann, und zwar während der Zeit der frühen Hochkulturen in Mesopotamien, am Indus und am Nil. Aus den jüngsten biochemischen Ergebnissen ergibt sich mit 144000 Jahren jedoch ein wesentlich früherer Beginn; demnach wären die ersten Kaninchen zu einer Zeit zum »Haus«tier des Menschen geworden, als in Afrika noch der archaische *Homo sapiens* lebte.

Diese deutliche Diskrepanz dürfte sich trotz verschiedener Unsicherheiten der biochemischen Analyse nicht allein durch methodische Fehler erklären lassen. Ebenso nimmt man bisher bei Schafen an, daß sie im Gebiet des Irak bereits zwischen 7000 und 11000 Jahren vor unserer Zeit domestiziert worden sind und damit zu einem der ältesten Haustiere des Menschen wurden.

Möglicherweise reichern sich bereits im Erbgut Mutationen, aber auch durch die gezielte Züchtung auf bestimmte morphologische Eigenschaften während der Domestikation an, so daß sich die molekulare Evolution während dieses Prozesses ungewöhnlich beschleunigt. Damit könnte die Eichung der genetischen Divergenz anhand einer durchschnittlichen Mutationsrate ungenau werden und ein höheres Alter bei domestizierten Tierarten vortäuschen. Gleichzeitig aber bietet der jetzt untersuchte Enzympolymorphismus des Haus- und Wildkaninchens die Grundlage für einen detaillierten Vergleich der genetischen Veränderungen, die während der Haustierwerdung entstehen.

Aye-Aye: Chromosomen-Evolution beim Fingertier

Das Aye-Aye oder Fingertier ist der Specht unter den Lemurenverwandten Madagaskars. Der überaus eigenartige, wie verdorrt aussehende und krallenbewehrte Mittelfinger dieser Halbaffen, mit dem die Tiere Insektenlarven unter der Rinde von Bäumen hervorholen, war bereits Ende des 18. Jahrhunderts dem deutschen Zoologen Schreber aufgefallen, der *Daubentonia madagascariensis* zu den Lemuren stellte. Mit den überlangen Fingern und Zehen gehört das Aye-Aye jedoch nicht nur zu den seltsamsten Tiergestalten der Erde, es ist heute mit zwei voneinander isolierten Populationen aus Madagaskar auch eine der bedrohtesten Arten.

Wegen seines eigentümlichen Aussehens, in dem es sich von allen übrigen Lemuren der Insel deutlich unterscheidet, galt die verwandtschaftliche Stellung des Fingertiers seit seiner Entdeckung als umstritten. Vor allem das ungewöhnliche 18zähnige Gebiß mit je einem großen wurzellosen Schneidezahn, mit dem bei der Nahrungssuche kleine Löcher in die Baumrinde gestanzt werden, bereitete den Zoologen bei der Einordnung lange Probleme. Selbst Eichhörnchen und Opossume wurden schon als nächste Verwandte dieser Halbaffen gehandelt, bis man anhand des Milchgebisses junger Fingertiere erkannte, daß es sich tatsächlich um Halbaffen handelt.

Jetzt gelang es einem Team französischer Zoologen um Prof. Yves Rumpler vom Institut d'Embryologie an der Medizinischen Fakultät der Universität Strasbourg und B. Dutrillaux vom Institut Curie in Paris, die sich seit Jahren mit der Chromosomenevolution der Madagaskar-Lemuren beschäftigen, die Stammesgeschichte des Fingertiers zu rekonstruieren. Chromosomen – die »Einheitsverpackung«, in der das genetische Material von Lebewesen gelagert wird – lassen sich lichtmikroskopisch noch erkennen, wenn man es richtig anfängt. Für die Lemuren-Studie wurden bestimmte Färbungsmuster dieser Chromosomen unter anderem aus Blutzellkulturen eines Männchens im Zoologischen Garten von Tananarive auf Madagaskar untersucht und mit solchen von anderen Halbaffen verglichen. Diesen Befunden nach trennte sich *Daubentonia madagascariensis* bereits sehr früh von der Stammlinie ab, die dann erst zu den übrigen Lemuren führte.

Der *Karyotyp* des Aye-Ayes, also die Anordnung und Struktur der

Chromosomen, den das französische Team mit den Karyotypen anderer Lemuren Madagaskars verglich, besteht aus dreißig Chromosomen. Diese weisen gegenüber den Erbträgern der Lemuren zum Teil so erhebliche Unterschiede im Bänderungsmuster und in der Gestalt auf, daß das Fingertier begründetermaßen weder zur Familie der *Lemuriformes* noch zu den mit jenen verwandten afrikanisch-asiatischen *Lorisiformes,* den Loris und Galagos, gerechnet werden kann. Was tun; in welches »Kästchen« also soll das Fingertier einsortiert werden?

Zwar berichtet das Forscherteam von Ähnlichkeiten des X-Chromosoms der Fingertiere mit dem einiger Galagos oder Buschbabys, doch sei dies eher darauf zurückzuführen, daß es sich um ein sehr ursprüngliches Merkmal handelt, das auch noch bei vielen anderen Halbaffen zu finden sei, ohne aber wirkliche Verwandtschaft zu belegen. Lediglich zwei oder drei Veränderungen im Karyotyp, so die französischen Wissenschaftler, sprechen für eine kurze gemeinsame Entwicklung von *Daubentonia* und den Lemuren. In der weiteren eigenständigen Evolution kam es beim Fingertier dann zu wenigstens 12 Chromosomenveränderungen, in der Mehrzahl zu sogenannten Robertsonschen Translokationen. Dabei fusionieren einzelne Chromosomen miteinander.

Yves Rumpler und seine Kollegen zwang dieser neue Befund nun dazu, frühere Interpretation der Lemurenevolution zu revidieren: Aufgrund der stammesgeschichtlich frühen Abspaltung von den übrigen Lemuren-Vorfahren schlagen sie für das Fingertier deshalb eine eigene systematische Kategorie *Daubentoniiformes* vor, die es von allen übrigen *Lemuriformes* Madagaskars trennt – ein eigenes Kästchen für das Aye-Aye also; ganz so, wie es die ersten Morphologen unter anderem aufgrund des kuriosen Mittelfingers bereits vorgeschlagen hatten.

Unklar ist indes weiterhin, ob sich das Fingertier schon vor oder aber erst nach der Besiedlung Madagaskars von seinen Ahnen unter den Lemuren getrennt hat, um eine eigene Evolution zu durchlaufen; ungeklärt auch die Frage, ob die außerordentliche Auffächerung der Lemuren erst erfolgte, als Madagaskar bereits vom afrikanischen Kontinent separiert war, oder ob diese Halbaffen bereits zuvor begannen, sich in viele verschiedene Formen aufzuspalten, von denen das Aye-Aye sicherlich nur die eigenwilligste ist.

Molekulargenetik an einer ausgestorbenen Strandammer

Wenn konventionelle Methoden keine befriedigenden Ergebnisse mehr zu liefern vermögen, fassen Forscher neuerdings gleich die Gene einer Tierart ins Auge, um Antworten auf ihre Fragen zu bekommen. Selten so spektakulär, wie wenn es etwa um die Abstammung des Menschen geht, dessen »äffische« Verwandtschaft dabei meist im Mittelpunkt des Interesses steht, lassen sich mit einem Vergleich der genetischen Struktur indes auch viele Fragen der Zoologie und des Artenschutzes an Vögeln beantworten.

Jüngste Masche der Molekularbiologen ist es, sich die *Desoxyribonukleinsäure,* den »Lebensfaden« in den Zellen, vorzunehmen. Dabei liegt die genetische Information, die jedes Lebewesen mit sich herumträgt, nicht etwa nur in den Zellkernen, und da wieder säuberlich in Form von Chromosomen verpackt, vor; seit langem weiß man, daß wichtige Teilinformationen, die eine Zelle am Leben erhält, auch in kleinen Partikelchen, den Zellorganellen, gespeichert werden. Eines dieser Partikelchen haben wir mit den Ribosomen bereits kennengelernt, ein anderes kommt jetzt ins Spiel: Es sind dies die *Mitochondrien,* oft als die »Kraftwerke« der Zellen bezeichnet, weil sie die biologische Energie für sämtliche Stoffwechselleistungen liefern. Auch sie besitzen DNA, jenes Makromolekül, dessen sinnvolle Aneinanderreihung von chemischen Bestandteilen erst die Morseschrift des Lebens ausmacht.

Diese – Achtung, Luft holen! – mitochondriale Desoxyribonukleinsäure, kurz als mtDNA bezeichnet, läßt sich auf biochemischem Weg aus Blut- und Gewebezellen von Tieren herauslösen und in einem recht aufwendigen Verfahren so aufarbeiten, daß sie demjenigen ganze Lebensgeschichten erzählt, der sie nur zu deuten vermag.

Die amerikanischen Wissenschaftler John C. Avise und William S. Nelson gehören zum noch recht engen Kreis derer, die solche Geschichten, die die Gene erzählen, verstehen. Und sie wählten die Strandammer, einen sperlinggroßen Singvogel der amerikanischen Ost- und Golfküste, nicht nur, um die bislang unsichere genetische Verwandtschaft dieser Singvögel zu klären. Durchaus alles andere als ein akademischer Zeitvertreib, war ihre Wahl gerade dieser Vogelgruppe keineswegs zufällig:

Denn erst im Juni 1987 war der letzte »Dusky Seaside Sparrow«, eine seltene und im Gefieder dunkel gefärbte Unterart der Strandammer, ausgestorben. Artenschützern war es zwar zuvor noch gelungen, mit den letzten sechs Tieren dieser Ammernrasse und einer vermeintlich nahe verwandten Rasse aus einem anderen Gebiet einige Mischlinge zu züchten, um wenigstens Teile des Erbguts der aussterbenden Unterart zu retten. Doch solange über die exakte Verwandtschaft innerhalb der insgesamt neun Strandammer-Unterarten nichts bekannt ist, durften die Forscher kaum hoffen, dieses Erbgut über lange Zeit möglichst wenig »verwässert« und in der ursprünglichen Ausprägung zu erhalten. Zur Rückkreuzung gar sollten tunlichst ausschließlich die nächsten Verwandten eingesetzt werden. Doch die kannte man ja nicht.

Die beiden Genetiker Avise und Nelson von der Universität in Athens im Bundesstaat Georgia entschlossen sich daher zu einem Vergleich jener Erbsubstanz, die neben der chromosomalen DNA auch in den Mitochondrien vorhanden ist. Diese ausgelagerte Nukleinsäure bietet den Vorteil, nur mütterlicherseits und dadurch quasi unvermischt weitergegeben zu werden. Zudem evoluiert die mtDNA deutlich schneller als die DNA des Zellkerns und gibt mithin gerade auf dem Niveau von Unterarten besonders genauen Aufschluß über die Verwandtschaft; dort nämlich sind die genetischen Unterschiede ja noch nicht sehr groß.

Als Avise und Nelson die Nukleotidsequenz aus der isolierten mtDNA des letzten Vogels von *Ammospiza maritimus nigrescens,* jener 1987 ausgestorbenen »Dusky«-Rasse der Strandammer, mit den mtDNA-Sequenzen der anderen Ammernpopulationen verglichen, fanden sie eine überraschende, aber nichtsdestotrotz deutliche Zweiteilung. Die fünf Strandammer-Subspezies, die die Atlantikküste von New England bis Florida bewohnen, unterscheiden sich bezüglich ihrer genetischen Konstitution deutlich von den Rassen, die die Strandgebiete des Golfs von Mexiko besiedeln. Die ausgestorbenen »Duskys«, die allein im Brevard Country bei Kap Kennedy lebten, sind daher mit den übrigen atlantischen Populationen wesentlich näher verwandt als mit den Ammern der Golfküste.

Doch ausgerechnet mit der Scotts-Strandammer *(Ammospiza maritimus peninsulae)* von der Golfküste hatten Artenschützer in den letzten Jahren – durchaus in bester Absicht freilich – just eine der Golfrassen zum Rückzüchten verwendet.

Gerade Taxonomie und Systematik werden leichtfertigerweise häufig als die weniger wichtigen und herausfordernden biologischen Disziplinen angesehen, so notierten Avise und Nelson daraufhin im amerikanischen Fachblatt »Science«; und sie schlagen damit in dieselbe Kerbe wie Peter Medawar, nur von anderer Seite.

Exakte Verwandtschaftsaussagen aber seien schließlich die Grundlage für die Interpretation anderer biologischer Arbeiten; und sie sind letztlich, wie die molekulargenetischen Forschungen an der mtDNA belegen, auch die Basis, auf der Artenschutzmaßnahmen fußen müssen. Der unsichere taxonomische Status der Strandammernpopulationen hat in der Vergangenheit dazu geführt, daß die eingeleiteten Managementbemühungen in die falsche Richtung zielten.

Schon bei ihrer Entdeckung 1872 hatte man die »Dusky«-Ammer ob ihrer andersartigen Gefiederzeichnung falsch eingestuft und für eine ganz eigenständige Art gehalten, erkannte sie erst viel später als melanistische Form der übrigen Strandammern. Doch erst die mtDNA-Studien, die modernste molekulargenetische Verfahren in den Dienst der Stammesgeschichtsforschung stellten, gaben Aufschluß über die Evolutionsgeschichte dieser Tiere.

Avise und Nelson halten aufgrund ihrer Befunde jetzt eine lang andauernde Separation der atlantischen Subspezies und der Golfrassen für wahrscheinlich. Legt man trotz aller Diskussion um die Regelhaftigkeit der »molecular clock« auch für die Strandammern eine mittlere Mutationsrate der mtDNA zugrunde, wie sie für andere Wirbeltiere verwendet wird, nämlich 2 bis 4 Prozent Sequenzunterschiede pro Jahrmillion, so hätten beide Ammernpopulationen zuletzt vor rund 250000 bis 500000 Jahren direkten Kontakt miteinander gehabt.

Zoogeographische und geologische Indizien stützen diese Hypothese einer frühen Spaltung der Strandammern im Südosten der USA rund um die Florida-Halbinsel in zwei sich getrennt entwickelnde Populationen. Da die Strandammern ausschließlich in den Salzmarschen der Küste leben, könnten Meeresspiegelschwankungen, die während des frühen Pleistozäns zum Auftauchen der Florida-Halbinsel führten, den Bestand in eine westliche und eine östliche Population getrennt haben. Im Bereich der einstmals durchgehenden Sumpfgebiete im nördlichen und mittleren Florida wurde dadurch der Genfluß unterbrochen. Ausgedehnte Mangrovewälder, die die Ammern auch heute nicht besiedeln, könnten eine ökologische Barriere am südlichen Zipfel Floridas dargestellt haben und einen Genaustausch wirkungsvoll unterbunden haben.

Die vielleicht wichtigste Folgerung aus dieser Rekonstruktion der Evolutionsgeschichte ist mithin, daß die ausgestorbene »Dusky«-Ammer in genetischer Hinsicht durchaus nicht so verschieden von den übrigen Strandammernpopulationen der atlantischen Küste ist wie angenommen. Für eine geplante Wiederauswilderung rückgezüchteter »Dusky«-Ammern sollten daher allein die atlantischen Rassen eingesetzt werden.

Die bisherigen Schutzvorhaben jedoch gingen von irrigen Verwandtschaftsverhältnissen aus, die dazu führten, daß das genetische Material der zu erhaltenden »Duskys« unkontrolliert mit »fremden« Ammergenen vermischt wurde.

Zuflucht im Waldrefugium – Vögel stützen eine Theorie

Als vor rund 30 Millionen Jahren das Klima auf der Erde kälter und trockener wurde, hoben sich die Kontinente und ließen in einigen Küstenregionen Gebirge entstehen, die den feuchten Winden vom Meer den Weg ins Hinterland versperrten. Infolge der fehlenden Niederschläge schrumpften die bis dahin üppigen Regenwälder auf vereinzelte Dschungelinseln zusammen.

Diese als »Waldrefugien« bezeichneten Relikte einstiger Regenwälder waren inmitten der sich ausbreitenden Grassteppen voneinander völlig isoliert. Wie auf abgelegenen Inseln im Ozean durchliefen in ihnen Flora und Fauna der tropischen Tieflandwälder eine jeweils ganz eigene Entwicklung, bei der sich die Arten den in jedem Refugium wieder anderen Umweltbedingungen anpaßten.

Nachdem sich die klimatischen Verhältnisse später erneut änderten und sich die Regenwaldinseln auf Kosten der Savannen wieder ausbreiten konnten, leistete jedes dieser Rückzugsgebiete seinen Beitrag zur Formenmannigfaltigkeit der tropischen Urwälder. Zwischen vielen der zuvor isolierten Waldarten kam es zu einem sekundären Kontakt. Dies wird als eine mögliche Ursache für die Artenvielfalt der tropischen Wälder angesehen.

Daß Klimaschwankungen der Vergangenheit tatsächlich Auswirkungen auf die Verteilung und wechselnde Ausdehnung tropischer Waldgebiete hatten, gilt heute als unbestritten; über das Ausmaß dagegen ist man sich nicht einig. Die Hypothese von Waldrefugien entstand, als Biogeographen auf die gegenwärtig bekannte Verbreitung verschiedener Tier- und Pflanzenarten der Regenwälder aufmerksam geworden waren. Das Areal, das eine Art oder Artengruppe besiedelt, endet nämlich oft ohne erklärbare Ursache abrupt in einer an sich völlig homogenen Landschaft. Bisher wurden diese eigenartigen Verbreitungsbilder der Siedlungsgebiete meist durch die wiederholt auftretenden Unterbrechungen der Regenwälder während des Pleistozäns, den abwechselnden Kalt- und Warmzeiten vor rund 1,8 Millionen bis 10 000 Jahren, erklärt. Die Waldinseln hätten demnach als isolierte Artbildungszentren fungiert.

In den letzten Jahren ist diese Waldrefugien-Hypothese aus verschiedenen Gründen und von verschiedenen Seiten immer wieder angezweifelt worden; so auch von dem durch seine Amazonas-Forschungen bekannt gewordenen Limnologen Prof. Harald Sioli. Er wies darauf hin, daß sich die von verschiedenen Autoren für einzelne Arten angegebenen Waldinseln keineswegs immer decken und – schlimmer noch – daß sie zusammengenommen wieder das gesamte Amazonasbecken als von Wald bedeckt erscheinen lassen; zudem seien die unterschiedlichen ökologischen Bedingungen entlang der Flußläufe und auf den verschiedenen Böden nur unzureichend berücksichtigt worden.

Auf die jüngst von dem amerikanischen Zoologen John Endler vorgetragene Kritik an der Refugien-Hypothese gingen der emeritierte Harvard-Professor und Altmeister der Evolutionsforschung Ernst Mayr und sein Mitarbeiter Robert O'Hara kürzlich in der Zeitschrift

»Evolution« näher ein. Die Überprüfung der bekannten Verbreitungs- und Endemismenareale von Vögeln des afrikanischen Regenwaldgebietes belegt ihrer Ansicht nach eindeutig, daß sich diese Arten während der Eiszeiten in inselartigen Refugien aus den einstmals weitverbreiteten Ursprungsformen entwickelt haben müssen.

Besondere Bedeutung kommt dabei der Lage von Kontaktzonen zu, in denen sich die Areale verwandter Arten überschneiden. Wir kennen so etwas bereits von den *Cerion*-Landschnecken. Die Tiere weisen in diesen Gebieten, wo sie hybridisieren, eine erhöhte Variabilität ihrer äußeren Körpergestalt oder -färbung etc. auf, während sie außerhalb solcher Zonen relativ uniform erscheinen. Intensive Studien in einzelnen Kontaktzonen, so bemängelten Mayr und O'Hara, seien zwar bisher nicht durchgeführt worden, doch sind wenigstens aus den gemäßigten Breiten geradezu klassische Arbeiten bekannt. Dazu zählt seit Jahrzehnten unter anderem auch die Arbeit von Prof. Wilhelm Meise zur Verbreitung der Raben- und Nebelkrähe. Für Ernst Mayr, der in den sechziger Jahren erstmals den Artbegriff exakt definierte, fügen sich diese Befunde zwanglos in das Konzept der *allopatrischen Speziation* ein, der Artbildung in geographisch getrennten Gebieten, wie es uns auch die Darwin-Finken vorführten.

Im Fall der Waldrefugien jedoch schlägt John Endler nun eine *parapatrische Artbildung* vor; zwar seien die Arten isoliert, ihre Populationen grenzten in ihrem Verbreitungsgebiet aber stets aneinander; ein Phänomen, das von den Wissenschaftlern gern auch als *Kontakt-Allopatrie* bezeichnet wird; das Kind muß ja schließlich einen schönen Namen haben.

Und, so Endler, zwei aus der Refugien-Hypothese ableitbare Bedingungen seien nicht mit den bisherigen Befunden aus den afrikanischen Tieflandwäldern zu vereinbaren: Da die Ausbreitungsraten nahe verwandter Arten in isolierten »Inseln« nicht sehr variieren dürften, müßten sich die Zonen des sekundären Kontakts folglich auf halbem Weg zwischen den einstigen Refugien finden. Und zweitens sollten die Kontaktzonen der schneller reproduzierenden Tierarten, etwa Schmetterlinge und andere Insekten, größer sein als die der sich langsamer vermehrenden Arten, wie etwa Vögel.

Doch während Endler lediglich 9 Prozent aller Kontaktzonen dann zwischen den postulierten Rückzugsgebieten findet, kommen Mayr und O'Hara jetzt auf ganz andere Zahlen. Bei der Untersuchung der 222 Tieflandarten und Artengruppen, deren Verbreitung die Ornithologen B.P. Hall und R.E. Moreau schon 1970 kartiert hatten, fanden sich 23 Kontaktzonen; 15 dieser Hybridgebiete liegen eindeutig zwischen dem Ober- und dem Unterguineawald und drei zwischen dem westlichen und dem östlichen Unterguineawald. Die Grenzen sechs weiterer Areale fallen in das Savannengebiet Dahomeys, wo die Tieflandwälder, die sich von Liberia bis Ostghana und von Kamerun bis ins Kongobecken erstrecken, noch heute unterbrochen sind.

Damit befinden sich alle Kontaktzonen zwischen verwandten Arten tatsächlich dort, wo sie nach der Refugien-Hypothese zu erwarten sind, nämlich genau zwischen den ehemaligen Rückzugsgebieten. Dies war zuvor mehrfach bezweifelt worden. Dabei wurden aber zu einem nicht geringen Teil auch Arten mit Verbreitung außerhalb der Tieflandregenwälder, etwa solche des Hochlandes, berücksichtigt, was ein zu sehr gemischtes Material lieferte.

Endlers zweites Argument stützt sich auf die Annahme, daß alle diese Kontaktzonen zur selben Zeit entstanden sind, diejenigen der schnell reproduzierenden Arten also größer sein müßten, da ihnen mehr Zeit zur Verschmelzung zur Verfügung stand. Es besteht jedoch kein Grund anzunehmen, daß der sekundäre Kontakt wirklich bei allen Tierarten gleichzeitig erfolgte; die Verbreitungsgebiete vieler tropischer Arten sind auch heute noch nicht aufeinandergetroffen, während andere Formen aus denselben Refugien ausgedehnte Verschmelzungszonen erkennen lassen. Und aus den gemäßigten Breiten weiß man, daß die Hybridzonen, die sich erwiesenermaßen schon vor Jahrtausenden etabliert haben, durchaus sehr schmal sein können; die des Formenkreises der Krähe *Corvus corone* beispielsweise ist allenfalls 100 Kilometer breit. Das gleiche gilt für die Kontaktzonen vieler anderer Arten, etwa des Haus- und Weidensperlings. In den meisten Fällen kommt es nämlich im Hybridgürtel zu einer starken Selektion, die dem weiteren Austausch fremder Gene und dem weiteren Übereinanderschieben der Areale von Schwesterarten entgegenwirkt.

Eine wirklich sichere Analyse der unterschiedlichen Zonenbreite, so Mayr und O'Hara, sei aber schon allein deshalb nicht möglich, weil alle bisherigen Karten der Verschmelzungszonen, die sich in der Vergangenheit auch als durchaus veränderlich erwiesen, immer noch weiße Flecken von 100 – 350 km aufweisen. Das Ausmaß des Genflusses innerhalb dieser Gebiete sei erst recht unbekannt.

Dagegen lieferten gerade die in einigen Waldregionen endemischen Arten und solche mit einer zerrissenen Verbreitung einen zusätzlichen Beleg für die Refugien-These. Keiner der Endemismen tritt in den afrikanischen Regenwaldgebieten zufällig auf, alle dekken sich mit den vorgeschlagenen Refugien, in die sich auf dem Höhepunkt der Trockenperiode die überlebenden Faunenelemente zurückgezogen haben. Knapp 50 weitere Vogelarten, darunter 28 Sperlingsvogelarten, zeigen heute ein ausgesprochen disjunktes, das heißt zerrissenes oder lückenhaftes Verbreitungsbild, das sich nach Ernst Mayr und Robert O'Hara tatsächlich am einfachsten dadurch erklären läßt, daß die früheren Populationen in den Waldinseln isoliert waren und bisher nicht wieder in Kontakt miteinander gekommen sind.

Das augenblickliche Verbreitungsmuster vieler Arten ist demnach nur als das Ergebnis des Zusammenspiels historischer und ökologischer Faktoren zu verstehen. In den beiden anderen großen Regenwaldgebieten der Erde, in den asiatischen und den amerikanischen Tropen, sei die Situation nach Meinung der beiden Biologen noch weitaus komplexer und erfordere ebenfalls sorgfältige Studien. Der innere Aufbau dieser Ökosysteme ist noch nirgends wirklich befriedigend untersucht worden.

Hier wie dort aber schreitet die Zerstörung der tropischen Tieflandregenwälder derweil immer noch schneller voran als ihre biologische Erforschung. Möglicherweise wird die Refugien-Hypothese von vielen Experten vor Ort auch deshalb insgeheim abgelehnt, weil sie, wie Prof. Sioli meint, »in unverantwortlicher Weise von manchen Entwicklungsplanern des Amazonasgebiets bereits als Alibi herangezogen wurde, um die Projekte großflächiger Entwaldung Amazoniens, der Reduktion des zusammenhängenden Waldes auf einige inselartige, einzelne Waldreserven, zu verharmlosen und populär zu machen«. In völliger Verkennung der andersartigen anthropogenen Einflüsse glaubt man, nur einen Zustand wiederherzustellen, der bereits zuvor natürlicherweise herrschte.

Wie entstehen neue Tiere? – Artbildung in Ostafrikas Seen

Die meisten Evolutionsbiologen stimmen heute darin überein, daß sich neue Tierarten aus zuvor räumlich getrennten Populationen entwickeln. Nach Ernst Mayrs Überlegungen zu solchen »Gründerpopulationen« erscheinen in irgendeiner Form abweichende Nachkommen entweder auf abgelegenen Inseln in einem Waldrefugium oder in einem anderen, vom Verbreitungszentrum getrennten, sprich *peripheren Isolat.*

Wie derartige Isolate entstehen, ist – wie wir gesehen haben – umstritten und kann für verschiedene Tierarten auch unterschiedliche Ursachen haben. Räumlich getrennte Tierpopulationen können dabei sogar in Süßwasserseen entstehen, wo wir heute einen scheinbar einheitlichen Lebensraum vor uns haben und wo ein peripheres Isolat, wie es der Evolutionsbiologe Ernst Mayr annimmt, gar nicht zu existieren scheint. Und dennoch: Auch hier kann es zur Speziation und zur adaptiven Radiation kommen. Wie, das belegten jüngst einmal nicht rein biologische Untersuchungen; vielmehr waren es Geologen, die wichtige Indizien zusammentrugen und die den Zoologen halfen, die ihnen bekannte, aber rätselhafte Vielfalt in Ostafrikas Seen schlüssig zu erklären.

Das erste Ergebnis der geologischen Studien indes läßt solch weitreichende, fächerübergreifende Implikation auf den ersten Blick gar nicht vermuten: Vor allem die Analyse seismischer Daten des Malawi- und Tanganjikasees im ostafrikanischen Rift Valley deuten nämlich lediglich darauf hin, daß die Uferlinie beider Seen einst mehrere hundert Meter tiefer lag als heute. Na und?

Erstaunlicherweise lassen sich aber gerade daraus neben paläoklimatischen Folgerungen – niederschlagsarmes Klima trocknete in der Vergangenheit die Seen aus – auch für Zoologen wichtige Folgerungen ableiten. Der unterschiedlich hohe Seespiegel beeinflußt nämlich die Zusammensetzung der Fisch- und Weichtierfauna wie auch die von anderen Tierarten, und zwar erheblich. Denn die im See lebenden Tiere werden, bildlich gesprochen, zwischen sinkendem Wasserspiegel und aufsteigendem Seeboden in ein evolutionsbiologisches Nadelöhr gezwängt; einige Populationen geraten dabei buchstäblich ins Abseits.

Zu dem Ergebnis, daß die Grabenbruch-Seen einstmals deutlich kleiner gewesen sein müssen und der Seespiegel erheblich tiefer lag, sind die amerikanischen Geologen C.A. Scholz und B.R. Rosendahl aufgrund von Kartierungen der einstigen Seelinien anhand seismischer Profile der Sedimente gekommen. Danach haben sich die Ausdehnung und Tiefe dieser wie auch anderer ostafrikanischer Seen während des Pleistozäns gleich mehrmals verändert. So lag der Seespiegel im Lake Malawi vor rund 25 000 Jahren zwischen 250 und 500 Metern, der des Lake Tanganjika sogar um mehr als 600 Meter unter dem heutigen Stand.

Neben tektonischen Ursachen, also Hebungen und Senkungen der Erdkruste in dieser geologisch so aktiven Bruchzone, war für das starke Schrumpfen der Seeflächen vermutlich Austrocknung infolge klimatischer Veränderungen verantwortlich, ganz ähnlich dem Rückzug der tropischen Wälder auf wenige Regenwaldrelikte. Das kühlere und wahrscheinlich trockenere Klima könnte in dieser Region Afrikas über mehrere zehntausend Jahre angehalten haben und eine Umgebung geschaffen haben, wie sie heute noch am Turkanasee im Norden Kenias zu finden ist.

Das Schrumpfen der Seefläche fand nach Ansicht der Geologen am Lake Malawi und Lake Tanganjika nahezu gleichzeitig statt. Doch während der Tanganjikasee aufgrund seines besonderen Reliefs in drei wenigstens zeitweilig getrennte Paläoseen aufgespalten wurde, schrumpfte der Malawisee auf ein einziges Bassin zusammen.

Diese Reliefrücken des Tanganjikasees sind es, die, vorübergehend zwar, aber wirkungsvoll genug, sozusagen Inseln im See bildeten. Die drei Paläoseen schufen dadurch auch biologisch abgeschlossene Einheiten, die zu den geforderten peripheren Isolaten für viele Fische, Schnecken und andere Tiere und Pflanzen werden konnten.

Möglicherweise öffneten und schlossen sich derartige Seeabgliederungen mehrmals in der bewegten Geschichte der ostafrikanischen Seen. Die Entstehung unterschiedlicher endemischer Faunen in den heute einheitliche Wasserkörper bildenden Seen wird durch die jüngsten Studien plausibler. Denn die von Zoologen bewunderten Artenschwärme bei Buntbarschen, den *Cichliden,* und verschiedene Speziationsprozesse bei Wasserschnecken finden so ihre natürliche Erklärung in den geologisch-klimatischen Ereignissen der jüngeren Vergangenheit.

Die Evolution dieser Tierarten verlief im Lake Tanganjika dank größerer ökologischer Reichhaltigkeit allerdings anders als im Malawisee. Vermutlich erst vor rund 12 000 Jahren nahm die Seefläche im Zuge eines feuchteren Klimas dann allmählich wieder zu. Viele Fisch- und Schneckenarten kamen erneut miteinander in Berührung, andere schlossen sich gegeneinander ab, indem sie sich auf bestimmte ökologische Nischen spezialisierten, um der Konkurrenz durch die nahe Verwandtschaft auszuweichen.

Beobachtungen an diesen Tierformen, ihres Verhaltens und ihrer Ökologie eröffnen den Zoologen heute wie einst Charles Darwin im Fall der vielen verschiedenen Inselfinken von Galapagos einen Blick direkt in die Werkstatt der Evolution.

4. Kapitel
Wenn Vögel auf Wanderschaft gehen

Geheimnisvolle Pfadfinder am Himmel

Zwar macht bekanntlich eine Schwalbe noch keinen Sommer, doch gehören die im März heimkehrenden Schwalben zu den zuverlässigsten Boten des kommenden Frühlings. Ein Schauspiel, seit Jahrhunderten von den Menschen mit Neugierde verfolgt, erwartet uns in jedem Frühjahr: Die von unsichtbaren Wegweisern geleiteten Zugvögel, die winters im rasanten Kurvenflug um die Kaffernbüffel im Kongo jagen, kehren aus ihren afrikanischen Winterquartieren zurück in ihre europäische Brutheimat. Wie aber finden die Vögel derart präzise ihr Ziel, daß sie in jedem Jahr sogar dasselbe Nest und denselben Nistkasten beziehen?

Wissenschaftler, die seit langem versuchen, dem Geheimnis der Zugvögel auf die Spur zu kommen, haben mindestens sieben mögliche Navigationssysteme entdeckt, mit denen Zugvögel ihren Kurs finden und auch halten. Dabei soll neben Wind und Wetter sogar der Geruch die Tiere leiten. Angeblich können sie Landschaften am spezifischen Geruch unterscheiden und so eine Art »Duftkarte« der weiteren Umgebung erstellen. Viele Experten bezweifeln allerdings, daß die Duftstoffe wegen der allgegenwärtigen Luftturbulenzen für die Vögel überhaupt von Nutzen sind.

Von Brieftauben, Lieblingstier der Orientierungsforscher, weiß man, daß sie sogar mit Hilfe polarisierten Lichts (Licht, das in nur einer Ebene schwingt) bei bedecktem Himmel den Sonnenstand ermitteln; ähnlich wie dies übrigens auch Bienen können, um so ihre Flugrichtung zu finden.

Eine andere faszinierende Hypothese, wie Zugvögel heimfinden, geht davon aus, daß sich die Tiere mit Hilfe von Infraschalltönen orientieren. Unhörbar für unser Ohr und daher nur schwer vorzustellen, sendet jede geographische Region, Gebirge oder Meeresküste bestimmte tiefe Töne aus, die beispielsweise Tauben wahrnehmen können. Diese Schallwellen, die sich über Hunderte von Kilometern ausbreiten, sollen die Vögel auf ihren Zugwegen bis ins heimatliche Nest leiten.

Sicher wissen die Vogelforscher aber seit rund dreißig Jahren, daß die Sonne den Vögeln das Heimfinden erleichtert. Zu verdanken ist diese Entdeckung dem Ornithologen Gustav Kramer, der mit genial einfachen Versuchen an gekäfigten Staren, die sich zur Zugzeit auffällig unruhig gebärdeten, den Tieren auf die Schliche kam. Kramer fand damals den »Sonnenkompaß« bei Vögeln.

Die Stare, die der Forscher in speziellen Rundkäfigen hielt, wurden zur Zugzeit in jedem Herbst genauso unruhig wie ihre draußen lebenden Artgenossen; sie wollten offenbar ebenfalls ins Winterquartier wegziehen und sprangen immer wieder in der südwestlichen Ecke ihres Käfigs hoch. Diese Vorzugsrichtung entsprach ja genau der natürlichen Zugrichtung der Stare. Da die Versuche unter freiem Himmel durchgeführt wurden, lag es nahe, die Sonne als Richtungsgeber zu vermuten. Mit einer Anordnung von Spiegeln wurde daraufhin das Sonnenlicht, das in die Käfige fiel, um 90 Grad abgelenkt – und prompt änderten auch die Stare ihre bevorzugte Hüpfstellung am Käfiggitter um exakt denselben Winkel. Damit stand für Gustav Kramer fest: Die Vögel können mit Hilfe des Sonnenstandes die Himmelsrichtung bestimmen. Mit einem inneren Sonnenkompaß orientieren sie sich auf ihren alljährlichen Wanderungen.

Nun ziehen aber die meisten Kleinvögel nachts; von der Sonne können sie da freilich keinen Gebrauch machen. Doch auch dieses Rätsel haben die Vogelzugforscher recht schnell gelöst, nachdem sie einmal wußten, wie es geht. Vögel finden ihre Zugrichtung nämlich tatsächlich nicht nur mit Hilfe der Sonne; sie besitzen auch einen Sternenkompaß; eine Navigationshilfe, die sich ebenfalls experimentell testen läßt. Der amerikanische Ornithologe Stephan Emlen führte dazu Versuche in einem Planetarium mit künstlichem Sternenhimmel durch und entdeckte, daß es Vögeln zur erfolgreichen Orientierung sogar genügt, nur einen kleinen Ausschnitt des Sternenhimmels zu sehen.

Dazu ließen die Vogelforscher die Zugvögel einfach für sich arbeiten: In trichterförmigen Käfigen saßen die Tiere auf einem handelsüblichen Stempelkissen; sobald sie nachts unruhig wurden und sich auf große Wanderung begeben wollten, sprangen sie mit ihren eingefärbten Füßen an den Trichterwänden hoch, wo sie ihre Abdrücke auf den mit Löschpapier ausgekleideten Wänden als eindrucksvolles Zeugnis ihrer Zugunruhe hinterließen. Am Morgen mußten dann nur noch die Löschpapierbögen ausgewertet werden: Wo die kräftigste Schwärzung war, lag die bevorzugte Zugrichtung.

Nun wandern bekanntlich auch die Sterne im Laufe einer Nacht über den Himmel, ähnlich wie die Sonne am Tag. Bald fanden die Wissenschaftler heraus, daß es den Vögeln aber offenbar recht gleichgültig ist, wo zu welcher Stunde welche Sterne funkeln. Die nachts ziehenden Vögel fixieren nämlich gar nicht so sehr bestimmte Sterne, wie man anfangs noch angenommen hatte, sondern stellen vielmehr den Drehpunkt des Himmelsgewölbes fest. Genaugenommen benutzen Zugvögel also jenen Punkt über sich als Orientierungsmarke, der immer genau im Norden steht. Und so nutzen sie nur die Sternenkonstellation um den Polarstern, um ihren Weg zu finden.

Der Sonnen- und der Sternenkompaß allein, dessen sich Zugvögel bedienen, beantwortet indes längst noch nicht alle Fragen danach, wieso die Tiere eigentlich wissen, *wohin* sie fliegen müssen. Voraussetzung für eine sichere Orientierung ist zudem eine genaugehende »innere Uhr«, mit der Vögel die Tageszeit bestimmen können, so wie wir mit einer Schweizer Quarzuhr. Denn die Sonne markiert morgens ja eine andere Himmelsrichtung als beispielsweise mittags. Und während die Versuche mit Nachtziehern im Planetarium ergeben hatten, daß die Sternenorientierung zeitunabhängig ist, verhält es sich mit dem Sonnenkompaß anders.

Vögel, die am Tag ziehen und sich am Sonnenstand orientieren, setzen diese »innere Uhr« auch stets ein. Allerdings weiß bisher niemand so recht, wie dieser biologische Zeitsinn eigentlich funktioniert. Zwar konnten Forscher mit Sinn für trickreiche Experimente, etwa künstlichem Tag- und Nachtwechsel, diese Uhr gründlich verstellen und die Vögel entsprechend irritieren. Sobald die Tiere freilich wieder die Sonne und den natürlichen Tagesablauf verfolgen konnten, stellten sie ihre Uhr erneut richtig ein.

Zugvögel können sich demnach solchen wechselnden äußeren Verhältnissen anpassen; oftmals so reibungslos wie ein Flugreisender, der von Paris nach New York über den Atlantik jettet und sich dort auch dem veränderten Tag-Nacht-Rhythmus anpassen muß.

Dank ihrer inneren Uhr, scheint bei Zugvögeln ein Irrflug ausgeschlossen zu sein. Doch die Orientierungsforscher haben Brieftauben, sozusagen ihr »Zugvogelmodell«, absichtlich in die Irre fliegen lassen, indem sie diese *circadiane Rhythmik* völlig durcheinanderbrachten. Durch einen künstlich simulierten Tag-Nacht-Wechsel, der – für die Vögel unmerklich – jeden Tag und jede Nacht ein wenig verkürzte, verschob sich der normale Rhythmus der Tauben schließlich um ganze sechs Stunden. Wenn die Brieftauben dann morgens um 6 Uhr freigelassen wurden, zeigte ihre innere Uhr (die um sechs Stunden vorging) bereits Mittag an; prompt verflogen sich die Tauben dann auf dem Weg zum Heimatschlag, denn sie hatten ja gelernt, daß die Sonne mittags im Süden steht. Aber es war in Wirklichkeit erst frühmorgens, und die Sonne stand daher im Osten.

Für die Vogelforscher sind solch hinterlistige Versuche der eleganteste Weg, die Hypothese von einer inneren Uhr zu überprüfen. So wissen wir heute, daß die Vögel zu jedem beliebigen Zeitpunkt die geographische Richtung von der Sonne ableiten, so wie wir uns Zifferblatts und Zeigers bedienen. Und daß wir die biologische Uhr der Tiere überhaupt verstellen können, zeigt nur, wie flexibel und anpassungsfähig dieser Zeitsinn der Vögel ist, ohne den sie sich niemals so präzise orientieren könnten. Ihre innere Uhr läuft demnach nicht so unweigerlich, wie Sand durch eine Sanduhr rinnt.

Sonne, Sterne und andere Navigationshilfen einzusetzen, mit denen Zugvögel Kurs halten, ist ihnen dabei ebenso angeboren wie die Kenntnis ihres genauen Kurses. Selbst Jungvögel schlagen die korrekte Flugrichtung ins Winterquartier und zurück ein, egal, ob sie schon einmal gezogen sind oder nicht. Das beweisen vor allem Verfrachtungsexperimente mit beringten Vögeln. Und wieder mußten Stare als Versuchskaninchen herhalten.

Während ihres Herbstzuges, bei dem die Stare aus dem gesamten Ostseeraum nach Nordfrankreich und Südengland fliegen, um dort den Winter zu verbringen, fing der holländische Forscher A.C. Perdeck in den fünfziger Jahren mehr als tausend Stare ein. Sie wurden mit dem Flugzeug in die Schweiz verfrachtet, wo man sie nach dem Beringen wieder freiließ. Als die Stare von dort ihren Zug fortsetzten, hatten viele der Vögel Probleme, ihr angestammtes Überwinterungsgebiet wiederzufinden. Nur den älteren und zugerfahrenen Staren gelang es, das Verfrachten nach Süden auszugleichen und ins angestammte Winterquartier nicht wie sonst weiter nach Südwesten, sondern statt dessen nach Nordwesten zu fliegen. Die Jungvögel dagegen machten die Tour zum ersten Mal und flogen getreu ihrem ererbten Flugplan. Sie landeten schließlich in Spanien, also viel weiter südlich, als es ihre normale Flugroute vorsah.

Die unerfahrenen Jungvögel hatten es nicht geschafft, den Transport in die Schweiz auszugleichen. Sie hielten ziemlich stur an der vorgegebenen Kompaßrichtung fest, ohne den Kurs zu korrigieren. Vögel, die zum ersten Mal ziehen, verhalten sich also anders als erfahrene Zugvögel, die sehr schnell merken, daß nach dem Verfrachten etwas mit ihrer geographischen Position nicht stimmt. Allein die Altstare hatten also das ererbte Zugprogramm zur tatsächlichen geographischen Information in Beziehung gesetzt und in einer imponierenden Navigationsleistung ihren Kurs zum alten Quartier neu berechnet.

Die Leistung der Singvögel jedoch wird noch eindrucksvoller: Immerhin benötigen die Tiere einige Wochen für den oft über mehrere tausend Kilometer langen Heimflug. Eine Art »innerer Kalender« erlaubt den Zugvögeln dabei eine genaue Zielfindung. Zugvögel »wissen« nämlich von Geburt an, wann die Zeit gekommen ist, nach Afrika ins Überwinterungsgebiet zu ziehen, und wann zurück. So ein innerer Zeitgeber für jahresperiodische Vorgänge ist besonders in Afrika wichtig: Denn dort gibt es keine deutlich wechselnden Tageslängen wie bei uns, wo im Herbst die kürzerwerdenden Tage die Zugunruhe auslösen. Die äußeren Umwelteinflüsse scheinen, nach allem, was wir heute wissen, die innere, jahreszeitliche Periodik – eine sogenannte *circannuale Rhythmik* – der Zugvögel wie im Fall der tageszeitlichen Vorgänge lediglich zu synchronisieren. Auch ohne äußeren Anstoß behalten die Tiere diesen *endogenen Rhythmus* bei.

Solch ein »endogenes Zeitprogramm«, wie Forscher das nennen, steuert den Zugablauf bis ins Detail. Eine enorm wichtige Rolle spielt dabei die Zugunruhe, deren Dauer auch bei den im Käfig gehaltenen Zugvögeln exakt der Strecke entspricht, die die Tiere während ihres Zuges zurücklegen müssen. Bei Versuchen mit ganz jungen Zugvögeln zeigte sich, daß sie am unruhigsten waren, wenn ihre freilebenden Artgenossen im Nonstopflug das Mittelmeer und später die Sahara überquerten. Erst allmählich nimmt diese Zugunruhe dann wieder ab, so wie auch die Zugvögel in Afrika immer langsamer werden, je näher sie ihrem Ziel kommen.

Der innere Flugplan gibt den Vögeln demnach also sowohl das Start- als auch das Stopsignal. Neben einem angeborenen Richtungssinn müssen Zugvögel auch etwas über die Entfernung »wissen«. Über diesen Zusammenhang haben sich jahrelang die Vogelzugexperten Peter Berthold, Ulrich Querner und Eberhard Gwinner mit Erfolg Gedanken gemacht. Sie beschäftigen sich dabei seit langem unter anderem mit dem Flugprogramm der Mönchsgrasmücke.

Von dieser Singvogelart gibt es in Europa verschiedene Populationen mit unterschiedlichem Zugverhalten. So zeigen beispielsweise Vögel aus Finnland die stärkste und am längsten anhaltende Zugunruhe. Schließlich haben die »finnischen Mönche« auch die weiteste Reise ins Winterquartier nach Zentralafrika zu machen. Die Mönchsgrasmücken der Kanarischen Inseln dagegen oder aus Südwestfrankreich legen viel kürzere Zugstrecken zurück, sind daher weniger lange zugaktiv, oder sie bleiben als Standvögel gar ganzjährig im Brutgebiet.

Durch Züchtungsexperimente, bei denen jeweils Elterntiere aus den verschiedenen geographischen Regionen Europas miteinander gekreuzt wurden und gemeinsam Junge großzogen, ließ sich belegen, daß der Flugplan von Singvögeln genetisch festgelegt ist. Die mischerbigen Nachkommen etwa eines finnischen und eines kanarischen Mönches unterscheiden sich nämlich in ihrem Zugverhalten deutlich von beiden Elterntieren, von denen sie nur jeweils einen Teil der Gene mitbekommen haben. Ihre Zugunruhe, die sich im Käfigexperiment überprüfen ließ, liegt zwischen der Zugunruhe des finnischen und der des kanarischen Elternteils.

Solch ein genetisches Flugprogramm wie bei der Mönchsgrasmücke legt bei jeder Vogelart den Verlauf der Wanderung ganz genau fest.

Zusammen mit der inneren Uhr ermöglicht es auch den unerfahrenen Jungvögeln, sicher ihr Überwinterungsgebiet zu finden. Die jungen Grasmücken wissen also nicht wirklich, daß sie bis in den Kongo fliegen müssen, nur weil auch die Eltern immer dorthin geflogen sind. Die Vögel fliegen statt dessen so lange, bis ihre innere Zugunruhe schließlich erlischt; und das ist dann, wenn alles glattgeht, in Zentralafrika.

Aber richtig fasziniert waren sogar die Ornithologen, als sie entdeckten, wie raffiniert dieses genetische Flugprogramm im Detail angelegt ist. Die Dauer der Zugunruhe bei den im Käfig gehaltenen Tieren war nämlich nicht nur genau proportional der Strecke, die die Vögel während ihres Herbstzuges zurücklegen müssen. Selbst in Käfigen aufgezogene und somit zugunerfahrene Grasmücken machten zudem einen für ihre Art typischen Zugknick nach Südost. Denn zu der Zeit, zu der ihre Artgenossen über Gibraltar Richtung Südosten abbiegen und die Sahara überfliegen, um nach Zentralafrika zu kommen, wechselten sie ebenfalls aus der bisher bevorzugten Hüpfstelle im Südwestteil der Käfige in die Süd- oder Südostecke der Orientierungskäfige über. Im Frühjahr dagegen sprangen die Vögel nur noch im Nordteil des Käfigs umher. Auf dem Rückzug scheinen es die Grasmücken eilig zu haben: Sie ziehen schnurstracks nach Norden über die Sahara und das Mittelmeer, ohne noch einmal einen Umweg zu machen. Und das wußten selbst die unerfahrenen Jungvögel, obwohl sie noch nie frei geflogen waren.

Eine innere Rhythmik liefert also nicht nur den Zeitplan, sondern auch die genaue Wanderrichtung. Für die Zugvögel ist dieses Flugprogramm von ungeheurer Wichtigkeit. Nur so finden sie artgerechte und lebensnotwendige Nahrungsgebiete im sonnigen Süden wieder. Die angeborene Information für die Grasmücken müßte also etwa so lauten: Flieg etwa acht Wochen nach Südwest, dann acht Wochen nach Südsüdost – und du bist im tiefsten Afrika!

Die zahlreichen Studien der Vogelzugforschung aus den letzten Jahren zeigen vor allem eines: Die Zugorientierung ist ein Zusammenwirken mehrerer Faktoren; Wissenschaftler wie das Frankfurter Ornithologen-Ehepaar Roswitha und Wolfgang Wiltschko sprechen von einem »multifaktoriellen System«, und sie beginnen erst jetzt, sein Zusammenwirken zu verstehen.

Denn Zugvögel besitzen noch ein drittes wichtiges Navigationssystem: das Erdmagnetfeld. Den Magnetkompaß konnten die Forscher Merkel und Wiltschko schon 1965 bei Rotkehlchen und Dorngrasmücken nachweisen. So wie wir mit einer Kompaßnadel Magnetisch-Nord der Erde feststellen und uns daran orientieren, können auch die meisten Vogelarten die Himmelsrichtung ermitteln. Allerdings orientieren sich Zugvögel nicht an Magnetisch-Nord, sondern an der Neigung der magnetischen Feldlinien. Wie sie die freilich ermitteln, ist noch immer unklar. Immerhin hat man im Kopf von Tauben auch Magnetit – ein magnetisierbares Eisenoxid – gefunden; mehr aber weiß man über das magnetische Sinnesorgan der Vögel bislang noch nicht.

Der Magnetkompaß als Orientierungshilfe ließ sich indes experimentell untersuchen, indem man Brieftauben kleine Stabmagneten auf den Rücken band und die Vögel daraufhin zu Irrflügen starteten. Ganz offensichtlich war ihr Navigationsvermögen erheblich gestört worden. Aber die Tiere verflogen sich nur, wenn Wolken die Sonne verhüllten und sich die Tauben auch nicht mehr mit ihrem Sonnenkompaß zurechtfanden. Die Störmagneten am Rücken der Tauben waren dagegen bei klarem Wetter wirkungslos, und die Versuchstiere flogen zielstrebig in den heimischen Schlag zurück.

Tatsächlich ist heute von zahlreichen Vogelarten bekannt, daß sie sich mit Hilfe des Magnetfeldes zurechtfinden. Auch dies führte anfangs zu heftigen Kontroversen unter den Zoologen, da man beispielsweise Sterne und Magnetkompaß zunächst als einander ausschließende Alternativen ansah. Heute weiß man jedoch, daß der Erdmagnetismus für die Vögel nicht nur eine Art »Schlecht-Wetter-Navigation« ist; vielmehr dient das Magnetfeld der Erde den ziehenden Vögeln zudem vermutlich als eine Art Eichmeter, mit dem sie ihr gesamtes Orientierungssystem justieren. Offenbar – keiner weiß wie – übertragen sie die Daten des irdischen Magnetfeldes auf ihren Sonnen- oder Sternenkompaß, um dann während des Zuges nach den vielleicht leichter abzulesenden Gestirnen zu fliegen.

Liegen die Zugvögel erst einmal »auf Kurs«, so können sie einfachere Mechanismen heranziehen, um ihre Zugrichtung einzuhalten. Von solchen sekundären Richtungsgebern, wie etwa den »Sonnenuntergangsfaktoren« bei Nachtziehern, Infraschall, Duft- oder Landmarken, wissen die Orientierungsforscher bislang aber noch recht wenig.

Die Orientierung der Zugvögel, das allein ist sicher, ist in der Tat eine Kombination verschiedener Leistungen. Dabei spielen neben der »inneren Uhr« der Sonnen- und Sternenkompaß sicherlich wichtige Rollen; die geheimnisvolle Fähigkeit, das Erdmagnetfeld zu nutzen aber übernimmt die Hauptaufgabe. Für Zugvögel, die zweimal im Jahr zehntausend Kilometer und mehr wandern, ist die Existenz eines solchen wetterunabhängigen Wegweisers und »Sicherungssystems« eine Frage des Überlebens.

Die Richtungsinformation, wohin die Tiere ziehen, ist offenbar zweifach vorhanden »genetisch encodiert«: zum einen mit dem Magnetfeld und zum anderen mit der Himmelsrotation als Referenzsystem. Dies sei verwunderlich, so notieren die Zoologen, da jede der beiden Navigationsangaben für sich zur Orientierung ausreichend erscheint – und es auch bei einigen Arten ist. Zugvögel besitzen mithin seit langem, was Techniker bei komplizierten Apparaten inzwischen zum Standard erhoben haben – ein redundantes System!

Jedoch: Eine der wesentlichsten Fragen der Vogelzugforschung ist noch gar nicht gelöst. Wie stellen die Vögel ihre jeweilige geographische Position überhaupt fest? Denn zur echten Navigation benötigen die Tiere in erster Linie eine zuverlässige Methode zur Ortsbestimmung. Zur erfolgreichen Orientierung müssen sie über eine Art »Karte-Kompaß-System« verfügen, um auch in fremder Umgebung ihre augenblickliche Position ermitteln zu können, wie das ja die verfrachteten Altstare des Dr. Perdeck getan haben.

Das »Karte-Kompaß-Problem« stellt sich Brieftauben und Zugvögeln gleichermaßen. Brieftauben, die nach ihrem Transport im dunklen Käfig plötzlich irgendwo aufgelassen werden, müssen erst einmal wissen, wo sie sind, bevor sie in den Schlag zurückfliegen können. Und die Zugvögel müssen ihre geographische Position stets genauso bestimmen können wie ein Seefahrer. Der allerdings bedient sich dabei verschiedener technischer Navigationsinstrumente, mit deren Hilfe er die jeweilige geographische Höhe und Breite ermittelt. Erst dann kann er seinen weiteren Kurs zu einem bestimmten Ziel festlegen.

Trotz aller Anstrengungen ist den Wissenschaftlern bis heute eines unerklärlich: Wie merken die Vögel, die von ihrem Kurs abgekommen sind, daß mit ihrer geographischen Position irgend etwas nicht mehr stimmt? Zugvögel, die bei Sturm verdriftet werden, können ihre Route daraufhin korrigieren und erreichen dennoch ihr angestrebtes Ziel. Offenbar verrechnen sie in solchen Situationen ihr ererbtes Zugprogramm mit den neuen geographischen Informationen ihrer Umgebung und berechnen einen neuen Kurs ins alte Quartier; eben wie Seefahrer, nachdem sie vom Sturm verdriftet worden sind, dennoch in den richtigen Hafen einlaufen.

Alle bisherigen Erkenntnisse der Orientierungsforscher können also das große Rätsel Vogelzug noch immer nicht lösen. Die Wissenschaftler tappen bei dieser Frage oft genug recht orientierungslos umher. Wie die Brieftauben den Schlag und die Schwalben ihren angestammten Kuhstall tatsächlich wiederfinden, bleibt auch weiterhin und trotz aller Anstrengungen des von Neugier besessenen Menschen ihr gut gehütetes Geheimnis.

Oasen als Trittsteine auf dem Zug durch die Wüste

Die Sahara – öde und wüst, ohne Schatten, Nahrung und Wasser, so stellt man sie sich vor. Doch diese Wüste ist gar nicht so unwirtlich, wie bisher geglaubt; zumindest nicht für Millionen von Zugvögeln, die sie zweimal jährlich überqueren müssen. Die Vögel durchziehen die Sahara auch nicht im kräftezehrenden Nonstopflug, zu dem sie meist schon im nördlichen Mittelmeergebiet starten müßten.

Vielmehr, so Dr. Franz Bairlein vom Zoologischen Institut der Universität Köln, wandern die Zugvögel in Etappen. Viele Oasen dienen ihnen dabei als Leitlinien, gleichsam als floristischer Korridor auf dem Weg ins insektenreiche Überwinterungsgebiet. Damit fällt eine weitere Hypothese der Zugvogelforschung, die bisher annahm, daß die Vögel Nordafrika in breiter Front überfliegen, ohne bestimmte Zugrouten einzuhalten.

Vogelzugforscher mußten in den letzten Jahren zunehmend erkennen, daß die Wanderung der Vögel zu einem überwiegenden Teil genetisch festgelegt ist und durch endogene Programme gesteuert wird, die jede Vogelart im Laufe ihrer Evolution entwickelt hat.

Durch die bei Versuchen im Labor registrierte Zugaktivität der im »Grasmücken-Programm« studierten Singvögel der Vogelwarte Radolfzell hatte man die alte Nonstophypothese eher als bestätigt angesehen. So weist die Zugunruhe bei vielen der untersuchten Singvogelarten stets dann ein Maximum auf, wenn die Artgenossen im Freiland das Mittelmeer und die Sahara überqueren. Zudem entspricht die Dauer der Zugunruhe oft exakt der zurückzulegenden Zugstrecke.

Auch die physiologischen Anpassungen, die ein Vogel durchmacht, wenn er sich auf den großen Flug begibt, werden von einer endogenen Rhythmik gesteuert. Vögel müssen sich vor der Reise ein ordentliches Fettdepot anfuttern, das sie oft doppelt so schwer werden läßt wie während des Sommers. Dieses Fett liefert den Treibstoff für die aufwendige Wanderung über Tausende von Kilometern. Versuchsergebnisse, die bereits in den siebziger Jahren an der Vogelwarte Radolfzell des Max-Planck-Instituts für Verhaltensphysiologie gesammelt worden waren, belegten dann, daß auch Dauer und Umfang dieser Depotbildung im hohen Maß vom Ablauf endogener Programme abhängt, so wie der »innere Kalender« der Vögel auch das Start- und Stopsignal für den Zug gibt.

Insbesondere den unerfahrenen Jungvögeln erlaubt das endogene Zugzeitprogramm, das ihnen neben dem richtigen Zeitpunkt zum Aufbruch auch die Zugweglänge und die Richtung für ihren Flug weitgehend vorgibt, die lebensnotwendigen Überwinterungsquartiere im Süden und die Brutgebiete im Norden zu erreichen. Und nur dank einem rechtzeitig vorher angelegten Fettvorrat können die kleinen Weltenwanderer ökologische Barrieren wie das Mittelmeer und die Sahara überwinden, so dachte man. Über die modifizierenden Einflüsse von Umweltfaktoren und über die ökologischen Bedingungen für die Depotbildung wußte man lange Zeit nur wenig. Freilanduntersuchungen zum Transsaharazug der Vögel fehlten völlig.

Franz Bairlein und andere Ornithologen ließ dies keine Ruhe. Sie fingen seit Anfang der achtziger Jahre in Nordafrika die Zugvögel in ihren Etappenzielen ab und registrierten deren Körpergewicht und vor allem die Größe ihrer Fettdepots. Das Ergebnis: Schon die erste Fangsaison zeigte, daß die meisten Singvögel, die sich in den Oasen

Algeriens in den Netzen fingen, unerwartet große Fettvorräte besaßen. Schließlich erhärtete sich die Vermutung, daß die Zugvögel, die in den Oasen niedergingen, nicht etwa mittendrin aufgegeben hatten, sondern normalerweise dort und in den meist vegetationsreichen Trockentälern lediglich Zwischenstation machten. Bei dieser Rast, die oft einige Tage dauert, werden erneut Fettvorräte angelegt oder ergänzt.

Im Laufe der mehrwöchigen Fangzeit im Herbst gingen Franz Bairlein in Algerien und Herbert Biebach in Ägypten vor allem die Weitstreckenzieher wie Grasmücken und Laubsänger gleich mehrfach ins Netz. Und während die Vögel beim Erstfang kaum noch Fettreserven hatten, brachten sie bei ihrem letzten Wiederfang, bevor sie weiterzogen, wesentlich mehr auf die Waage. Für die Ornithologen blieb kein Zweifel mehr, daß die rastenden Zugvögel sich diese Vorräte während ihres Oasenintermezzos angefressen haben mußten.

Allerdings suchen nur solche Vögel in den Oasen nach Insektennahrung, deren »Treibstoff« sich wirklich dem Ende zuneigt. Tiere, die schon beim Erstfang große Fettpolster aufwiesen, wurden von den Forschern auch nur selten wiedergefangen. Nur die mageren Tiere bleiben länger in den Oasen.

Das ist auch der Grund, erklärt Bairlein, warum die meisten Ornithologen, die bislang im Herbst in der Sahara unterwegs waren, dort nur wenige Zugvögel beobachtet hatten: Ihnen waren nur die meist mageren Vögel aufgefallen, die tagsüber nach Futter suchen und die sie stets als »Ausfälle« betrachteten; die kräftigen Vögel dagegen, die noch über ausreichende Reserven verfügen, halten sich tagsüber versteckt im Schatten, um möglichst viel Energie zu sparen, und ziehen erst nachts weiter. So entgingen sie bisher den Beobachtungen.

Keine These ohne das stützende Experiment: Bairlein fing kurzerhand einige Gartengrasmücken in einer Oase Zentralalgeriens und registrierte die Aktivität der Vögel im Käfig. Die mageren Tiere waren durchweg am Tage aktiv, während die schweren, also fetten Vögel nur nachts munter wurden.

Und Herbert Biebach täuschte ziehenden Singvögeln in der Sahara mit ein paar in den Sand gepflanzten Büschen einen Rastplatz vor, wo sie aber weder Nahrung noch Wasser fanden. Auch hier gingen die Vögel nieder, wurden gefangen, beringt und gewogen. Doch während sie an der futterlosen Raststatt noch am selben Abend weiterzogen, blieb ein erheblicher Teil der Vögel, die an einer nahe gelegenen vegetations- und insektenreichen Oase eingefallen waren, hingegen länger als einen Tag.

Wenn nun aber die Oasen der Sahara die Etappenziele der Zugvögel sind, dann dürften sie – so die Vermutung – die Wüste entlang genau dieser vegetationsreichen Stationen durchwandern und nicht etwa im Breitfrontenzug. Als wirklich unwirtliche Wüstengegenden für die Vögel blieben dann nur der große Teil der Libyschen Wüste und der zentrale Teil der westlichen Sahara. Der atlantische Teil der Sahara mit der zentralen Reihe von Oasen, Tälern und Gebirgen, die vom Hohen Atlas aus südöstlich verlaufen, weist dagegen weitaus günstigere Bedingungen auf als bislang angenommen. Als potentielle Rastplätze während des Zuges kommen neben den vegetationsreichen Oasen und Trockentälern auch die Gebirge mit ihren zahlreichen Felsspalten und schattenspendenen Nischen in Frage. Tatsächlich entdeckten die Forscher kürzlich erste Hinweise auf einen möglichen Zugweg entlang der Linie Atlas–Hoggar–Air.

Jetzt wollen sie herausfinden, für welche der ziehenden Vogelarten welche Zugstrategie zutrifft. Denkbar wäre nämlich, daß nicht jede Art ein einheitliches Zugverhalten hat und nur ein Teil der Populationen die Sahara etappenweise durchquert. Ob die Oasen dabei als »Trittsteine« auf dem Zug durch die Sahara benutzt werden, hofft Bairlein durch den Einsatz von Radargeräten klären zu können.

Möglicherweise läßt sich so demnächst auch die Frage nach der Entstehung der Zugwege beantworten, die die Wissenschaftler seit jeher beschäftigt. Denn noch während des wesentlich feuchteren Neolithikums vor etwa 5500 Jahren wies die westliche Sahara weitaus günstigere klimatische und ökologische Bedingungen auf, mit einem wesentlich größeren Anteil grüner Pflanzen. Nur wenige Kerngebiete waren völlig pflanzenlos. Die dann einsetzende Desertifikation, die vermutlich von den ariden Kerngebieten ausgegangen ist und erst relativ spät den Bereich Atlas–Hoggar erreichte, drückte vielleicht auch dem jetzt entdeckten Zugverhalten unserer heimischen Singvögel ihren Stempel auf. Denn die voranschreitende Wüstenbildung ließ lange einen floristischen Korridor zwischen den beiden Gebirgszügen bestehen – eine ideale, natürliche Zugschneise in Nordafrika.

Warum Zugvögel das Winterquartier wechseln

So sinnvoll ein angeborenes Zugprogramm bei vielen Zugvögeln erscheint, um sicher ihr angestammtes Überwinterungsgebiet zu finden, so starr stellte man sich die ererbte Zugrichtung auch bisher vor. Verfrachtete man etwa baltische Jungstare während ihres Zuges in eine andere Region, so behielten sie ihren normalen Kurs getreu dem ererbten Flugplan bei – und landeten in einem völlig anderen Überwinterungsgebiet.

Daß jedoch nicht einmal der Mensch nachhelfen muß, sondern Zugvögel auch selbst ihr Winterquartier wechseln, mit dieser Nachricht überraschte Prof. Peter Berthold selbst Fachornithologen auf der Internationalen 100. Jahrestagung der Deutschen Ornithologen-Gesellschaft im September 1988 in Bonn. Die Studien an der Vogelwarte Radolfzell zur Vogelzugsteuerung hatten an der Mönchsgrasmücke *Sylvia atricapilla* ergeben, daß sich die Wanderroute wenigstens eines Teils der mitteleuropäischen Zugpopulation seit den letzten 25 Jahren verändert.

Mönchsgrasmücken aus Mitteleuropa ziehen üblicherweise nach Südwesten ab, um auf der Iberischen Halbinsel zu überwintern; seit den sechziger Jahren jedoch wandert ein steigender Anteil dieser Population Richtung Nordwest nach England und Irland, wo ihnen mit der Winterfütterung in vielen Vorstadtgärten eine neu erschlossene Nahrungsnische jüngst das Überleben ermöglicht.

Prof. Berthold vermutet aber auch noch einen anderen Grund für das »Umdenken« seiner Grasmücken: Die neue Zugstrategie könnte auch wegen der starken Nahrungskonkurrenz im mediterranen Raum begünstigt werden. Denn angesichts des winterlichen Gedränges an efeubehangenen Bäumen könnte die natürliche Auslese gerade zusammen mit einer strengen Vererbung des Zugverhaltens einen Wechsel in Regionen mit geringer Winterdichte, aber dennoch gesicherter Nahrungsbasis erlauben. Im nördlichen Mittelmeer geben sich winters nämlich nicht nur die nord- und mitteleuropäischen Grasmücken oft auf engstem Raum ein Stelldichein, sondern sie treffen zudem auf dort heimische mediterrane Grasmücken. Es wird also alljährlich eng im Winterquartier.

Auf den Britischen Inseln dagegen tut sich den Tieren neuerdings ein reichgedeckter Tisch auf, und die infolge kürzeren Zugweges deutlich frühere Ankunft der Grasmücken im Brutgebiet bringt dann im nächsten Frühjahr sogar noch weitere Vorteile mit sich. Denn auch hier gilt: Wer zuerst kommt . . . – die Zahl der Nachkommen bei den als erste zurückkehrenden Tieren ist in der Regel größer als bei den später ankommenden; zudem haben die Erstankömmlinge auch die Chance, in einem Sommer gleich zweimal zu brüten.

Voraussetzung dafür jedoch, daß sich die neue Taktik: »Reiseziel Britannien« in der Population etablieren konnte, ist das sogenannte *assortative mating*. Es müssen sich vornehmlich Tiere mit der neuen Zugroute verpaaren und die genetische Information damit an ihre Nachkommen weitergeben; solch eine »passende Paarung« ist unbedingt erforderlich, um neue Verhaltensstrategien in einer Population zu erhalten. Nur wenn sich zwei Nordwestzieher verpaaren, wird sich auch ihr Zugverhalten innerhalb kürzester Zeit weitervererben. Bei anhaltendem Selektionsvorteil dieser Linie schlägt sich das in der Grasmückenpopulation bereits nach einer Reihe von Jahren nieder.

Auch bei Amsel und Star deuten sich derartige Veränderungen im Zugverhalten durch anthropogene Einflüsse an. Bei der Mönchsgrasmücke ist für die Änderung der Zugrichtung lediglich eine Abweichung von rund 30 Grad von der bisherigen Abzugrichtung erforderlich; und das sei, so Berthold, durchaus im Bereich des Möglichen bei den »Mönchen«.

Es sind, wie wir wissen, auch die Gene, die bestimmen, welcher Vogel im Herbst in die Überwinterungsgebiete nach Afrika wegzieht und welcher zu Hause bleibt. Solche Standvögel haben, da sie im nächsten Frühjahr als erste wieder am heimischen Brutplatz sind, meist entscheidende Standortvorteile gegenüber den Zugvögeln – freilich nur, wenn sie den harten Winter überleben. In jahrelangen Versuchen haben die Wissenschaftler um Prof. Berthold an der

Vogelwarte in Radolfzell herausgefunden, daß viele Vogelarten diese Doppelstrategie verfolgen: Einige Artgenossen sind Zugvögel, andere dagegen Standvögel.

Wie dies allerdings festgelegt wird, wer nun zieht und wer bleibt, darüber stritten sich die Vogelkundler zuvor seit Jahrzehnten. Das Verhalten, so argumentierten sie, könne entweder genetisch programmiert sein, also von den Eltern stammen, oder aber die Verlierer von Rangordnungsstreitigkeiten und Konkurrenzukämpfen, die die Tiere im Herbst um die knapper werdende Nahrung austragen, würden vom Sieger vertrieben und so notgedrungen zu Zugvögeln.

Auch hier, so haben wir gesehen, half den Wissenschaftlern wieder die Mönchsgrasmücke; denn während bei ihr die skandinavischen Grasmücken ausschließlich Zugvögel sind, ziehen die südfranzösischen nur zum Teil, die kanarischen Grasmücken sind sogar Standvögel. Diese Unterschiede der einzelnen Populationen machten sich die Ornithologen zunutze. Sie kreuzten die Vögel unterschiedlicher Herkunft im Labor miteinander und verglichen sie mit den Jungen aus reinen Linien; das sind Vögel, deren Eltern aus nur einer Population stammen. Das unterschiedliche Zugverhalten im Herbst, das ebenfalls im Labor getestet wurde, bewies deutlich, daß nur die Nachkommen solcher reinen Linien auch exakt das entsprechende Verhalten ihrer Eltern zeigten, also genauso zugunruhig waren wie diese. Dagegen veränderten sich die Anteile von Ziehern und Nichtziehern bei den »Mischlingen« aus standorttreuen und ausziehenden Eltern. Die Verteilung der für das Zugverhalten verantwortlichen Gene hatte sich also durch die Kreuzungen verändert. Somit war klar, daß das Zugverhalten durch die Genkombination der Eltern diktiert wird. Fachleute sprechen in diesem Fall von einem »balancierten Polymorphismus«.

Je nachdem, durch welches Verhalten die Grasmücken größere Vorteile erzielen (also mehr Nachkommen überleben können), wird sich das Verhältnis von Ziehern und Nichtziehern innerhalb einer Population verändern, ähnlich wie sich die Zugroute im Laufe relativ kurzer Zeit ändern kann, wenn ein neues Quartier den dorthin ziehenden Vögeln deutliche Vorteile gegenüber dem alten bringt. So würden etwa kalte Winter den Anteil an Zugvögeln des nächsten Jahres wachsen lassen, da viele der Nichtzieher sterben; nach milden

Oben: Felszeichnung eines Killerwales (M.P.L. Fogden/Okapia)
Unten: Springender Buckelwal (Frank Lane/Silvestris)

Grauer Laubfrosch (George Porter/Okapia)

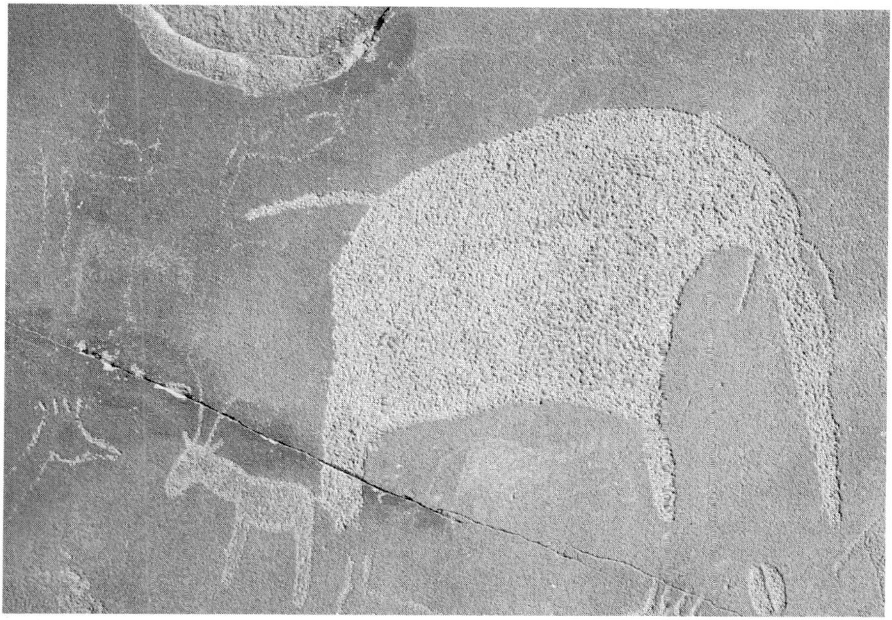

Oben: Prähistorische Felsgravur, um 2500 Jahre alt (Arnold Huber/Okapia)
Unten: Afrikanischer Elefantenbulle (Okapia)

Feldheuschrecke (Gordon S. Smith/Okapia)

Mausohr (Riesenfledermaus) vor dem Start (Helmut Orth/Okapia)

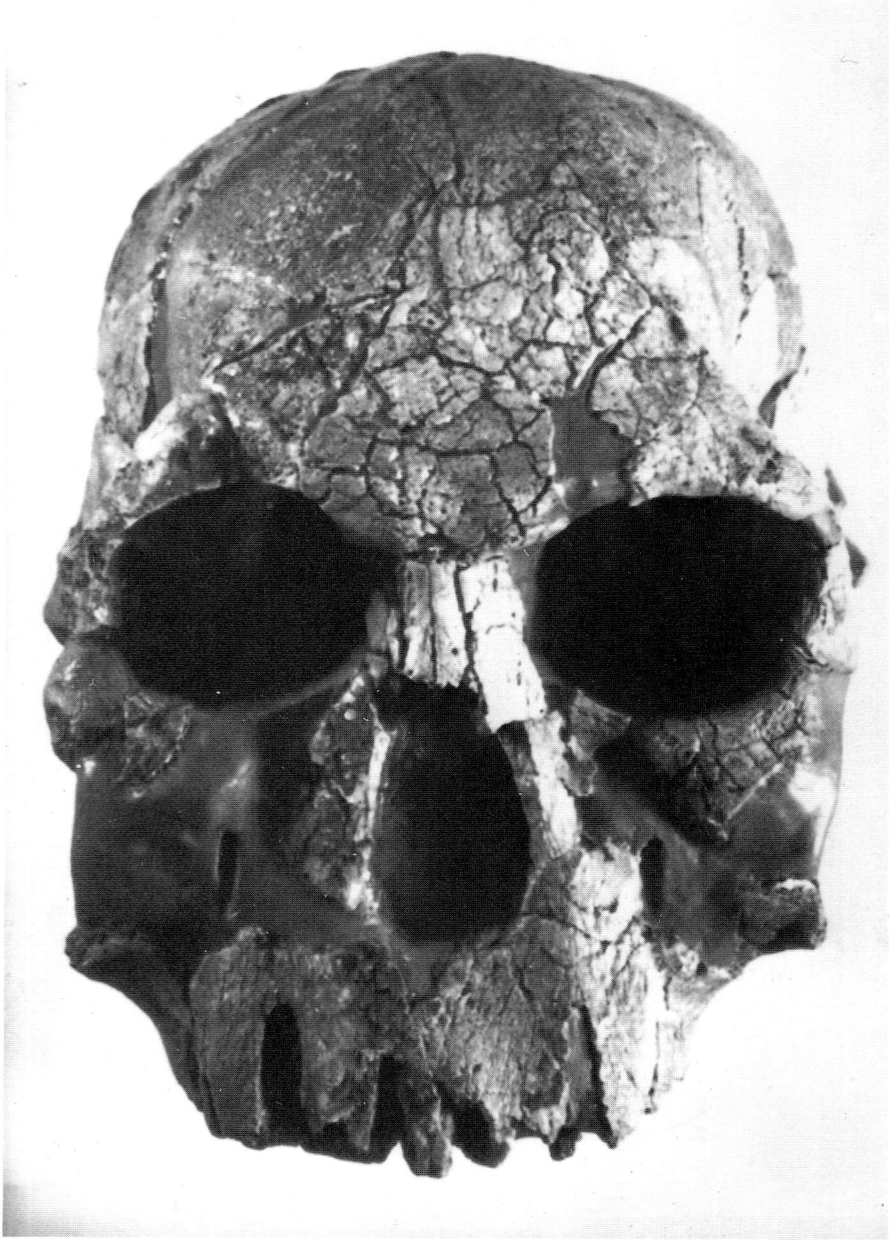

2,5 Millionen Jahre alter Schädel vom Rudolf-See in Kenia (dpa)

Richard Leakey, Pionier der modernen Anthropologie (dpa)

Der Spechtfink, Jäger mit Raffinesse (A. Root/Okapia)

Wintern dagegen könnten die Standvögel wiederum mehr Junge aufziehen.

Das Ausmaß der genetischen Vielgestaltigkeit und damit der verschiedenen Verhaltensweisen ändert sich, wie man sieht, stets mit der sich wandelnden Umwelt; die Studien zeigen auch einmal mehr, wie flexibel und anpassungsfähig das Verhalten von Tieren ist; selbst wenn es um ein so altes Phänomen wie das des Vogelzuges geht, der uns vielleicht häufig als bloßer Automatismus erscheint, ohne es indes zu sein.

Vorfahrt für den Vogelschwarm

Für Vogelbegeisterte und unter ihnen insbesondere für Greifvogelfans ist es alljährlich das Höchste, was der Zug der Vögel so zu bieten hat: Da schrauben sich Tausende von Großvögeln wie Reiher, Störche, Bussarde, Adler, Weihen, Falken und Milane an strategischen Punkten über Höhenzügen, Landengen und Meeresbuchten der Levante in den strahlend blauen Himmel; nur gelegentlich einmal von einem eher gelangweilt wirkenden Flügelschlag unterbrochen, kreisen sie in der Luft, bis sie – bald nur noch als winziger Punkt zu erkennen – schließlich ganz dem Auge entschwinden.

Dies ist eine himmlische Augenweide für Ornithologen; die scharenweise am Boden versammelten Vogelkundler und -beobachter, die da mit ganzen Batterien von Ferngläsern und Spektiven stundenlang gen Himmel starren und sich dennoch nicht satt sehen können an diesem Zugspektakel, das die Natur da für sie in Szene setzt – sie bieten einen nicht minder kuriosen Anblick. Eilat am nordöstlichen Zipfel des Roten Meeres ist so ein »hot spot« des paläarktischen Zuggeschehens und der ornithologischen Begeisterung gleichermaßen.

Die Länder am östlichen Mittelmeer liegen auf einer der wichtigsten Vogelzugrouten der Erde. Viele Millionen Vögel, die den kürzesten Weg über den Bosporus nach Afrika und zurück wählen, müssen zweimal im Jahr Syrien, den Libanon und auch Israel überfliegen, denn die Zugwege aller landgebundenen Zugvögel, die aus Osteuropa und Westasien gen Süden ziehen, gehen allein über den Nahen

Osten. Für Meister Adebar, den hierzulande nicht eben mehr häufigen Weißstorch, gilt das ebenso wie für zahllose Greifvögel.

Aus dem Libanon mehren sich, wie die Weltarbeitsgruppe für Greifvögel unterdessen mitteilt, die Meldungen über regelrechte Greifvogelmassaker während der Zugzeit. Derartige Berichte sind seit Jahren auch aus den übrigen Mittelmeerländern bekannt, die sich ebenfalls schwertun, die einmal erlassenen Schutzbestimmungen bei der Bevölkerung durchzusetzen.

Israel dagegen hat ganz andere Probleme: Durch die geographische und politische Lage in doppelter Hinsicht in einer besonderen Situation, bereiten die häufigen Kollisionen von Vögeln mit Flugzeugen den Verantwortlichen Kummer. Denn der winzige Streifen Land zwischen Meer und Jordan besitzt nur einen kleinen Luftraum, gleichzeitig aber unterhält Israel eine große Luftstreitmacht. Den engen Luftkorridor müssen die Flieger zur Zugzeit im Frühjahr und Herbst dann auch noch mit den Zugvögeln teilen. Und das ist ein durchaus ernst zu nehmendes Problem: Denn obwohl sich ein Vogel im Vergleich zu einem Kampfflugzeug wie David gegen Goliath auszunehmen scheint, verhält sich dies bei Spitzengeschwindigkeiten von 800 bis 900 Stundenkilometern ganz anders.

Jedes Jahr verzeichnen die Flugsicherungsexperten der israelischen Air Force Hunderte von Kollisionen mit Schäden in Millionenhöhe durch gebrochene und durchlöcherte Tragflächen, zerstörte Triebwerke oder gar Abstürze. Seit Mitte der siebziger Jahre ist durch Zusammenstöße mit wandernden Störchen, Bussarden und Adlern mehr Schaden an israelischen Kampfflugzeugen angerichtet worden als in allen Kampfhandlungen!

Immerhin prallt ein etwa 2 Pfund schwerer Vogel bei derartigen Geschwindigkeiten mit einer Wucht von rund 20 Tonnen auf das Flugzeug. So stürzte beispielsweise am Toten Meer eine »Skyhawk« der israelischen Luftwaffe ab, nachdem ein Wespenbussard (wie sich aus der nachträglichen Analyse von Blut- und Federresten ergab) frontal durch die Kanzelscheiben ins Cockpit geschlagen war. Der Pilot überlebte den Unfall allein, weil der Hebel seines Schleudersitzes wohl durch Bruchstücke oder sterbliche Überbleibsel des Vogels ausgelöst wurde und sich anschließend sein Fallschirm ebenfalls automatisch öffnete. Er erlitt aber schwere Verletzungen.

Von derartigen Vorfällen alarmiert, holte sich die Luftwaffe schließlich Unterstützung bei Vogelforschern. Für die Ornithologen in Israel standen dadurch auch finanzielle Mittel bereit, den Vogelzug im eigenen Land eingehender zu studieren. Man wußte zwar, daß die größeren und schwereren Greifvögel, Störche und Reiher, anders als kleine Singvögel, die durch aktives Fliegen das Mittelmeer im Nonstopflug oft innerhalb eines Tages überfliegen, den längeren Weg über Land nehmen müssen. Doch die genauen Routen waren bisher nicht bekannt.

Die größeren Zugvögel sind darauf angewiesen, warme Luftströmungen auszunutzen, da sie die meist über 6000 Kilometer lange Reise nicht im Dauerflug zurücklegen können. Das ständige Flügelschlagen würde zuviel Energie verbrauchen. Die Vögel bewältigen diese Strecken, indem sie vertikal aufsteigende Warmluftströmungen suchen und sich von diesen mit ausgebreiteten Schwingen in große Höhen transportieren lassen, wo sich die Luft abkühlt und niedersinkt. Von dort oben segeln die Großvögel dann langsam über weite Strecken abwärts, bis sie die nächste Thermik erwischen, von der sie sich abermals kräfteschonend in die Höhe tragen lassen können.

Zwei der wichtigsten Zugrouten des Landes entdeckten die Vogelforscher um Yossi Leshem vom Israel Raptor Information Center bei landesweiten systematischen Beobachtungen, die sie seit 1981 jeweils zur Zugzeit mit Hilfe freiwilliger Helfer durchführten. Zu zählen gab es dabei genug, denn jedes Jahr ziehen rund eine Million Greifvögel über Israel – eine Zahl, die alle Erwartungen übertraf. Zudem schien jede Vogelart jährlich zur selben Zeit und auf denselben Routen zu ziehen. Bei Wespenbussarden beispielsweise fällt dies auf den 4. September, wenn etwa 220 000 Tiere innerhalb kürzester Zeit durchziehen.

Ein solches Schauspiel läßt zwar das Herz jedes Ornithologen höher schlagen, für die Piloten der israelischen Luftwaffe jedoch ist das ein wiederkehrender Alptraum, seit sie 1982 mit der Sinai-Halbinsel ihr einziges weiträumiges Trainingsgebiet verloren. Im eigenen Land gingen nun ebenfalls zwei Luftkorridore als »mit Vögeln verseucht« für ihre Flugmanöver verloren. Denn übereinstimmend mit den Vogelkundlern hatte die Luftwaffe bei der Analyse sämtlicher Kollisionen inzwischen zwei der wichtigsten Nord-Süd-Straßen der Zugvögel entdeckt: Die engen Schluchten des von Norden kommenden Jordantals bis zum Toten Meer sind ebenso wie das flache Küstenvorland ideale Brutstätten für Warmluftströmungen und stellen deshalb auch die Hauptzugwege der Langstreckenzieher aus Europa und Westasien dar.

Seit der Zusammenarbeit mit den Ornithologen, so ein Luftwaffenexperte, sei die Zahl der Vogelkollisionen um die Hälfte zurückgegangen, ohne daß sich ein weiterer schwerer Unfall ereignet hätte.

Ganz so konstant wie anfangs angenommen, läuft die Wanderung der Vögel indes nicht ab. Mit Hilfe eines Computerprogramms wird jetzt laufend versucht, die exakten Wege der Greifvögel festzustellen. Neben der jeweiligen Flughöhe einzelner Arten spielt vor allem auch das Datum des Durchzuges eine wichtige Rolle. Nur so können die betreffenden Gebiete rechtzeitig zu »Vogelschutzzonen« erklärt werden.

Gerade das Wetter in Europa und Asien hat dabei auf das Vogelzuggeschehen im Nahen Osten erheblichen Einfluß und führt zum Teil zu beträchtlichen Abweichungen. Für die Luftwaffe aber läßt sich mittlerweile durch diese Daten der begrenzte Luftraum gefahrloser nutzen. Und den Ornithologen gelang es quasi nebenbei, 475 verschiedene größere Vogelarten zu identifizieren, die Israel regelmäßig überfliegen. Ein Ergebnis, das den Internationalen Rat für Vogelschutz dazu veranlaßte, im März 1987 seinen internationalen Kongreß in Eilat am Roten Meer – mitten auf der Zugroute – abzuhalten.

Im vom Bürgerkrieg erschütterten Libanon dagegen hat gegenwärtig niemand Interesse am Vogelschutz. Nur einer kleinen Gruppe von Wissenschaftlern der Universität in Beirut, die sich jahrelang mit Vogelberingung beschäftigte, ging es um die Durchsetzung einer mehrjährigen Pause bei den Vogeljagd. Bisher war es jedoch unmöglich, die vom Bürgerkrieg geschundene Bevölkerung dafür zu erwärmen – kein Wunder in einem Land, in dem nicht einmal die Menschen sicher sind.

Zudem ist die Vogeljagd eine Art Nationalsport im Libanon. Zwar sollten auch nach libanesischem Gesetz alle Greifvogelarten geschützt sein, aber nur wenige der etwa 400000 Jäger des Landes respektieren dies. So sterben nach vorsichtigen Schätzungen jährlich Tausende von Vögeln. Libanon sei, so meinen einige Biologen, faktisch bereits seit Jahren frei von Brutvögeln. Deshalb fallen zunehmend die Zugvögel dem Kugelhagel waffenstarrender Libanesen zum Opfer. Wie die Zählungen aus dem benachbarten Israel zeigen, sind dadurch mindestens eine Million Greifvögel bedroht, die den Nahen Osten jedes Jahr durchqueren müssen.

Weißkopf-Seeadler: Wappenvogel auf Wanderschaft

Die gute Nachricht sei, daß er auch nach dem fünften Tag den Adler nicht aus den Augen verloren habe; die schlechte, daß er nach gut einer Woche aber noch immer in derselben Wäsche stecke, berichtete Jim Harper über Funk.

Mit solchen und anderen Widrigkeiten müssen Vogelkundler leben, die sich darangemacht haben, die Wanderung des Weißkopf-Seeadlers in Nordamerika zu verfolgen. Mit modernsten Radiosendern, die Jim Harper und Thomas Dunstan den Jungadlern im Horst kurz vor dem Ausfliegen mit auf den Weg gaben, versuchen die amerikanischen Zoologen, endlich etwas über Zugwege und Wanderbewegung dieses weißköpfigen Emblems der amerikanischen Nation, Symbol für Freiheit und Unabhängigkeit schlechthin, herauszufinden. Denn um den Wappenvogel Amerikas mit der imponierenden Flügelspannweite von über 2 Metern stand es lange Zeit schlecht; längst der Vergangenheit gehören die Zeiten an, als noch an nahezu jedem See Nordamerikas ein Seeadlerpärchen horstete. Und was selbst Biologen über diesen Greifvogel wußten, beschränkte sich oft auf eben jene Rolle als Wappentier.

Im Chippewa-Nationalwald im Bundesstaat Minnesota studiert der Zoologe Thomas Dunstan, Professor für Biologie an der Western-Illinois-Universität, zusammen mit seinen Studenten deshalb seit über 15 Jahren eine Population des Weißkopf-Seeadlers. Und in Chippewa, einem der Rückzugsgebiete für Seeadler außerhalb Kanadas und Alaskas, wird seit Jahren die Nachkommenschaft routinemäßig mit Radiosendern ausgerüstet. Normale Vogelberingung mittels unscheinbarer Aluminiumringe, wie sie bei Kleinvögeln seit Jahrzehnten zu neuen Erkenntnissen über deren Zugverhalten führte, erwies sich beim Seeadler als nutzlos. Zwar konnten erste Anhaltspunkte für die teilweise enormen Wanderungen vor allem junger Seeadler gesammelt werden; ein befriedigendes Bild vom Zuggeschehen ergab sich für die Wissenschaftler allein daraus jedoch nicht. Zu selten wurden Ringe an die zuständigen Institute zurückgeschickt, zu gering war die Wiederfundrate. Daraufhin beschloß Thomas Dunstan zusammen mit seinem Mitarbeiter Jim Harper, dem Weißkopf-Seeadler mit radiotelemetrischen Verfahren nachzuspionieren.

Sie bauten zuerst eine Peilstation, die ihnen erlaubte, die Bewegung der flüggen Seeadler rund um die Seen im Chippewa-Park zu verfolgen. Mit dem Boot, per Auto oder Kleinflugzeug versuchten sie dann, den Greifvögeln auch beim Wegzug »auf den Flügeln zu bleiben«. Kleine Radiosender, die die Forscher in langen Winterabenden zusammengebastelt hatten, mußten den Jungtieren dazu wie eine Art Rucksack auf den Rücken gebunden werden. Doch allein die Jungadler und ihre Horste zu entdecken, erwies sich in den endlosen Forstgebieten des Chippewa-Nationalparks schwieriger, als die Wissenschaftler anfangs geahnt hatten. Immerhin flogen die Seeadler manchmal bis zu 10 Kilometern zurück zu ihrem irgendwo im Forst versteckten Horst, nachdem die Zoologen sie beim Beutefang am See beobachtet hatten. Doch Dunstan und Harper wußten sich zu helfen: Sie versteckten einen Kleinsender in einem toten Fisch, den sie als Köder in einem der Seen auslegten. Es dauerte nicht lange, da erspähten die Seeadler mit ihren scharfen Augen den bäuchlings an der Wasseroberfläche treibenden Fisch, schossen herab und angelten den sendergespickten Köder im eleganten Flug mit ihren krallenbewehrten Läufen aus dem Wasser. Sobald der Adler dann mit seiner Beute gen Nistplatz durchstartete, folgten die Forscher mit ihrem Empfänger den piepsenden Funksignalen des Senders, bis der Greifvogel sie schließlich – unfreiwillig – zu seinem Brutplatz führte. Und nachdem die Jungen dort den Köderfisch fein säuberlich zerrupft hatten, schleuderten sie Gräten und Knochen über den Horstrand in die Tiefe – und mit diesen Resten auch den Sender, den die Forscher dann unter dem Horstbaum nur wieder einzusammeln brauchten, um ihr Spiel an einem weiteren Seeadler fortzuführen.

Die Sendermarkierung wurde für die Wissenschaftler so bald zur Routine: Sie mußten jetzt nur noch am Horstbaum hinauf in schwindelerregende Höhen steigen und den meist giftig fauchenden Jungadler im Horst mit dem kleinen elektronischen Rucksäckchen ausstatten. Sobald der Jungvogel dann, sendergerüstet, lange vor den Alttieren seinen Geburtsort verließ, um sich auf große Wanderschaft zu begeben, folgte ihnen einer der Vogelforscher oft über Tage und Wochen und bis zu Hunderten von Kilometern weit.

Dank dieser und zahlreichen anderen Studien verstehen Greifvogelkundler auch das Zugverhalten des amerikanischen Weißkopf-Seeadlers heute als das Ergebnis der natürlichen Selektion, das den Tieren langfristig das Überleben auch in der nahrungsärmeren Jahreszeit erlaubt. Und das, obgleich viele Seeadler – entgegen der Zugrichtung anderer Vögel – zuerst einmal nach Norden ziehen!

Anders als die viel kleineren Singvögel oder viele europäische Greifvögel, die auf ihrem Treck in subtropische oder gar äquatoriale Winterquartiere recht konstante Zugwege einschlagen, halten sich die Seeadler Nordamerikas zudem kaum an solche traditionellen Zugstraßen. Bis vor einigen Jahren war mithin unbekannt, wie sie eigentlich den in ihrem Brutgebiet oft sehr ungemütlichen und harschen Winter verbringen. Als die Bestände von *Haliaeetus leucocephalus* dann seit den fünfziger Jahren drastisch abnahmen, fiel amerikanischen Wissenschaftlern die Kenntnislücke über den Winteraufenthalt ihres Nationaltieres besonders unangenehm auf. »Um das Überleben dieser imposanten Greifvogelart nachhaltig zu sichern, müssen wir viel mehr über ihre Wanderbewegung herausfinden«, so forderte der Adlerforscher Thomas Dunstan bereits vor Jahren. Denn neben Giften in ihrer Umwelt, allen voran das seit 1946 eingesetzte und erst 1972 in den USA wieder verbotene DDT, lauern die oft tödlichen Gefahren für den Seeadler besonders in seinen Überwinterungsquartieren, so befürchten die Ornithologen.

Szenenwechsel – der Chilkat-River in Alaska

Alljährlich im Herbst findet hier im hohen Norden, nahe der Pazifikküste am Südostzipfel Alaskas, ein Naturspektakel ganz eigener Art statt. Der Fluß, der aus den Bergen in der Nordwestecke British

Columbias zur Küste strömt, durchfließt nahe der Stadt Haines ein flaches Tal. Hier, entlang der Kiesbänke des Chilkatflusses, versammeln sich nicht selten mehr als viertausend Weißkopf-Seeadler und warten darauf, daß die Natur ihnen den Tisch deckt.

Denn mit den Wanderungen der Seeadler fällt auch eines der erstaunlichsten Phänomene zusammen, das Verhaltensforscher bei Tieren beobachten konnten. Aus den endlosen Weiten des Pazifischen Ozeans wie aus dem Nichts kommend, erscheinen jedes Jahr im Herbst riesige Lachsschwärme vor der nordischen Küste, erreichen die Mündungen der großen Flüsse und schwimmen gegen den Strom immer weiter hinein, um dort zwischen den Kiesbänken zu laichen. Der im Gegensatz zu vielen kleineren Gewässern zu dieser Zeit noch eisfreie Flußlauf Alaskas zieht dabei nicht nur den Lachs an: Die Seeadler des Nordens haben zur gleichen Zeit ihre Brutgebiete verlassen, nachdem Schnee und Eis ihnen den Zugang zu Seen und Teichen endgültig verwehrte und sie zwang, an den noch offenen, eisfreien Flüssen nahe der Meeresküste nach Nahrung zu suchen.

Im Winter, wenn die Beute knapp wird, weil die Seen zufrieren, und die Greifvögel es dank der kalten Tage und Nächte schwerer haben, ihren gestiegenen Energiebedarf zu decken, nehmen Adler, was immer sie an Nahrung bekommen können. Die zahllosen Lachse, die ihr Leben lassen, nachdem sie gelaicht haben, kommen den Greifvögeln da gerade recht. An einem nur etwa 15 Kilometer langen Flußabschnitt des Chilkat-River versammelt sich deshalb ein Gutteil der nordischen Population. Da sitzen dann bei Wetterumschwung und Schneetreiben, wenn der Beutefang am Fluß unmöglich geworden ist oder die auf die Kiesbänke gespülten Fischkadaver zu frieren beginnen, zahllose Weißkopf-Seeadler in den hohen Bäumen, die das Flußufer säumen, und warten auf wärmere Tage.

Innerhalb solcher Rastplatzgemeinschaft entwickeln Seeadler, die sonst allenfalls die Zweisamkeit schätzen, sogar ein richtiges Sozialverhalten. Es gibt eine regelrechte Sitzordnung, bei der die ältesten und aggressivsten Tiere üblicherweise ganz oben in den Bäumen an exponierter Warte sitzen, so berichten die Adlerforscher Jon Gerrard und Gary Bortolotti. Zu ihren Nahrungsgründen fliegen die Seeadler in der Morgendämmerung dann gemeinsam ab; und wo schon ein Weißkopf-Seeadler am Fluß nach Lachs fischt oder am

Fischkadaver frißt, da finden sich innerhalb weniger Minuten auch schnell weitere Greife ein.

Besonders den noch unerfahrenen Jungvögeln gibt diese unter Greifvögeln eher ungewöhnliche Wandergemeinschaft die beste Chance, den Winter zu überstehen; erst die erfahrenen Alttiere, denen sie sich dabei anschließen, weisen sie in geeignete Rastplätze und Fischgründe ein – gerade im ersten Winter die wichtigste Lektion in Sachen Überleben.

Für begeisterte Greifvogelfreunde, die sommers oft tage- und wochenlang vergeblich versuchen, das amerikanische Wappentier zu Gesicht zu bekommen, sind solche Seeadlerversammlungen im Winter in jedem Fall ein berauschendes Naturspektakel. Und ist die zielstrebige und noch immer rätselhafte Wanderung der Lachse, die vor Jahren als kleine Jungfische ihr Brutgewässer verließen, um in den Pazifik zu schwimmen, und die erst jetzt aus den Weiten des Meeres wieder heimkehren, wenn es um ihre eigene Fortpflanzung geht – ist dies schon Wunder genug, so erstaunt, wie gezielt die Seeadler Nordamerikas die sich ihnen bietende überreiche Nahrungsquelle für ihr Überleben im harten Winter Alaskas nutzen.

Erst wenn die Seeadler weniger und weniger Lachse im und am Fluß finden, verlassen sie die Täler und Kiesbänke und wandern die Pazifikküste entlang. Einige Weißkopf-Seeadler Alaskas, so wissen die Ornithologen heute, ziehen dabei noch weiter in den Süden bis nach Washington und Oregon.

Der Chilkatfluß Alaskas ist nur einer, ob der eindrucksvollen Zahlen vielleicht der spektakulärste der Rast- und Mastplätze der Seeadler. Die meisten dieser Greife, die sich dort zwischen Oktober und Dezember zusammenfinden, um sich am Lachs gütlich zu tun, nisten im Sommer entlang der zerklüfteten und buchtenreichen Pazifikküste. Doch auch weiter südlich, nahe der kanadischen Grenze, bieten die Flüße Skagit und Nooksack den Lachsen ideale Laichgewässer – und vielen Seeadlern ein Auskommen für den Winter. Und ähnliche Seeadlerversammlungen, bei denen die Zahl der fischenden Greife jedoch meist nur in die Hunderte geht, kennen Vogelkundler mittlerweile auch vom Mississippi in Illinois oder vom MacDonald Creek in Monatana, wo die Greife sich ebenfalls von Fisch oder Wasservögeln ernähren.

Da die Lachse vor allem in den zahllosen kleinen, sehr flachen Seitenkanälen und Bächen der großen Flüsse laichen, wechseln die imposanten Vögel mit dem weißen Kopfgefieder zwischen November und Januar ständig ihre Nahrungsplätze, je nachdem welches Laichgewässer gerade die beste Beute verspricht. Vogelkundler gelang es auch diesmal mittels Radiosender, das Hin- und Herwandern einzelner Seeadler entlang der Flüsse minutiös zu verfolgen: für den Menschen ein ungewöhnliches Hilfsmittel, um die einzelnen Laichgewässer der Lachse ausfindig zu machen.

Gerade seine ausgeprägte Vorliebe für den Lachs, die der Wappenvogel der Vereinigten Staaten mit dem Menschen teilt (wohl weniger wegen des kulinarischen Genusses als vielmehr wegen des massenhaften Auftretens dieser leicht erreichbaren Beute), ist dem Weißkopf-Seeadler oft genug zum Verhängnis geworden. Vor allem in Alaska wurden hunderttausend Seeadler rücksichtslos abgeschlachtet, weil man sie lange als Fischräuber in Verdacht hatte, die angeblich die Lachsbestände plündern. Dabei ernährt sich *Haliaeetus leucocephalus,* weil es für ihn viel einfacher ist, als die noch lebenden Lachse aus dem Wasser zu fischen, im Herbst und Winter meist von den bereits verendeten Tieren, die der Fluß an die Ufer oder Kiesbänke spült. Nachweislich hat er deshalb auch keinen Einfluß auf die Lachsbestände. Im nördlichsten Bundesstaat Amerikas wurde der Nationalvogel dennoch erst 1952 unter Schutz gestellt. Seitdem schätzen Ornithologen die Bestände zumindest dort wieder auf rund 40000 Tiere. Anders sieht es freilich weiter südlich aus, wo sich der Seeadler nie so richtig von der zum Teil starken Bejagung im letzten Jahrhundert erholen konnte.

Wie viele andere Ornithologen beunruhigten auch Thomas Dunstan aus Illinois daher die lange Zeit dramatisch reduzierten Bestände des Weißkopf-Seeadlers, der heute südlich Kanadas nur noch nach Tausenden zählt. Anfang der achtziger Jahre lebten dort weniger als 4000 dieser Greife, darunter nur rund 700 Brutpaare. Zwar rechnen Experten in Kanada, dort vor allem in British Columbia, und in Alaska zusammen mit schätzungsweise bis zu 80000 Weißkopf-Seeadlern; das es sich allerdings nach Ansicht der Greifvogelkundler bei diesen Vögeln des Nordens um eine eigene Unterart handelt – der sie bereits 1897 den eigenen zoologischen Namen *Haliae-*

etus leucocephalus alascanus gaben –, kann deren Zahl die Naturschützer kaum über die Gefährdung der südlichen Rasse hinwegtrösten, die etwas kleiner ist als ihre Verwandten im Norden und die von Kalifornien bis nach Florida hinein vorkommt.

Große Beutegreifer, wie es die Seeadler sind, waren indes noch niemals sehr zahlreich. Vor einem Jahrhundert, so schätzen Ornithologen, mag es vielleicht noch eine viertel oder eine halbe Million dieser Greife in ganz Nordamerika gegeben haben. Doch auch zur Zeit der ersten Siedler waren Seeadler über Nordamerika fein verteilt; denn sie brauchen riesige Reviere, um sich und ihre Jungen mit ausreichend Beute zu versorgen. Die Seeadler stehen mit vielen anderen Greifvögeln ganz oben an der Spitze der Nahrungspyramide, wo es eng wird, da nur wenige ihrer Art ein Auskommen finden; und dies auch nur dann, wenn die Nahrungsbasis darunter breit genug ist. »Der ökologische Flaschenhals« ist dabei auch für den amerikanischen Wappenvogel stets der Winter.

Wählerisch, so scheint es, darf eine so große Vogelart, zudem noch an solch exponierter Stelle im Nahrungsnetz, deshalb nicht sein. Nur wenige Greifvogelarten nutzen so viele verschiedene Nahrungsquellen wie der Weißkopf-Seeadler. Den Tisch für das Nationaltier dekken dabei meist Fische in den Seen, Teichen und Flüssen. Doch wie alle Seeadler ist auch *Haliaeetus leucocephalus* überaus flexibel, wenn es ums Fressen geht. Neben Fischen schlagen sie Wasserhühner, Enten und Gänse, aber auch Hasen und Kaninchen. Die acht Seeadlerarten, die es weltweit gibt, betätigen sich zudem auch gelegentlich als Schmarotzer: Sie versuchen nämlich, anderen Greifvögeln – wie etwa dem Fischadler – deren gerade geschlagene Beute wieder abzujagen. Und obgleich solch opportunistisches Verhalten so gar nicht zu ihrem majestätischen Image passen will, nutzen die Weißkopf-Seeadler sogar regelmäßig Aas als Nahrung.

Dem Symbolcharakter für die ohnehin sehr selbstbewußte amerikanische Nation hat dies noch nie Abbruch getan; denn auch Amerika, so die Begründung, sei einst von religiösen Außenseitern, den Verdammten und Ausgestoßenen anderer Nationen, gegründet worden, so wie erst der Seeadler Aas, Abfall und andere Überbleibsel in der Natur wieder in eine majestätische und kraftvolle Erscheinung verwandle.

Daß die Nahrung der verantwortliche Faktor und Auslöser für die Wanderbewegung ist, das zeigen die Weißkopf-Seeadler Alaskas und Kanadas sehr deutlich. Dort, wo es auch im Winter Beute im Überfluß gibt, wie an den Laichflüssen der Lachse, versammeln sie sich deshalb gleich in Massen. Ihre Zugrichtung im Herbst ist dabei meist südwärts und zur Küste hin gerichtet, und nicht ohne Grund ziehen sie entlang der Flußläufe Nordamerikas ab. Im Frühjahr jedoch, so konnten die Adlerforscher Jon Gerrard und Gary Bortolotti bei ihren Studien oft beobachten, haben es die Seeadler offenbar eilig, zurück in ihr Brutgebiet zu kommen. Sie nehmen deshalb meist die direkte Route, ohne sich noch um Flüsse und Täler als Leitlinie zu kümmern.

Vor allem bei den Weißkopf-Seeadlern Floridas ist eines allerdings anders; fanden Vogelkundler eine unerwartete Wanderrichtung: Norden. Vor allem die Jungadler verlassen deutlich früher als ihre Eltern die Brutgebiete, um weite Wanderungen zu machen. Der Ornithologe Charles Broley war 1939 der erste, der an markierten Seeadlerjungen aus Florida nachweisen konnte, daß die Tiere entlang der Ostküste bis nach Maine und New Brunswick in Kanada, ja sogar bis nach Neuschottland und zur Prince-Edward-Insel ausschwärmen. Ein Seeadler, den Broley damals in der Nähe von Tampa am Golf von Mexiko im Nest markiert hatte, wurde später in Columbiaville im Bundesstaat New York, mehr als 2000 Kilometer weiter nördlich also, geschossen – der erste sichere Nachweis für die umgekehrte Wegzugrichtung bei nordamerikanischen Vögeln.

Warum gerade die jungen Weißkopf-Seeadler diese Route nehmen, blieb den Zoologen lange verborgen. Zu wenig wußte man über die Wanderungen anderer Seeadlerpopulationen und die der Altvögel. Denn so wanderfreudig die Jungtiere sind, so ortstreu sind meist die Alten. Sie verlassen erst – fast hat man den Eindruck: widerwillig – bei Frosteinbruch ihre Heimatgewässer und nutzen auf dem Zug ebenfalls abwandernde Wasservögel als Wegzehrung. Der Einsatz der Radiotelemetrie brachte schließlich ans Licht, was inzwischen auch für europäische Greifvögel, etwa Turmfalke und Mäusebussard, bekannt ist: Jung und alt haben beim Weißkopf-Seeadler nämlich durchaus unterschiedliche Strategien, die nahrungsärmere Zeit zu überstehen.

Die ersten Funde Charles Broleys täuschten von der Wanderbewegung der Greife ein schiefes Bild vor (wie so oft, wenn eine sichere Datenbasis noch fehlt). Denn auch der nordamerikanische Seeadler macht keine Ausnahme von der Regel, daß Vögel gen Süden in wärmere und, was wichtig ist, nahrungsreichere Gefilde ziehen. Dies freilich nur dann, wenn ihre Umwelt sie dazu zwingt, und das tut sie in den nördlichen Teilen der Neuen Welt wegen der kurzen Sommer und langen, kalten Winter viel eher als im sonnigen Süden Floridas, wo die Seeadler eigentlich gar nicht wegziehen müssen.

Die Auswertung zahlreicher Studien, die die Seeadlerforscher Gerrard und Bortolotti kürzlich vorlegten, zeigt dann auch, daß die Hauptwegzugrichtung in den verschiedenen Regionen Nordamerikas südwärts weist. Allein dort, wo den Jungen nach dem Flüggewerden und vor Einbruch des Winters noch genügend Zeit bleibt, werden sie vorübergehend zu regelrechten Vagabunden, die im Herbst weite Streifzüge unternehmen. Und nicht nur die jungen Seeadler Floridas wandern dabei gelegentlich auch einmal weit nach Norden. Weißkopf-Seeadler aus Michigan beispielsweise, die etwas früher im Jahr als solche weiter nördlich brüten und deren Junge folglich auch etwas eher schlüpfen und ausfliegen, gehen im Herbst auf Wanderschaft. Die Feldforscher, die den Piepsignalen ihrer Radiosender folgten, führten sie in dieser Zeit im Kreis; nach einigen Tagen, oft aber auch erst nach Wochen, waren sie wieder an ihrem Geburtsort – und die Forscher an ihrem Ausgangspunkt. Erst im Spätherbst begaben sich die Adler dann zum ersten Mal auf den Treck in solche Regionen, die auch nach Wintereinbruch noch Nahrung versprechen.

Die Weißkopf-Seeadler, die in nördlicheren Breiten der Neuen Welt brüten, etwa in Saskatchewan, wo die Sommer kürzer sind, ziehen dagegen direkt nach Süden ab, ohne noch Zeit mit weiten Streifzügen zu verbringen. Die Greifvögel sind also je nach Region unterschiedlich wanderfreudig, ähnlich wie wir das von europäischen Singvögeln bereits kennen. Wo ihr Revier im Winter zu unwirtlich wird, wandern sie weit nach Süden ab; leben sie indes in südlicheren Gefilden, ziehen sie wenig und streifen gar in alle Himmelsrichtungen umher, je nachdem, wo sie gerade Beute finden können.

Ihren bevorzugten Rastplätzen auf dem Treck gen Süden und während ihrer Wanderungen, den Flußläufen und eisfreien Gewässern nämlich, kommt dabei im Winter tatsächlich eine immense Bedeutung zu. Denn im Winter entscheidet sich, wie der Weißkopf-Seeadler in der nächsten Brutsaison an den Start geht. Nur wenn die wichtigen Lebensräume, in denen hungrige Seeadler zwischenlanden, erhalten bleiben, läßt sich der Wappenvogel Nordamerikas erfolgreich schützen.

Solche »stopover« der Weißkopf-Seeadler herauszufinden und zu bewahren, bemühen sich amerikanische Naturschützer seitdem. Entlang des Mississippi und des Missouri wurden mehrere Flußregionen unter Schutz gestellt. Doch auch um die amerikanischen Flüsse ist es wenig besser bestellt als um europäische; zu wenig werde noch getan, so meint Thomas Dunstan, um all jene Flußläufe sauberzuhalten, an denen die vagabundierenden und wandernden Seeadler im Herbst und Winter auftauchen.

Und leicht machen es Weißkopf-Seeadler den Umweltschützern nicht; denn ihr Zugprogramm ist, wie wir gesehen haben, weniger starr als das vieler Singvögel und läßt ihnen sogar noch Zeit für Streifzüge. Zoologen nehmen heute an, daß diese scheinbar ziellosen Wanderungen dazu dienen, die umliegenden Gebiete kennenzulernen, in denen sie die nächsten zwei Jahre verbringen müssen. Denn Adler werden, wie übrigens viele Greifvögel, erst im dritten Sommer geschlechtsreif, und erst dann können sie auch ein eigenes Revier erobern.

Die unausgefärbte Gefiederzeichnung der jungen Seeadler, denen die leuchtend weiße Kopfhaube noch fehlt, erlaubt ihnen in ihrer Jugendzeit dieses Vagabundieren durch andere Seeadlerreviere; denn während das weiße Kopfgefieder der geschlechtsreifen Adler als Statussymbol dient und fremden Artgenossen zugleich ein unübersehbares Warnsignal ist, das an Deutlichkeit nichts zu wünschen übrigläßt, werden die unscheinbar gefärbten Jungadler als »Halbstarke« nicht angegriffen und vom Revierbesitzer daher leichter geduldet.

Geographiekenntnis ist mithin auch beim Weißkopf-Seeadler gefragt; und sie ist überaus nützlich, wenn es darum geht, einmal selbst ein geeignetes Brutrevier zu finden.

5. Kapitel
Sexuelle Selektion –
Die wählerischen Weibchen

Wie ein Krebs im Mittelmeer sein Weibchen findet und sich dabei Konkurrenten erwehrt, warum der Schwanz der Schwalben eine bestimmte Länge hat und wozu Rohrsänger ihre Weibchen betrügen, all dies ist nur jeweils eine Facette eines biologischen Phänomens, das bereits Charles Darwin fasziniert hat. Wählen bei den Krabben auch einmal die Männchen gezielt ihre Weibchen aus, so ist es oft genug umgekehrt im Tierreich, wo die Damenwahl dominiert. Zu welch kuriosen Formen bei Körperbau und Verhaltensweisen sich die Natur hinreißen läßt, nur um sich dem Geschmack der Weibchen anzupassen, davon wird im folgenden Kapitel immer wieder die Rede sein.

Wie im Fall der Gespensterkrabben, der Lippfische und der Fliegenschnäpper haben nicht immer alle Männchen die gleiche Chance, ein Weibchen für sich zu erobern. Und das hat Folgen für die Evolution dieser Tiere. Denn Männchen und Weibchen versuchen auf sehr unterschiedlichen Wegen, die größtmögliche genetische Fitneß für sich zu erlangen; das freilich nicht immer zum Wohle des Partners.

Evolutionsbiologen, in diesem Fall in der Erscheinungsform des Ökologen und Verhaltensforschers, haben dem zeitlosen Thema der Weibchenwahl in den letzten Jahren wieder vermehrt ihre Aufmerksamkeit gewidmet und fanden zum Teil Erstaunliches. Daß der Mensch da durchaus nicht als unbeteiligter Zuschauer abseits steht, ist indes nur eine, wenn auch nicht gerade die unbedeutendste Erkenntnis der Biologen.

Tatsächlich war es wieder der britische Naturforscher Charles Darwin, der 1871 in einem ersten Aufsatz über die »sexuelle Auslese« das Phänomen der Partnerwahl im Tierreich *einschließlich* des Menschen umrissen hat. Genaugenommen war es gleich wieder ein ordentliches Buch mit dem Titel: *Die Abstammung des Menschen und die geschlechtliche Zuchtwahl,* in dem er dann auch alle Schwierigkeiten vorwegnimmt, die seine wissenschaftlichen Nachfolger ein Jahrhundert lang haben sollten, bis sie die vielfältigen biologischen Erscheinungen im Sinne seiner Evolutionstheorie zu erklären vermögen. Leuchtende Farben, riesige Geweihe, meterlange Schwanzfächer und viele andere an sich bizarre Körperanhänge sowie Verhaltensweisen von Tieren erklärte Charles Darwin erstmals als das Ergebnis der weiblichen Bevorzugung derart »luxurierender Strukturen«, die den Männchen ansonsten nur Nachteile bringen.

Daß auch Weibchen bei ihrer Auswahl gelegentlich einmal das Nachsehen haben, führen uns zwar die Rohrsänger vor; üblicherweise aber ist es die Konkurrenz unter den Männchen, die sozusagen »ans Eingemachte« geht: Bei ihnen gibt es sogar *Spermakonkurrenz;* zweifelsohne die subtilste Auswirkung des Kampfes um Weibchen! Aber just dabei, so fanden kürzlich Wissenschaftler heraus, ergeht es auch dem Menschenmann nicht viel anders als jenen Gespensterkrabben, die unser erstes Thema sind.

Der »Terminkalender« der Gespensterkrabben

Die Fachliteratur der Biologen ist voll von Antworten auf Fragen, die die Forscher anfangs gar nicht gestellt haben. So erging es auch Dr. Rudolf Diesel vom Max-Planck-Institut in Seewiesen, der jetzt in seiner Dissertation nachweisen konnte, daß die im Mittelmeer lebende Gespensterkrabbe *Inachus phalangium* bei der Fortpflanzung einen regelrechten Terminplan einhält.

Das Kuriose dabei: Die männlichen Krabben haben – so wie eine gute Sekretärin den Terminkalender ihres Chefs stets im Kopf hat – die Laichzeiten der verschiedenen Weibchen eines Gebietes verinnerlicht. Diese Weibchen suchen sie just vor dem Laichen gezielt auf, um sich mit ihnen zu paaren. Doch damit fand Dr. Diesel nicht nur das bislang – zumindest unter marinen Invertebraten – einzige Beispiel für einen inneren »Fahrplan« bei Wirbellosen (lediglich bei der Sandwespe *Ammophila,* die zur Versorgung ihrer Brut die in einem Erdnest abgelegten Larven im regelmäßigen Turnus wieder aufsucht, liegt etwas Ähnliches vor); Rudolf Diesel entdeckte auch einen weiteren, eindrucksvollen Beleg für die sogenannte »Spermakonkurrenz« bei Tieren.

Gespensterkrabben, die der Zoologe tauchenderweise vor der französischen Küste bei Banyuls-sur-Mer beobachtete, kommen im Felslitoral des westlichen Mittelmeeres vor. Vom bedornten Rückenpanzer geschützt und mittels angehefteter Algen und Schwämme getarnt, leben diese entfernt mit der Strandkrabbe der Nordseeküste verwandten Krebse in Symbiose mit einer Seeanemone. Zwischen den nesselnden Tentakeln von *Anemonia sulcata* finden die Gespensterkrabben Schutz; für die Anemone fällt quasi als Gegenleistung hin und wieder ein Nahrungsbrocken ab. Während allein die Krabbenweibchen ortstreu sind und überwiegend in einer einmal aufgesuchten Anemonengruppe bleiben, wandern die Männchen zwischen den Anemonen auf der Suche nach begattungs- und laichbereiten Weibchen am Meeresboden hin und her. An farbmarkierten Inachus-Männchen erkannte Rudolf Diesel bald, daß sie dies keineswegs so regellos tun, wie zuvor vermutet worden war. Jedes Männchen patrouilliert vielmehr ein Gebiet mit drei bis acht Anemonengruppen und mit bis zu acht Weibchen, die es abwechselnd aufsucht.

Da die Wanderungsgebiete einzelner Männchen überlappen, kommt es gelegentlich zu Kämpfen. Wie so häufig, schneiden auch hier die größeren Männchen besser ab. Diesel fand, daß ihr Wanderungsverhalten weitaus regelmäßiger ist als das der kleinen Männchen. Die kleinen Krabbenmännchen müssen nämlich nur allzuoft den größeren und stärkeren Platz machen und ihre Wanderroute ändern, obwohl sie möglicherweise gerade unterwegs zu einem verheißungsvollen Stelldichein mit einem Inachus-Weibchen waren. Auch haben die großen und damit älteren Krabbenmännchen einen größeren Bruterfolg als kleinere. Rein rechnerisch befruchten sie in ihrem Leben 26 000 Eier, ermittelte der Ethologe aus Seewiesen; das Reproduktionspotential der Weibchen ist mit rund 4200 Eiern um das Sechsfache geringer.

Zum Ausgleich tragen die Männchen jedoch ein größeres Risiko. Denn während ihrer Patrouillengänge auf der Suche nach begattungsbereiten Krabbenweibchen werden sie leichter von Feinden erbeutet, als die in den Anemonen versteckten Weibchen; ihre Mortalität ist mithin größer als bei den standorttreuen Weibchen. Aufgrund dieses größeren Lebensrisikos sollten Männchen alles daransetzen, möglichst ökonomisch zu den laichbereiten Weibchen zu gelangen. Und das bedeutet, nicht einfach nur ziellos durchs Felslitoral zu streifen, um – wo sich gerade die Gelegenheit ergibt – sozusagen »im Vorübergehen« mit einem Weibchen zu kopulieren. Vielmehr wären jene Krabben genetisch im Vorteil, die schnurstracks die Weibchen aufsuchen; und das tun sie dann ja auch.

Die Männchen der Gespensterkrabben, so glaubt Rudolf Diesel, merken sich bei ihrer ersten, noch ziellosen Wanderung im Streifgebiet just jene Anemonengruppen, in denen sie Weibchen angetroffen haben. Dorthin kehren sie dann kurz vor dem Laichen wieder zurück. In der Tat, so beobachtete der Ethologe unter Wasser, wandern Inachus-Männchen in Südfrankreich ganz gezielt zu diesen Weibchen, so als »wüßten« sie über den Fortpflanzungszyklus eines jeden Weibchens genau Bescheid. Sie suchen dabei nicht etwa nur die einzelnen Anemonengruppen der Reihe nach ab, sondern wenden sich auch plötzlich einer weit entfernt gelegenen Anemonengruppe ihres Streifgebietes zu, machen dabei gelegentlich einen Halt in einer schützenden Anemone, die auf dem Weg liegt, um zielstrebig jenes Weibchen aufzusuchen, das zu diesem Zeitpunkt seine Laichbereitschaft erreicht hat und dessen Zyklus sie sich zuvor offenbar eingeprägt haben. Wie die Männchen das wissen können, wissen die Wissenschaftler bis heute nicht.

Jedenfalls spielen nicht – wie anfangs geglaubt und für viele *Crustaceen* (Krustentiere wie Krebse und Krabben) vermutet – Pheromone, also Geruchsstoffe mit Botenfunktion, eine Rolle; die Meeresströmungen im Felslitoral vor Banyuls erlaubten dies auch gar nicht, und zudem wandern die Krabbenmännchen sogar mit der Strömung. Auch konnte Rudolf Diesel beobachten, wie in einigen Fällen die Weibchen kurz vor der Laichzeit »ihre« Anemone verließen; dennoch erschienen die Männchen am »verabredeten« Ort – freilich vergebens. *Inachus phalangium* besitzt mithin so etwas wie einen inneren Terminkalender für Ort und Zeit seiner Damenbesuche. Als Zeitgeber kommt dabei die Wassertemperatur in Frage, denn von ihr hängt der Brutzyklus der Weibchen ganz entscheidend ab.

Der Vorteil der Männchen für das genaue Timing der Rendezvous liegt auf der Hand: Sie sparen dabei kostbare Zeit, die sie sonst mit der Suche bei noch dazu erhöhtem Lebensrisiko verbringen würden. Und sie maximieren damit bei niedriger Lebenserwartung die Zahl der von ihnen befruchteten Bruten.

Die Weibchen übrigens haben gar kein Interesse, ständig mit den Männchen zu kopulieren: Dank einem *Receptaculum seminis* – einer Art »Vorratsbehälter« für Spermien, den jedes Weibchen besitzt – können nämlich sämtliche Eier befruchtet werden. Die Männchen, so entdeckte Diesel, haben dagegen besonderes Interesse daran, das Weibchen als letzter zu begatten! Bei den Gespensterkrabben kommt es nämlich zu mehrfacher Paarung, bevor der Laich abgelegt wird. Die Männchen kämpfen daher vor allem in den letzten drei Tagen vor dem Ablaichen um die Weibchen; in dieser Zeit bleibt ein Männchen dann auch permanent bei einem bereits von ihm begatteten Weibchen und verteidigt es gegen Konkurrenten. Dabei nimmt das Männchen eines der zehn Beine des Krabbenweibchens zwischen die vordere Schere, um es derart an sich »gekettet« für einige Tage zu bewachen.

Daß die Gespensterkrabben soviel Zeit *nach* der Paarung investieren und ihnen dadurch die Chance entgeht, weitere Weibchen aufzusuchen, obgleich sie ansonsten doch eine »hit and run-Strategie« verfolgen, wie Ethologen dies nennen, das ließ Rudolf Diesel aufmerksam werden.

Sowohl bei Freilanduntersuchungen als auch im Wahlexperiment fand er schließlich, daß Inachus-Männchen stets solche Weibchen bevorzugten, die unmittelbar vor dem Laichen standen; die Weibchen wurden also deutlich danach erwählt, wie weit sie von dem alles entscheidenden Laichtermin entfernt waren. Nur die ganz kleinen und jungen Männchen nahmen ihre Chance auch weit vor diesem Termin wahr; vielleicht erklären sich daher ihre etwas unregelmäßigeren Streifzüge zu isolierten Anemonengruppen, wo sie eher per Zufall eine zusätzliche Kopulation ergattern können. Und auch die Weibchen zeigten eine deutliche Selektivität: Sie kopulierten später im Zyklus ihrerseits bevorzugt mit größeren Männchen.

Zu guter Letzt fand Rudolf Diesel nun auch noch eine Erklärung für dieses Verhalten: Denn nur der Samen des letzten Männchens wird zur Befruchtung der Brut verwendet. Die Weibchen nämlich speichern in ihrer Spermatheka, ihrer »Samenbank«, die einzelnen Samenpakete der Männchen, mit denen sie kopuliert haben, ganz genau wie in einem Vorratsregal!

Und während sie möglicherweise die ersten und damit obersten Samenpakete (die Geschlechtsöffnung der Tiere liegt auf deren Unterseite) als eiweißreiche Substanz lediglich zum Aufbau ihrer Eier verwenden – und sie damit reichlich zweckentfremden –, bedienen sie sich bei der Befruchtung aber immer nur von unten: Wer zuletzt kommt, hat daher die größte Chance, Vater der gesamten Nachkommenschaft dieses Weibchens zu werden.

Damit entdeckte Dr. Diesel etwas, was seit den Untersuchungen des britischen Zoologen Jonathan Waage an Kleinlibellen in der Fachwelt allgemein als Spermakonkurrenz bekannt geworden ist. Während die Libellen vor der Paarung mit eigens entwickelten Penisstrukturen das Sperma ihres Vorgängers aus dem Speicherorgan des Weibchens »ausräumen« und erst dann ihrerseits kopulieren (übrigens alles im Flug), »mauern« die Gespensterkrabben die Samenpakete des Vorgängers regelrecht ein. Mit einem sogenannten Spermagel, das bei der Kopulation übertragen wird, schotten sie die Keimzellen der Konkurrenten ab und verhindern, daß sie sich mit ihrem Erbgut vermischen. Nur das Spermapaket des letzten Männchens, mit dem das Weibchen kopulierte, bleibt vom Gel unbedeckt und damit für das Weibchen zum eigentlichen Zweck verwendbar. Es besamt so die gesamte Brut, wie Untersuchungen mit radioaktiv markierten chemischen Elementen bestätigten.

Das Bewachen der Weibchen nach der Kopulation, bei dem sich die größeren Männchen über die Weibchen stellen und sie mit der Schere festhalten, verfehlt mithin durchaus nicht seinen Zweck und ist eine Besonderheit dieser Krabbengruppe. Weniger Probleme dieser Art hat etwa die Nordseekrabbe *Carcinus maenas*. Hier besitzen die Weibchen eine Art natürlichen »Keuschheitsgürtel«, da sie nur direkt nach der Häutung bei noch weichem Chitinpanzer begattungsfähig sind. Der einmal erhärtete Panzer verhindert später eine abermalige Kopulation – und erspart den Strandkrabben im Unterschied zu den Gespensterkrabben des Mittelmeeres sowohl »Terminplanung« als auch Spermakonkurrenz.

Spermakonkurrenz auch bei Vogel und Mensch

Die Konkurrenz unter Tieren erreicht selbst die subtilsten Bereiche. Daß sogar Spermien miteinander um das Privileg ins Rennen gehen, als erste (und damit als einzige) ein Ei zu befruchten, fällt Verhaltensforschern besonders ins Auge, wenn es um Arten geht, die den Samen der Männchen für längere Zeit speichern können; die Gespensterkrabben sind dafür ein Beispiel, Libellen ein weiteres; aber auch unter Vögeln reicht oft schon eine erfolgreiche Kopulation aus, um das gesamte Gelege eines Weibchens zu befruchten. Wer also das befruchtungsbereite Weibchen kurz vor der Eiablage begattet, hat auch die größten Chancen, Vater der Nachkommen zu werden. Und allein darum, dieser Gedanke drängt sich bei der Beobachtung tierischen Verhaltens auf, geht es im Alltag der Tiere.

Zwar lebt die Mehrzahl der Vogelarten monogam, aber auch bei dieser Einehe kommt es trotz Bewachung durch die Männchen und häufiger Kopulationen immer wieder zu sogenannten »außerehelichen Kopulationen«, bei denen es fremden Männchen gelingt, Begattungen »zu stibitzen«. In Einzelfällen ist es Ethologen in den letzten Jahren zwar gelungen, regelrechte Vaterschaftsnachweise solcher fremden Männchen vorzulegen, doch war bislang unbekannt, in welchem Maß die »Seitensprünge« insgesamt zum Fortpflanzungserfolg führen.

Tim Birkhead, J. Pellatt und F. M. Hunter vom Department of Animal Biology der Universität Sheffield in England sind dieser Frage nachgegangen. Sie untersuchten die Wahrscheinlichkeit, mit der fremde Männchen beim monogamen Zebrafinken *(Poephila guttata)* zu Vätern werden. Wichtigstes Hilfsmittel der Forscher: Bestimmte Färbungs- und Zeichnungsmuster der Zebrafinken dienten ihnen als »genetische Marker«; sollten die Nachkommen eines Paares bestimmte »fremde« Gefiedermerkmale aufweisen, die nur bei den fremden Männchen vorkommen, wären sie einem Seitensprung auf der Spur, so die Idee der Wissenschaftler. Was daraus folgt, ist bloße Genetik: Nehmen wir ein ausschließlich braun gefiedertes Weibchen und lassen es mit einem grauen für dieses Merkmal reinerbigen Männchen kopulieren, so sind die Nachkommen uniform grau; denn die Erbmasse des grauen Männchens ist beim Zebrafinken dominant gegenüber der braunen Farbe des Weibchens. Befruchtet dagegen ein braunes Männchen die Eier, so sind auch die Nachkommen braun – die Farbe bringt mithin den Seitensprung an den Tag.

Für die Untersuchungen nun wurden sieben Zebrafinkenpaare in einer Voliere rund um die Uhr beobachtet, Verpaarung und außereheliche Kopulation notiert. Die in Australien heimischen, kolonielebenden Zebrafinken kopulieren rund 12mal pro Gelege, das fünf oder sechs Eier haben kann; die Weibchen sind dabei zwischen dem 11. Tag und dem Tag, an dem das vorletzte Ei gelegt wird, fertil. Tatsächlich gelang es dem Team um Tim Birkhead, nur bei einer von vier Volierenbruten eine »Fremdvaterschaft« einwandfrei nachzuweisen. Viermal, so ihr Bericht, hatte das Weibchen mit dem grauen »rechtmäßigen« Partner kopuliert und zweimal mit einem anderen braungefiederten Männchen. Sichtbares Ergebnis dieser Liaison: Die jungen Zebrafinken waren ebenfalls braun.

Insgesamt allerdings nimmt sich der Erfolg solcher Seitensprünge eher gering aus. Denn nur 5,6 Prozent aller Nachkommen und nur 2 Prozent der Bruten waren bei diesen Versuchen das Resultat von Kopulationen mit fremden Zebrafinkenmännchen.

Vergleichbares kennen Verhaltensforscher neuerdings auch von der Heckenbraunelle, die der britische Ethologe Nicholas Davies jahrelang im Botanischen Garten der Universität Cambridge beobachtet hat. Das Paarungssystem dieser kleinen Singvögel erwies sich dabei als äußerst variabel; denn bei Braunellen gibt es alles: monogame, polygyne und polyandrische Verbindungen, ja sogar recht eigenwillige »Beziehungskisten«, bei denen zwei oder drei Männchen zwei, vielleicht auch drei oder gar vier Weibchen teilen. Doch auch diese offenkundig anarchischen Paarungsbeziehungen unter Heckenbraunellen gehorchen den Darwinschen Zwängen der natürlichen Auslese, so fand Nicholas Davies heraus. Mittels einer modernen genetischen »Fingerprintmethode«, bei der sich auf molekularbiologischem Weg die Vaterschaft nachweisen läßt, überprüften Davies und der Genetiker Terry Burke von der Universität in Leicester, welchen Fortpflanzungserfolg die einzelnen Paarungsstrategien auch bei den Braunellen zeitigten. Und Reproduktionserfolg wird bei Tieren anhand der Zahl der Nachkommen gemessen. Daß ein umherstreifendes, fremdes Männchen nur bei einem einzigen von

133 Jungen der Vater war, zeigt, wie gut Braunellen auf ihre Weibchen achtgeben. Daß es dennoch zu einiger Verwirrung über die tatsächliche Vaterschaft unter den Braunellen kommt, zumal wenn mehrere Männchen an einem Gelege beteiligt sind, liegt dann eher am komplizierten Fortpflanzungssystem dieser Singvögel als daran, daß die Männchen nicht recht aufpassen.

Auch die Zebrafinken verhindern durch das enge Bewachen meist erfolgreich die Annäherung fremder Männchen. Bekannt ist solches Verhalten zudem von weiteren Vogelarten, etwa vom Steinschmätzer; und die Mittelmeer-Gespensterkrabben nehmen ihre Weibchen regelrecht in die Zange, um sie vor anderen Männchen zu »beschützen«.

Ist es beim Zebrafinken dennoch zu einem Fehltritt seitens einer Finkendame gekommen, so erzwingt das verpaarte Männchen sofort danach eine Kopulation mit seinem Weibchen – vorausgesetzt freilich, er wird Zeuge des Seitensprungs.

Denn auch beim Zebrafinken kommt es zu einem Spermakonkurrenzeffekt, bei dem wie so häufig vor allem der Zeitpunkt der Begattung entscheidet, wer Nachwuchs zeugt: Denn wer das befruchtungsbereite Weibchen kurz vor der Eiablage begattet, wird signifikant häufiger der Vater der Nachkommen; und das ist unabhängig von der Häufigkeit, mit der einer kopuliert. Eine außereheliche Begattung, so die britischen Zoologen, ist immer dann erfolgreich, wenn es die letzte Kopulation mit einem legebereiten Weibchen ist. Das gekonnte Timing also zählt. Und erfolgreich heißt bei ihnen, daß sie zwischen der Hälfte und Zweidrittel aller Eier befruchten können. Kopuliert das verpaarte Männchen zuletzt, sinkt diese Wahrscheinlichkeit einer erfolgreichen Fremdkopulation auf 16 Prozent herab. Beim Zebrafinken konkurriert man ebenfalls darum, als letzter zu kopulieren.

Wer unter den Spermien das Rennen zum befruchtungsbereiten Ei gewinnt, spielt auch für uns Menschen eine wichtige Rolle. Um die Voraussagen der Theorie zur Spermakonkurrenz zu überprüfen, hatten sich erst vor wenigen Monaten Robin Baker und Mark Bellis von der Universität in Manchester an den Menschen selbst gewagt. Quintessenz ihrer Studie an 15 *Homo-sapiens*-Pärchen: Ein Mann, dessen Samen mit dem anderer Männer konkurrieren muß, reagiert darauf in eindeutiger Weise: Er produziert fortan pro Kopulation mehr Sperma, als wenn er in einer monogamen Beziehung lebt und liebt.

Genau das hatten Theoretiker, die sich mit Spermakonkurrenz wissenschaftlich auseinandersetzen, vorausgesagt, allerdings für andere Säugetiere. Wenn gleichzeitig mehrere Männchen mit einem befruchtungsfähigen Weibchen kopulieren, wie dies etwa bei Schimpansensozietäten der Fall ist, konkurrieren die Männchen nicht direkt untereinander um die Gunst des Weibchens; vielmehr überlassen sie die Auseinandersetzung quasi ihren Ejakulaten, die dann erst im Fortpflanzungstrakt der Schimpansin die endgültige Entscheidung austragen.

Langfristig, so die Prognosen der Forscher, wird die natürliche Selektion als Folge dieser Spermakonkurrenz die vermehrte Produktion von Spermien, aber auch größere Hoden fördern. Anders bei Männchen, die allein ein Weibchen begatten: Sie werden gerade ausreichend Spermien produzieren, um die Fortpflanzung zu sichern.

Derartige Kopulationsdynamiken zum Thema seiner Forschungen zu machen, begann vor einigen Jahren der Däne Anders Pape Møller. Von Vögeln als Modell ging er bald zu einer Untersuchung an Affen über; Baker und Bellis fügten jetzt mit ihren Untersuchungen am Menschen das letzte Mosaiksteinchen in dieses Bild ein.

Angelpunkt aller Überlegungen an Säugern ist die Frage, warum die Männchen jeder Art eine ganz spezifische Hodengröße besitzen. Unter den Menschenaffen etwa haben Gorilla und Orang-Utan im Vergleich zu ihrer Körpergröße kleine Hoden, während die von Schimpansen geradezu riesig wirken – wieder in Relation zu ihrer Körpergröße, versteht sich. Die inzwischen von den Experten favorisierte Erklärung dafür liegt im unterschiedlichen Fortpflanzungsverhalten der Tiere. Orang-Utan und Gorilla konkurrieren direkt mit anderen Männchen um die Vorherrschaft in der Gruppe und damit um das Vorrecht, als einziger ein Weibchen zu begatten. Primatologen sprechen hier von einer »Ein-Männchen-Polygynie«, das heißt nichts anderes, als der dominante Gorillamann besitzt einen Harem, zu dem er allein Zugang hat.

Anders bei Schimpansen: Ihre soziale »Etikette« läßt es zu, daß gleichzeitig mehrere Männchen bei einem fortpflanzungsbereiten Weibchen, einer Schimpansin »in Östrus«, anstehen; sie stehen dabei übrigens wirklich regelrecht an, ohne Unruhe aufkommen zu lassen, und warten, bis die Reihe an sie kommt. Typischer Fall von Promiskuität oder »Vielmänner-Polygynie.«

Und die relativ geringe Körpergröße bei Schimpansen deutet schon an, daß es unter den Männchen zu vergleichsweise wenig Streit um Sex kommt, während die erheblich größere Körpergröße bei Gorilla- und Orang-Utan-Männchen für die Affenforscher ein Indiz für Dominanzkämpfe unter den Männchen ist.

Schimpansen konkurrieren also in der Tat erst in den Eileitern der Weibchen miteinander, so kommentierte Roger Lewin im amerikanischen Fachblatt »Science« die Møllersche Studie. Sie versuchen, sich ihrer Mitbewerber zu erwehren, indem sie mehr Samen zurücklassen als diese; im Laufe der Evolution kommt es dadurch zu einem »Wettrüsten der Keimdrüsen«, äußerlich erkennbar an den deutlich größeren Hoden.

Und das, so wissen wir inzwischen, gilt nicht nur für die Menschenaffen, sondern allgemein für Primaten. Anders Pape Møller hat nun – wohl wissend, daß Quantität und Qualität auch in diesem Fall zwei Dinge sind – bei 25 Primatenarten nicht nur das Volumen der Ejakulate, sondern die Gesamtzahl der Spermien, ihre Beweglichkeit und ihre Sterblichkeit untersucht. Sein Befund paßt prompt ins Bild: Denn solche Arten mit großen Hoden tun sich auch durch die Qualität ihrer Ejakulate hervor. Ihre Spermien sind nicht nur zahlreicher, sondern zudem auch schneller und beweglicher. So haben Affenarten mit »Vielmännerei« deutlich mobilere Samenfäden als festverpaarte Arten: Bei polygamen Makaken etwa liegt diese Beweglichkeit, die Motilität, mehr als zehnmal höher als beim in Einehe lebenden Gibbon.

Und die Samenstudie bei Säugetieren brachte noch einen weiteren staunenswerten Vergleich ans Tageslicht. Während Schafböcke nämlich bis zu 95 Ejakulate »in Reserve« haben, sind es beim Kaninchen nur 30, beim Menschen gar nur zwei. Die beiden Ethologen Paul H. Harvey und Robert M. May, die Møllers Arbeit für das britische Fachblatt »Nature« kommentierten, vermuten hier einen Zusammenhang mit der Wahrscheinlichkeit, innerhalb kurzer Zeit erneut zu kopulieren und mit der Möglichkeit, dabei noch einmal Nachkommen zu zeugen.

Und der Mensch schneidet auch schlecht ab, wenn es um die Rate geht, mit der pro Gramm spermaproduzierendes Keimdrüsengewebe Samen nachgeliefert wird. Bei acht untersuchten Säugerarten liegt die Samenproduktion im Durchschnitt um mehr als das Vierfache höher als beim Menschen.

Wieder gibt es dabei brisante Unterschiede: So haben Dänen beispielsweise doppelt so große Hoden wie Chinesen; eine Differenz, die nach Meinung der Experten größer ist, als die rassenbedingten Unterschiede etwa der Körpergröße erwarten ließen; und Kaukasier produzieren zweimal so viele Spermien pro Tag wie Chinesen, so notierten die Oxforder Zoologen Harvey und May.

Doch derartige Abweichungen innerhalb des Menschen nun gleich auf verschiedene Paarungsgewohnheiten und den damit verbundenen Grad der Spermakonkurrenz zurückführen zu wollen, davor scheuen sich die Verhaltensforscher derzeit. Ob sich auch beim Menschen die Hodengröße in Beziehung setzen läßt zu den in verschiedenen Kulturkreisen unterschiedlichen Fortpflanzungsgewohnheiten, darüber fehlen bislang eingehende Studien.

Dagegen scheint die Spermakonkurrenz beim *Homo sapiens* aber zumindest das individuelle Paarungsverhalten einzelner Männer zu beeinflussen. Und damit sind wir endlich bei den Ergebnissen, die Baker und Bellis kürzlich vorlegten.

Sie gingen von folgender zugegebenermaßen reichlich theoretischen Überlegung aus: Berechnungen hatten ergeben, daß die minimale Rate, bei der Spermakonkurrenz einen selektiven Einfluß auf die Samenproduktion ausüben kann, bei wenigstens einer »Fremdkopulation« – sprich: mit einem zweiten Mann – pro 7700 Kopulationen liegen sollte. Bei einer zwischen 1987 und 1989 durchgeführten Untersuchung an Londoner Frauen zeigte sich allerdings, daß wenigstens eine von 1000 Kopulationen (also achtmal mehr) mit einem zweiten Mann erfolgt. Für Robin Baker und Mark Bellis war dies Grund genug, auch beim Menschen einen starken Selektionsdruck durch Spermakonkurrenz zu erwarten und sich auf die Suche danach zu machen.

Sie überredeten 15 Paare, die sich im Mitarbeiterstab der School of Biological Sciences an der Universität in Manchester fanden und die alle mit ein bis drei Kopulationen wöchentlich ein normales Sexualverhalten zeigten, zu einem Test. Jedes Paar sammelte über mehrer Monate die Ejakulate des Mannes mit Hilfe von Kondomen und lieferte diese zusammen mit einem ausgefüllten Fragebogen zum anschließenden Samenzählen wieder ab. Zwischen den einzelnen Liebesakten lagen in dieser Zeit durchschnittlich 55 Stunden.

Rechnet man viele Nebeneffekte ab, so fanden Baker und Bellis schließlich eine starke negative Korrelation zwischen der Zahl der Spermien, die ein Mann je Akt ejakuliert, und der Zeit, die er mit seiner Partnerin zwischen den einzelnen »Schäferstündchen« zusammen war. Noch einfacher ausgedrückt: Allein an der Zeit, die ein Paar zusammen verbrachte, konnten die beiden Forscher die Zahl der ejakulierten Spermien voraussagen. Denn sie sehen einen Zusammenhang zwischen der mit einer Partnerin gemeinsam verbrachten Zeit und der Gefahr, daß ein anderer Mann »dazwischenfunken« kann. Je häufiger und länger ein Paar zusammen ist, desto geringer die Gefahr für den Mann, mit fremden Samen konkurrieren zu müssen. Oder mit anderen Worten: Muß ein Mann mit Konkurrenten rechnen, produziert er pro Kopulation auch mehr Samen als ohne dieses Risiko. Und das bedeutet konkret: Bei Paaren, die wenig Zeit zusammen waren, lag die durchschnittliche Zahl der Spermien pro Ejakulat bei rund 6 Millionen; bei solchen Paaren, die immer miteinander lebten (und schliefen), betrug sie nur eine Million Spermien, wobei man wissen muß, daß ein Mann rund drei Millionen Samen täglich erzeugt. Fazit: Monogamie läßt den Samen stocken.

Nach Ansicht von Baker und Bellis zeigt ihre jüngste Studie vor allem eines ganz deutlich: Die Samenfracht, die ein Mann bei einer Kopulation zurückläßt, variiert genauso, wie das die Theorie von der Spermakonkurrenz vorhersagt. Ein Mann ejakuliert um so mehr Samen, je größer das Risiko ist, daß sich seine Partnerin mit einem zweiten Mann einläßt, während sie noch seinen fertilen Samen in sich trägt. Und: Männer können offenbar die Samenmenge regulieren, die sie bei einem Liebesakt ausstoßen, je nachdem, ob sie mit dem Risiko leben, daß ihre Spermien mit denen anderer Männer konkurrieren müssen oder nicht.

Indes: *Wie* sie dies erreichen, darüber herrscht völlige Ungewißheit bei den Wissenschaftlern. Allein, *daß* sie es tun, ist jetzt sicher – und auch, daß evolutionäre Auseinandersetzungen sich in der Tat selbst bei uns Menschen auf unerwartet subtile Weise äußern können.

Wenn Weibchen zum »Seitensprung« auffordern

Während die Weibchen sehr vieler Tierarten ihre Empfängnisbereitschaft den Männchen anzeigen, so etwa durch den Östrus bei Säugern (eine Ausnahme machen dabei allein die Menschen), und die Paarungen damit in die kritische Zeitspanne für eine Befruchtung fallen, ist solch eine »Brunstanzeige« von Vögeln bislang unbekannt gewesen. Dagegen machen selbst Insektenweibchen mit Geruchsstoffen auf die Ovulation aufmerksam und locken so Männchen herbei. So hartnäckig diese indes während der Brunst um die Weibchen streiten, außerhalb dieser kritischen Periode werden die Weibchen vieler Tiergruppen dann meist schnöde ignoriert; auch hier macht, wie wir wissen, der Mensch erneut eine Ausnahme.

Robert Montgomerie von der kanadischen Queen's-Universität in Kingston, Ontario, und Randy Thornhill an der Universität von New Mexico in Albuquerque sind seit Jahren – anfangs unabhängig voneinander – mit Verhaltensstudien zur Geschlechterwahl bei der nordischen Spornammer beziehungsweise am Haushuhn beschäftigt. Jetzt glauben sie erste Hinweise gefunden zu haben, daß auch Vogelweibchen den Höhepunkt ihrer Empfängnisfähigkeit den Männchen ankündigen; und dies just zum Zeitpunkt eines Eisprungs, aber keineswegs nur dem eigenen Männchen, mit dem sie sich zuvor verpaart haben.

Mit besonders lautem und häufigem Rufen oder Gackern, so konnten die Ethologen beobachten, machen die Weibchen von Spornammer und vom Haushuhn immer dann auf sich aufmerksam, wenn sie gerade erst ein Ei gelegt haben und damit die »Erfolgsaussichten«, bei einer Kopulation nun das nächste Ei zu befruchten, besonders groß sind. Da zumindest bei Hühnern, aber auch bei Spornammern, unter den Männchen die Konkurrenz um Weibchen groß ist, könnten die Männchen durch solch auffälliges Verhalten quasi auf ihren entscheidenden Auftritt im Fortpflanzungsgeschäft vorbereitet werden; eine Art »Frühwarnsystem« zur erfolgreichen Befruchtung. So dominiert zwar in einer 10köpfigen Hühnerschar meist ein Hahn, der auch die Mehrzahl der Hennen begattet, doch Randy Thornhill, der freilaufende Hühner in New Mexico studierte, fiel auf, daß 10 bis 50 Minuten nach der Eiablage die Hennen auffällig laut zu gackern beginnen, und das bis zu 20 Minuten lang, woraufhin regelmäßig Bewegung unter die bis dahin ruhigen Männchen der Hühnerschar kam, die in der Folge deutlich häufiger Rangordnungskämpfe ausfochten. Und obwohl in neun von elf Fällen der dominierende Hahn dann jenes gackernde Weibchen begattete, interpretiert Thornhill dies als Hinweis darauf, daß die laut rufende, weil wieder befruchtungsfähige Henne sich auf diese Weise bei jedem Ei von neuem den besten Vater für ihren Nachwuchs sichert – Qualitätskontrolle auf dem Hühnerhof.

Auch Robert Montgomerie konnte solche lauten Paarungsaufforderungen bei der in Kanada und im nördlichen Skandinavien brütenden Spornammer beobachten, sobald das Weibchen in den frühen Morgenstunden ein Ei gelegt hatte. Anders als Hühner leben diese Singvögel meist in Einehe; allerdings kommen gelegentlich außereheliche Kopulationen, lapidar als Seitensprung benannt, auch bei dieser Vogelart vor; einen nicht unerheblichen Teil ihrer Zeit verbringen die Ammerhähne folglich damit, in den Territorien der Nachbarn deren Weibchen nachzustellen. Immerhin bis zu 15 Prozent der 10 bis 20 Kopulationen, die Montgomerie pro Saison verzeichnete, gingen auf das Konto solcher EPCs (»extra-pair copulations«), wie Ethologen sagen; und die Spornammermännchen verbrachten über 30 Minuten am Tag allein damit, fremde Ammerhähne aus der Nähe ihres eigenen Weibchens zu vertreiben. Diese freilich kommen ihnen dabei alles andere als entgegen. Denn:

Nicht nur dem eigenen Männchen zeigen Spornammern den günstigen Begattungszeitpunkt an, indem sie mit einem lauten, hochtonigen Triller vom Nest zu einem kurzen Singflug aufsteigen, sobald sie wieder ein Ei gelegt haben. Dieser unter Spornammern sonst eher unüblichen Paarungsaufforderung kommt das Männchen dann auch ohne Umschweife nach, sobald das Weibchen wieder in der

Tundra gelandet ist. Und obwohl es in allen beobachteten Fällen jeweils das eigene Männchen war, das die auffliegende und trillernde Ammer schließlich begattete: Die beiden Ethologen sind sicher, daß das Signal keineswegs allein dem verpaarten Männchen galt. Denn der trillernde Ruf sei viel zu laut gewesen, um wie bei anderen Singvögeln nur das eigene Männchen anzulocken; vielmehr konnte man das trillernde Weibchen noch in 100 Meter Entfernung erkennen; genug jedenfalls, um auch sämtliche benachbarten Männchen aufmerksam werden zu lassen und ihnen eine empfängnisfähige Ammerndame anzuzeigen. Die bislang für monogam gehaltenen Spornammern scheinen ihre Nachbarn offenbar regelrecht zum »Seitensprung« aufzufordern.

Kein Wunder, daß dann gelegentlich einmal bis zu sechs fremde Männchen gleichzeitig im Revier eines Hahnes auftauchen, wenn das Weibchen derart auffällig für sich wirbt. Auch hier steigert dies die Konkurrenz unter den Männchen gerade während des kritischen Zeitraums, in dem die Eier befruchtet werden können. Und auf diese Weise versichern sich möglicherweise selbst scheinbar in Einehe lebende Vogelarten stets des dominierenden und damit besten Männchens als Erzeuger ihres Nachwuchses. Allein ein Revier und ein Weibchen zu besitzen, reicht bei den nordischen Spornammern jedenfalls noch längst nicht aus, um sich erfolgreich fortzupflanzen.

Aus ihren Beobachtungen schließen Montgomerie und Thornhill jetzt in der Fachzeitschrift *Ethology,* daß es auch bei einigen anderen Vogelarten zu derartigen östrusähnlichen »Fruchtbarkeitsanzeigen« kommt, die die Männchen regelrecht anspornen, sich eben zu diesem Zeitpunkt besonders ins Zeug zu legen, um das befruchtungsfähige Weibchen begatten zu können. Denn nur rund 15 bis 30 Minuten nach der Ovulation können die Spermien die Eihülle durchdringen. Aus früheren Untersuchungen wissen wir bereits, daß die Chance des letzten während oder kurz nach einem Eisprung kopulierenden Männchens am größten ist, Nachwuchs zu zeugen; und das, obwohl ein Ei auch von Sperma befruchtet werden kann, das ein Weibchen bis zu mehr als sechs Wochen gespeichert hat.

Für die Männchen kann es sich also durchaus lohnen, nur zum fraglichen Zeitpunkt mit anderen, ebenfalls an der Weitergabe ihrer

Gene »interessierten« Männchen um die Gunst eines Weibchens zu konkurrieren oder aber, wie im Fall der Spornammer, Ausschau nach trillernden Weibchen zu halten, wenn diese damit zur außerehelichen Kopulation auffordern. Mittels lauter Rufe, so die beiden Zoologen, verkünden nicht wenige Weibchen den Beginn der Kämpfe und sichern sich auf diese Weise, daß ihre Eier auch stets vom stärksten, weil erfolgreichsten »Bewerber« befruchtet werden. In der Evolution könnte dieses gerade auch an fremde Männchen adressierte Aufforderungsverhalten entstanden sein, weil es neben den zusätzlichen Chancen der Männchen, Vater zu werden, eben auch die der Weibchen verbessert, nur vom »genetisch besten« der verfügbaren Männchen Nachwuchs zu bekommen. Immerhin 18 Vogelarten machten Montgomerie und Thornhill schließlich in der wissenschaftlichen Literatur ausfindig, die solche lauten und auffordernden Rufe just nach der Eiablage äußern, quasi als »Befruchtungssignal« für das weitere Gelege.

Allein bei den streng monogam lebenden Vögeln, bei denen die Partner ja oft schon tage- und wochenlang vor und vor allem während der Eireife zusammenbleiben, ist solch eindeutiges, Fertilität signalisierendes Rufverhalten seitens der Weibchen nicht zu erwarten. Denn hier kommt meist nur ein einziges Männchen, das regelmäßig kopuliert, als Vater in Frage; und der ist bereits bei der Balz auf anderem Wege »auserwählt« worden. Und auch wenn bei solch strikt monogamen Arten gelegentlich einmal EPCs von den Verhaltensforschern vermerkt werden, im Unterschied zur Spornammer annoncieren die Weibchen jedoch nicht extra noch ihre Empfängnisfähigkeit – schon gar nicht bis weit über die Grenzen des eigenen Reviers hinaus. Geradezu dezent und leise zwitschernd, wird da nur das eigene Männchen eingeweiht und zur Paarung verlockt. Ein fremdes Männchen muß da schon in einem sehr günstigen, weil unbewachten Moment im Revier auftauchen, um überhaupt eine Kopulation zu ergattern. Oft genug bleibt diese dann aber ohne Folgen, denn der rechtmäßige Revierbesitzer »neutralisiert« durch häufiges Kopulieren in den meisten Fällen den Samen des fremden Männchens. Dadurch erhöhen die verpaarten Männchen die Chance, auch wirklich nur ihren eigenen Nachwuchs großzuziehen und nicht etwa den eines anderen. Wenn schon nicht ungeschehen, können Männchen den »Ehebruch« ihrer Weibchen dank dieser Spermakonkurrenz wenigstens wirkungslos werden lassen.

Die lauten und unzweideutigen Paarungsaufforderungen der Spornammerweibchen sind dagegen eher ein Weg, derart sublime Konkurrenz auf seiten der Männchen wieder wirkungsvoll zu unterwandern.

»Piraterie« beim Lippfisch

Überaus direkt in ihrem Konkurrenzkampf, wenn es um die begehrten Weibchen geht, können die Männchen einer kleinen Lippfischart des Mittelmeeres zu besonders drastischen Methoden greifen; für sie zahlt sich dabei offenbar selbst »Diebstahl« aus. Denn unter den Lippfischen gibt es solche, die sich das »Hausbesetzertum« während der Brutsaison zur Methode gemacht haben.

Von dieser zumindest unter Tieren neuartigen Strategie berichtete kürzlich der belgische Zoologe Eric van den Berghe, heute an der Universität Santa Barbara in Kalifornien tätig. Er hatte an der Biologischen Station auf der Insel Korsika während dreier Brutperioden das von ihm als »Piraterie« bezeichnete Verhalten beim Pfauenlippfisch entdeckt. Denn keineswegs nur die im innerartlichen Wettbewerb unterlegenen Tiere, die ansonsten zu keinerlei Fortpflanzungserfolg kämen, versuchen durch allerlei alternative Verhaltensweisen zu Kopulation und Fortpflanzung zu kommen. Bislang jedoch waren Strategien, die sogar dominanten Tieren noch höhere Reproduktionserfolge brachten, den Soziobiologen unbekannt.

Der zur Fischfamilie der *Labridae* gezählte Litoralbewohner, den van den Berghe jetzt studierte, belehrt die Ethologen da eines Besseren. Zudem wußte man von *Symphodus tinca* (den einige Zoologen auch unter dem Namen *Crenilabrus pavo* kennen) bisher lediglich, daß die Männchen zwar Reviere besetzen und darin den an veralgten Felsblöcken abgelegten Laich bewachen, nicht aber, daß diese häufigen Litoralbewohner sogar Laichnester ähnlich wie der heimische Stichling bauen.

Die Brutperiode der Lippfische im Mittelmeer dauert rund zwei Monate, von April bis Juni, die Weibchen laichen täglich und legen jeweils etwa fünfzig Eier; meist heften sie die Brut dabei nicht nur an algenbewachsenes Substrat, sondern legen sie bevorzugt in die von den Männchen erbauten Nester. Während ein Drittel solcher Algennester wieder verlassen wird, wenn keine Weibchen angelockt werden, sammeln sich in den erfolgreichen Nestern bis zu tausend Eier an, die dann rund zehn Tage von den Männchen bewacht werden, bis die Jungen schlüpfen und der Brutzyklus erneut beginnt.

Für die Männchen ist dieses Brutverhalten allerdings sehr energieaufwendig und zudem riskant; sie verlieren monatlich bis zu einem Fünftel ihres Körpergewichts. Wenig verwunderlich, so van den Berghe, daß beim Lippfisch ein Verhalten evoluierte, sich Reproduktionsvorteile ohne derart hohe Kosten zu verschaffen. So fand der Zoologe neben den Nestbesitzern nicht nur sogenannte »Satelliten«, kleinere Männchen, die ganz in der Nähe der Nester anderer Männchen auf paarungsbereite Weibchen warten; er beobachtete außerdem auch solche Fische, die man als »Gelegenheitsväter« bezeichnen könnte. Sie lauern vorbeikommenden Weibchen geradezu auf, um diese dann – ohne auch nur ein Nest in der Nähe aufweisen zu können – zur Paarung zu verführen.

Beides ist eine Taktik, die wenig kostet, aber unter Umständen dennoch Vorteile – von den Biologen stets an der Zahl der Nachkommen gemessen – bringt. Zwar laichen die »Gelegenheitsväter« ohne Nest häufiger als die »Satelliten«, ihre Eier jedoch werden nicht bewacht. In beiden Fällen scheinen die Lippfischmännchen indes lediglich das Beste aus dem Umstand zu machen, ohne eigenes Revier und Nest zu sein.

Während es bei vielen Tierarten inzwischen belegt ist, daß sich solche Männchen, die anderenfalls leer ausgingen, gelegentlich Kopulationen regelrecht »erstehlen« müssen, entdeckte van den Berghe mit der »Piraterie« eine vierte und für Ethologen neue Strategie, der sich ausschließlich die mit 22 Zentimetern größten Männchen dieser Fischart bedienen. Und ihre Taktik ist nun noch effektiver, als selbst ein Laichnest zu bauen: Statt dessen »borgen« sich die dominanten Männchen bereits fertiggestellte Nester von anderen schwächeren Geschlechtsgenossen zwecks eigener Fortpflanzung und umgehen so die Kosten des Neubaus und der Bewachung. Sie warten einfach in der Nähe eines fremden Nestes, bis der Besitzer einige Weibchen angelockt hat, vertreiben ihn dann in einem kurzen Kampf, um selbst mit den Weibchen zu kopulieren.

Der plötzlich enteignete Nestbesitzer hat das Nachsehen, denn außer den entgangenen Paarungen überläßt der Nestschmarotzer unter den Fischen ihm dann zu allem Überfluß auch noch die Bewachung seiner Brut. Denn die stärkeren Männchen räumen den Erbauern und eigentlichen Nestbesitzern sofort wieder das Feld, nachdem die Weibchen die vom »Unterwasserpiraten« besamten Eier im Nest abgelegt haben.

Wie der Ethologe beobachten konnte, waren die »von Grund und Boden« verjagten Eigentümer in einigen Fällen nämlich trotz der Übernahme durch die größeren Männchen in der Umgebung ihres einstigen Nests verblieben, nur um jetzt die Bewachung einer weitgehend fremden Brut fortzusetzen.

Der durchschnittliche Nutzen dieses »Piratenverhaltens« der stärkeren Lippfischmännchen, so ermittelte van den Berghe an der Küste Korsikas, liegt 2,5- bis 10mal über den anderen ebenfalls in der untersuchten Population gezeigten Verhaltensweisen bei der Fortpflanzung. Die »Piraten« verbringen ja keine Zeit mit Bau und nur wenig mit der Bewachung von Nestern. Sie verlieren daher auch kein Gewicht während der Brutsaison, zumal sie auch noch die bereits im eroberten Nest abgelegten fremden Eier auffressen, bevor sie selbst dort laichen. Für die dominanten Fische zahlt sich die Piraterie mithin aus, da die Schlupfrate ihrer Eier ebenso hoch liegt wie die von Nestbesitzern. Die freilich mußten dazu erheblich mehr investieren.

Indes bleibt den »beraubten« Nestbauern wenig anderes übrig, als auch weiterhin das Nest mit der fremden Brut zu bewachen. Denn nur so können sie möglicherweise auch selbst noch einige Weibchen im eigenen Nest begatten, nachdem sie bereits einmal Zeit und Energie in den Nestbau investiert haben.

Wie Weibchen ihre Partner wählen

Charles Darwin war es, der das »Luxurieren« bei Tieren, die übertriebene Ausbildung bestimmter Körpermerkmale wie etwa die auffälligen Federbildungen der Paradiesvögel und Pfauen oder die Geweihe des Riesenhirsches, mit der bevorzugten Wahl durch die

Weibchen in seiner Theorie der »sexuellen Auslese« zu erklären versuchte. Daß Weibchen tatsächlich meist ihre Männchen wählen, darf als bekannt gelten; umstritten ist allerdings bislang, nach welchen Kriterien sie es tun. Und nicht zuletzt rätselten Evolutionsbiologen lange, wie schließlich sogar maladaptive Strukturen begünstigt werden konnten, also solche, die die Männchen schlecht angepaßt erscheinen lassen und die ihnen eigentlich eher hinderlich sind oder sie gar gefährden. Bunt schillerndes Gefieder ist da scheinbar nur eine Gefahr; doch wie der Pfau einen langen Federstoß hinter sich herzuschleppen, nur um gelegentlich einmal radschlagenderweise ein Weibchen zu beeindrucken, dafür aber in der Luft weitgehend manövrierunfähig zu werden, das scheint dann bereits eine »evolutionäre Dummheit« zu sein.

Darwin nahm 1871 in seinem Essay über die sexuelle Selektion an, daß die Weibchen Präferenzen für bestimmte Männchentypen haben, die schließlich zur Evolution solcher sekundären Geschlechtsmerkmale führen, ohne jedoch erklären zu können, wie solche Präferenzen entstanden sein könnten.

Beim Kampfläufer *(Philomachus pugnax)* beispielsweise, wie auch beim Birkhuhn und dem Großen Paradiesvogel, balzen die Männchen simultan in einer sogenannten Balzarena. Die Weibchen wählen unter den anwesenden Männchen und üben auf diese Weise einen starken Selektionsdruck aus, der zur Steigerung der morphologischen Auslöser, etwa auffälliger Federkragen beim Kampfläufer oder besonderer Federstrukturen bei Birkhahn und Paradiesvogel, führen soll. Durch die Simultanbalz haben die Weibchen gleichzeitig Zugang zu verschiedenen Männchen, unter denen sie wählen. Auch hier wird vermutet, daß die Weibchen einen angeborenen Standard besitzen, der sie potentielle Partner nach einem bestimmten phänotypischen Wert – einem äußerlich erkennbaren Merkmal – auswählen läßt.

Der britische Biologe Ian Tomlinson, der sich mit der Frage, *wie* Weibchen ihre Partner wählen, auseinandersetzte, diskutierte kürzlich mehrere Komponenten dieser »female choice«: Da spielt zum einen die Zahl der Männchen eine Rolle, die ein Weibchen vergleicht, bevor es sich für eines entscheidet. Während es bei der sogenannten absoluten Wahl das erste Männchen annimmt, das seinem Standard entspricht, kann sich ein Weibchen andererseits auch erst entscheiden, nachdem es mehrere entsprechende Männchen verglichen hat; eine Strategie, die angewendet werden muß, um beispielsweise das Männchen mit den längsten Schwanzfedern auszuwählen. Zum anderen könnte aber auch die Qualität der vom Weibchen bevorzugten Eigenschaft entscheiden; so bevorzugen Weibchen des Frosches *Physalaemus pustulosus* möglichst große und die am lautesten rufenden Männchen. Derartige Präferenzen können entweder nach dem Alles-oder-nichts-Prinzip oder aber stufenweise entstehen.

Und auch für die Weibchen stellt sich das Problem, ob sie überhaupt die Möglichkeit haben, wählerisch sein zu können. Denn »fittere« Weibchen dürften sich dies eher leisten können als solche, denen wenig Gelegenheit zur Wahl bleibt.

Oft genug, so glauben die Ethologen heute, entscheiden bei der Wahl des Partners ganz spezifische Feinmerkmale, etwa die Größe und Zahl der »Augen« auf dem Schwanzfächer beim Pfau *(Pavo cristatus)*; Feinmerkmale, die dem menschlichen Beobachter nicht selten gänzlich verborgen bleiben und die eine Damenwahl einmal sehr schlecht nachvollziehbar werden lassen.

Eine demgegenüber vergleichsweise unspezifische Wahl beschrieb die britische Zoologin Lynn Brodsky kürzlich am Alpenschneehuhn *Lagopus mutus*. Sie konnte sehr schön zeigen, daß Männchen mit größerem Kopfkamm von den Weibchen deutlich bevorzugt werden; die nur leichten Nuancen der Kammfarbe dagegen beeinflußten nicht den Verpaarungserfolg. Lynn Brodsky experimentierte dann vor allem mit unterschiedlich farbigen Beinen ihrer Schneehühner; dazu versah sie die Hähne willkürlich mit farbigen Beinmarkierungen und registrierte anschließend den Verpaarungserfolg. Solche mit roten Bändern wurden von den Schneehuhnweibchen deutlich häufiger gewählt als Tiere mit andersfarbigen Bändern; gelbe, blaue und grüne Beine machen auf Schneehuhndamen also durchaus nicht denselben Eindruck wie rote Beine; was die Zoologin darauf zurückführt, daß die Hennen Männchen mit solchen Markierungen bevorzugen, die der Kammfarbe gleichen. Entweder bevorzugen Schneehühner die Farbe Rot oder ihre Farbwahrnehmung ist gänzlich in den roten Wellenlängenbereich verschoben; auf etwas anderes reagieren sie daher nur noch schlecht.

Möglicherweise aber ist es auch eine genetische Bevorzugung roter Kämme, die die Hennen schlichtweg anweist, generell nach einem roten Männchenmerkmal geeigneter Größe zu suchen. Schneehühner hätten demnach ein »Suchbild« für Männchen mit großem und rotem Scheitelkamm. Ähnliche Bevorzugung natürlicher Färbungen war bereits zuvor, etwa beim Zebrafinken *(Poephilia guttata)*, gefunden worden. Da scheint weißes Kopfgefieder unter den Finkendamen »der große Renner« zu sein. Warum, ist den Zoologen schleierhaft.

Nach welchen Kriterien Weibchen nun tatsächlich ihre Partner wählen, bleibt zwar vielfach auch weiterhin unbewiesen; der Cambridger Zoologe Ian Tomlinson favorisiert jedoch eine genetisch vererbbare Bevorzugung, wie sie etwa für rote Kämme beim Schneehuhn existieren könnte.

Und eine solche genetische Kontrolle der Partnerwahl läßt ihn zudem eine neue These anbieten, die in einem oft nicht mehr zu trennenden Wirrwarr von widersprüchlichen Befunden, Meinungen und Hypothesen der letzten Jahre bei aller Simplifizierung des komplexen Phänomens der sexuellen Auslese einen einfachen Erklärungsansatz liefern könnte: Seiner Ansicht nach entscheiden sich Weibchen eher nach einem generellen Kriterium für ein Männchen als nach ganz spezifischen Merkmalen. Sie zeigen dabei allerdings gleichzeitig eine »Vorliebe« für jene Merkmale, die diesem generellen Kriterium ähneln oder es gar vortäuschen.

Daher könnte es ein einziges, einfaches Merkmal wie etwa die Körpergröße der Männchen gewesen sein, das ursprünglich als eine durchaus vorteilhafte Eigenschaft ausgewählt wurde. Durch Kammbildungen bei Vögeln oder beispielsweise Kehlbildungen bei vielen Echsen wird dann sekundär eine Körpervergrößerung vorgetäuscht. Aufgrund des stärkeren morphologischen Auslösers wählen Weibchen zunehmend solche Männchen mit »luxurierenden«, weil kaum noch angepaßten Merkmalen. Sie machen ihre Wahl mithin von sekundären Strukturen abhängig, wo sie eigentlich auf primäre Auslöser achten sollten.

Bereits in den dreißiger Jahren hatte der Evolutionstheoretiker Ronald Fischer darauf hingewiesen, daß ein Merkmal der Männchen, welches bevorzugt wird, mit einer anderen adaptiven Eigenschaft verbunden sein muß; erst dann würde eine Präferenz der Weibchen als Selektionskraft wirksam werden. So kann der Rückenkamm zum Beispiel bei einigen Molcharten sekundär zum Anlocken von Weibchen dienen, obgleich er in der Evolution aber vermutlich als zusätzliches Atmungsorgan entstanden ist.

Die »natürliche Zuchtwahl« von Männchen mit luxurierenden Signalen durch die Weibchen konnte jedoch nur evoluieren, solange die Auslöser der Partnerwahl weiterhin unspezifisch blieben. Immer noch wählen die Weibchen daher scheinbar größere Männchen, obgleich diese durch spezielle Strukturen lediglich Größe vortäuschen; dies allerdings erfolgreich.

Spektakulärer wohl, aber ebenfalls noch recht spekulativ ist eine andere These, nach der das Vogelgefieder als eine Art Gesundheitsattest dienen soll. Ein buntes Vogelkleid bürgt demnach für guten Fortpflanzungserfolg!

Bereits vor Jahren hatten Wiliam D. Hamilton von der Universität Oxford und Marlene Zuk, die jetzt an der Universität von New Mexico in Albuquerque arbeitet, vermutet, daß ein prächtiges Federkleid als ein sekundäres Geschlechtsmerkmal fungiert, das den Weibchen erlaubt, von Parasiten befallene Männchen von gesunden zu unterscheiden. Nicht nur Vogelzüchtern, auch den Vögeln selbst könnte dies den Gesundheitszustand eines potentiellen Partners anzeigen. Werden parasitenfreie Männchen bevorzugt von den Weibchen gewählt, dann setzen sich auch ihre möglicherweise Resistenzen tragenden Gene durch; folglich wären die Nachkommen widerstandsfähiger gegen Parasiten. Hier liegen der selektive Vorteil für die Tiere und der bekannte Dreh- und Angelpunkt für die Evolution.

Einige der mit Parasitenbefall und sexueller Selektion verbundenen Thesen konnte Marlene Zuk kürzlich an Hühnern überprüfen. So sind die Nackenfedern und Kopfkämme der Hähne, aber auch Iris- und Gefiederfarbe tatsächlich gute Indikatoren für etwaigen Parasitenbefall. Und Hennen bevorzugten im Wahlexperiment gesunde, nicht infizierte Hähne, während andere Merkmale wie Körpergewicht und Schnabelgröße keine signifikanten Unterschiede zwischen gesunden und parasitierten Hühnern ergaben. Dies spricht dafür, daß sich die Weibchen keineswegs durch einen zufälligen Nebeneffekt ansonsten ganz anders gearteter Wahlkriterien für parasitenfreie Männchen entscheiden.

Auch Moorhühner *(Centrocerus urophasianus)* wählen mit Vorliebe gesunde Männchen. Allein wenn selbst solche gesunden Hähne nach experimenteller Manipulation Merkmale eines Parasitenbefalls tragen, werden die Weibchen unsicher in ihrer Wahl; sie verweigern sich dann auch den gesunden, doch dank der Behandlung der Ethologen krank aussehenden Männchen. Offenbar »wissen« die Weibchen, was sie tun: Denn von den Moorhühnern ist auch bekannt, daß tatsächlich infizierte Männchen eine deutlich reduzierte Kopulationsleistung aufweisen; sie kopulieren zudem ihrerseits auch mit weniger gesunden Hennen, wie M. Boyce von der Universität Wyoming feststellte.

Und das scheint generell zu gelten: Nur bei Studien, die einen solchen Zusammenhang zwischen der bevorzugten Wahl durch die Weibchen und dem Parasitenbefall nicht aufzeigten, wie etwa beim Laubfrosch *Hyla versicolor,* sind die physiologischen Auswirkungen des Befalls derart gering, daß den Männchen dadurch kein deutlich erkennbarer Selektionsnachteil entsteht. Anders bei vielen Vogelarten: Zwar ist noch ungeklärt, ob co-evolutionäre Rückkoppelungen zwischen Wirt und Parasit tatsächlich für vererbbare Resistenzen verantwortlich sind. Doch zumindest für den bei uns heimisch gewordenen Jagdfasan ist inzwischen untersucht, daß hier eine Resistenz gegen Parasiten vererbt wird. Die Weibchen tun also tatsächlich gut daran, sich vornehmlich gesunden Männchen hinzugeben.

Und schließlich: Andrew F. Read an der Universität Oxford fand durch Untersuchungen von Blutproben bei über zweihundert Sperlingsvogelarten erste Bestätigungen für einen generellen Zusammenhang zwischen Parasitenbefall mit Blutparasiten (*Haematozoen*) und der Farbausprägung des Gefieders. Das Ausmaß der Infektion mit solchen Parasiten und die artgemäße Gefiederfärbung waren überaus deutlich: Denn die Männchen jener Arten, die besonders zu Parasitenbefall neigten, waren auch stets am buntesten gefiedert. Einen ähnlichen Zusammenhang zwischen Parasitenbefall und Färbung entdeckte kürzlich auch Paul Ward von der Universität in Liverpool bei Süßwasserfischen.

Der wissenschaftlichen Bestätigung bedürfen indes alle diese ersten Befunde noch, bevor sich daraus der allgemeingültige Schluß ziehen läßt, daß Parasiten die Evolution der Zeichnung und Färbung im Tierreich beschleunigten. Möglicherweise hätte dann bei Vögeln eine »Zuchtwahl« auf besonders prächtiges Gefieder – ursprünglich entstanden durch den Selektionsvorteil gegenüber Parasitenbefall – im Laufe der Evolution zur Ausbildung eben jener »luxurierenden« Strukturen geführt, die seit Charles Darwin den Biologen Rätsel aufgeben.

Warum der Schwanz der Schwalben nicht in den Himmel wächst

Rauchschwalbenweibchen wissen offenbar genau, wonach sie zu suchen haben, wenn es um die Wahl eines Männchens geht: Sie erwählen mit Vorliebe solche mit möglichst langen Schwänzen. Diese eigenartige und anfangs völlig unverstandene Vorliebe fand der dänische Ornithologe Anders Pape Møller bei seinen Studien an einer Schwalbenpopulation im dänischen Kraghede.

Wenn auch die Wege so mancher »Vor-Liebe« nicht selten rätselhaft sind, die der Evolution aber meinen Biologen mittlerweile ganz gut zu kennen. Und hätte Charles Darwin recht mit seiner These der Weibchenwahl, müßten bei solch einseitiger Bevorzugung von langen Schwanzfedern den Männchen im Verlauf ihrer Evolution ständig längere Schwänze gewachsen sein. Nun, man mag sich beim nächsten Besuch in einem Kuhstall, wo diese Schwalbenart gern brütet, vom Gegenteil überzeugen. Der Federstoß gerade der Rauchschwalben ist schön gegabelt, und die Randfedern sind auch ordentlich lang, in den Himmel gewachsen sind die Schwänze indes keineswegs.

Und der dänische Ethologe Anders Møller weiß inzwischen auch warum. Er konnte bei seinen Untersuchungen für Rauchschwalben bestätigen, daß die sexuelle Selektion auch bei Tierarten eine wichtige Rolle spielt, bei denen man es auf den ersten Blick wohl nicht erwarten würde. Die Ethologen verblüfft vor allem, daß die sexuelle Auswahl auch bei einer monogamen Vogelart so wirksam ein sekundäres Geschlechtsmerkmal favorisiert, wie es die verlängerten Schwanzfedern der Rauchschwalben sind. Denn bislang hatten die

Wissenschaftler dies vor allem für solche Arten untersucht, die mehrere Weibchen haben können, wenn sie nur erfolgreich ihre Konkurrenten ausschalten. Eine Bevorzugung für solche auffälligen Geschlechtsmerkmale führt ja der radschlagende Pfau eindrucksvoll vor. Und die sexuelle Selektion erklärt auch, warum gerade bei den polygamen Arten stets die Männchen so auffällig gefärbt sind, sich durch besondere Merkmale auszeichnen oder einfach nur größer sind.

Unter den monogamen Rauchschwalben hingegen ist das anders. Sie gleichen sich so sehr, daß auch erfahrene Feldornithologen die Geschlechter nicht leicht auseinanderhalten können. Erst wenn man die Tiere in der Hand hält und die Schwanzspieße nachmißt, wird man kleine Differenzen finden: Die Stoßfedern der Männchen sind rund einen Zentimeter länger als die der Weibchen. Und dieser feine Unterschied bei den Rauchschwalben, so vermochte Møller die Evolutionsbiologen unlängst zu überzeugen, scheint sich tatsächlich dank der »Zuchtwahl« durch die Weibchen herausgebildet zu haben.

Um die Rolle der Schwanzlänge besser untersuchen zu können, bediente sich Møller eines kleinen experimentellen Tricks, den er dem schwedischen Forscher Malte Andersson, Zoologe an der Universität in Göteborg, abgesehen hat. Andersson konnte durch seine Studien Anfang der achtziger Jahre zeigen, daß afrikanische Witwenvögel mit künstlich verlängertem Schwanz einen größeren Erfolg bei den Weibchen erzielten; bei diesen polygamen etwa spatzengroßen Vögeln mit prächtigem Schwanzgefieder wirkt die sexuelle Selektion besonders, da ein erfolgreiches Männchen gleich mehrere Weibchen begatten kann; nicht die direkte Konkurrenz unter den Männchen, so erkannte Andersson damals, spielt die entscheidende Rolle, sondern allein die Weibchenwahl, und die favorisiert möglichst lange Schwanzfedern.

Anders Møller nun ging der Frage nach, wie es wohl bei monogamen Vögeln ist, wo ein Selektionsdruck, der besondere Männchenmerkmale herausbilden könnte, ungleich geringer zu sein scheint. Dazu machte sich Møller jetzt an den Federn von eingefangenen Schwalbenmännchen zu schaffen. Er schnitt einigen von ihnen einfach ein rund zwei Zentimeter langes Federstück heraus und fügte die Federspitze mit einem Spezialkleber wieder an, so daß der Schwanz seine Funktionsfähigkeit weitgehend behielt. Møller klebte dann einigen anderen Schwalben diese zuvor herausgetrennten Stücke wieder an; während er so die Schwanzfedern der ersten Gruppe verkürzte, verlängerte er die einer zweiten Gruppe um die gleiche Länge. Jetzt sollte sich herausstellen, ob die unterschiedliche Länge der Federn tatsächlich eine Rolle bei der Damenwahl spielt.

Dazu beobachtete der dänische Ethologe, wie lange ein Männchen herumfliegen mußte, bis ein Weibchen den Schwalbenmann erwählte und sich mit ihm verpaarte. Und das Ergebnis: Rauchschwalben mit künstlich verkürzten Schwanzfedern brauchten viermal so lange, um ein Weibchen zu finden, wie jene, denen Møller mit der Federstückprothese die Stoßfedern zusätzlich verlängerte. Denen hatte er mit dem Federstück quasi ein Freiticket für den Verpaarungserfolg angeklebt.

Doch warum ist es von Vorteil, möglichst schnell verpaart zu sein, sobald man aus dem Winterquartier im Frühjahr zurückkehrt? Aus den Vogelzugberichten über die Mönchsgrasmücken etwa wissen wir dies bereits: Der Bruterfolg ist größer, wenn man zeitig mit dem Brutgeschäft beginnt. So ist das auch bei Rauchschwalben. Sie legen daher früher Eier, und die Männchen mit den künstlich verlängerten Federn kamen zudem doppelt so häufig wie ihre manipulierten Artgenossen mit den verkürzten Federn in den Genuß, sogar zweimal pro Sommer zu brüten. Kürzere Schwänze, weniger Junge – so lautet die Quintessenz der Møllerschen Forschungen.

Die Schwalben mit den längeren Schwanzfedern hatten insgesamt einen zweifach größeren Bruterfolg im Vergleich zu ihren kurzschwänzigen Artgenossen. Andere Faktoren, die die Wahl der Weibchen ebenfalls beeinflussen könnten, etwa die Revierqualität oder das Balzverhalten, konnte der Verhaltensforscher ausschließen. Tatsächlich wählen Weibchen bevorzugt Männchen mit den längsten Schwanzfedern. Und die Männchen mit den künstlich verlängerten Federn haben neben der Zahl der Jungen, die sie aufziehen, noch einen weiteren Vorteil: Obgleich sie in einer monogamen Verbindung leben, versuchen auch sie sich gelegentlich mit Seitensprüngen; da alle Rauchschwalben der Kraghedepopulation mit farbigen Fußringen markiert waren, konnte Anders Pape Møller ihre Stippvisiten bei anderen Weibchen sehr gut verfolgen. Und während die Rate der versuchten Kopulationen innerhalb der monogamen Zweierbeziehung bei allen Männchen gleich war und auch alle diese Männchen zusätzlich durch außereheliche Paarungen zu weiteren genetischen Vorteilen zu kommen versuchten, gelang allein den Männchen mit verlängerten Schwanzfedern auch häufiger solch eine außereheliche Kopulation. Die fremden Weibchen, mit denen sie sich dabei liierten, waren oft genug nämlich mit jenen Männchen verpaart, die einen kürzeren Schwanz aufwiesen.

Auch in diesem Fall lassen sich die Schwalbenweibchen offenbar eher mit einem Männchen ein, wenn dieses einen erheblich verlängerten Federstoß vorweisen kann. Die Schwanzlänge dient den Weibchen also in der Tat als ein Sexualsymbol, das den Männchen sowohl die erfolgreiche Verpaarung als auch den erfolgreichen Seitensprung garantiert.

Als Anders Pape Møller diese Ergebnisse im April 1988 erstmals in der Zeitschrift »Nature« vorstellte, rätselte er noch selbst darüber, warum die Rauchschwalbenweibchen denn nun eigentlich Partner mit langen Schwanzfedern bevorzugen. Zwar wußte er nach diesen ersten Studien, daß durch längere Randfedern der Bruterfolg der Männchen gesteigert wurde; aber was hatten die Weibchen davon? Irgendeine Qualität mußte sich doch hinter diesen längeren Federn verbergen, damit sich dieses Merkmal durch sexuelle Selektion herausbilden konnte. Und wir wissen noch immer nicht, warum Schwalbenschwänze im Laufe der Zeit nicht noch viel länger geworden sind.

Um die Geschichte von ihrem – vorläufigen – Ende her zu erzählen: Es gibt Selektionsfaktoren, die dem entgegenwirken. Die Rauchschwalben annoncieren mit längeren Schwanzfedern tatsächlich eine bestimmte Qualität; Vogelkundler fanden sie stets bei den älteren und größeren Männchen, die auch durchschnittlich etwas früher aus dem Winterquartier zurückkehren, die sich früher verpaaren und damit einen größeren Reproduktionserfolg zeigen. Von dem profitieren auch die beteiligten Weibchen.

Doch würden die Schwanzfedern noch weiter verlängert, hätten die Männchen damit nur Nachteile zu erleiden. Denn wie Anders Møller im Mai 1989 dann ebenfalls in »Nature« mitteilen konnte, machen sich evolutionäre Nachteile selbst bei seinen Versuchsschwalben bereits während des ersten Sommers bemerkbar; und dies sind wirksame Gegenspieler der sexuellen Auswahl.

Die zuvor bei den Weibchen noch so erfolgreichen Männchen mit den künstlich verlängerten Federn fingen nämlich deutlich kleinere Fliegen für die Jungen. Sie sammelten pro Beuteflug weniger ergiebige Nahrung für den Nachwuchs als ihre Artgenossen mit normalen oder mit verkürzten Schwanzfedern. Der Paarungsvorteil der Rauchschwalben ist also schnell dahin, wenn es um die Flugfähigkeit und den Beutefang geht. Da hatten nun schon eher die von Møller gestutzten Schwalben einen Vorteil. Sie konnten weiterhin unbehindert große und wendige Fliegen im kurvigen Flug fangen und an ihre Jungen verfüttern. Der Ethologe konnte die Nahrungsmenge, die jede Schwalbe zum Nest brachte, mit Hilfe von Halskragen, die er den einzelnen Jungen kurzfristig überstülpte, recht gut ermitteln. Danach jagten die Tiere, denen Møller zusätzlich ein Federstück eingepaßt hatte, deutlich weniger erfolgreich; sie verfütterten zwar noch dieselbe Menge Nahrung an ihre Jungen, aber es waren stets kleinere Beutestücke als bei ihren Konkurrenten. Und das heißt: Die Schwalben mit extrem langem Schwanz mußten erheblich mehr herumjagen, um ihre Jungen ausreichend zu versorgen; sie verausgabten sich dabei deutlich mehr als ihre Artgenossen, die zuvor bei der Wahl der Weibchen noch den kürzeren gezogen hatten.

Auch zeigte die Feinstruktur der Mauserfedern bei den Rauchschwalben mit künstlich verlängerten Schwanzfedern bald nach der Brut eine deutliche Mangelernährung der Alttiere an; solche Mangelerscheinungen im Federkleid sind für Ornithologen ein sicheres Zeichen dafür, daß die körperliche Kondition der betreffenden Tiere herabgesetzt ist. Und es sind just diese Federstellen, an denen die enorm langen Schwanzfedern später auch einmal abbrechen können.

Langfristig brachte den Rauchschwalben der Paarungsvorteil des Frühjahrs mithin wenig ein. Und im nächsten Frühjahr waren es nun die zuvor mit ihren verlängerten Federn bei den Weibchen noch so begehrten Männchen, die deutlich länger brauchten, um sich zu verpaaren. Ihre Federlänge nämlich hatte sich nach der Mauser deutlicher verringert als bei allen anderen Tieren, so als suchten sie ihrem Manövriernachteil des vergangenen Sommers entgegenzuwirken.

Insgesamt verschlechterte sich der Fortpflanzungserfolg der zuvor künstlich bevorteilten Schwalben im zweiten Jahr wieder, so daß sie nach zwei Jahren nicht besser abschnitten als die anderen Rauchschwalben. Was aber zählt, ist ja der Gesamtfortpflanzungserfolg während des ganzen Lebens und nicht nur der kurzfristige Nutzen allein in einem Jahr.

Die natürliche Schwanzlänge der Schwalben ist demnach ein Kompromiß zwischen unterschiedlichen Einflüssen; die sexuelle Selektion fördert solche sekundären Geschlechtsmerkmale, die auch evoluieren, solange sie nicht Nachteile für den Überlebens- und Reproduktionserfolg eines Männchens bringen. Zwischen Überlebenserfolg und Fortpflanzungserfolg pendelt sich die spezifische Federlänge der Schwalben dann im Laufe der Evolution ein: Man muß Weibchen damit möglichst noch beeindrucken können, aber auch noch hinreichend gut fliegen können, um den Nachwuchs gut über die Runden zu bringen, ohne sich selbst zu sehr zu verausgaben. Denn auch im kommenden Jahr müssen die Schwalbenmännchen noch fit sein, wenn es in die nächste Runde geht.

Evolutionsbiologen wissen jetzt dank den Studien von Anders Pape Møller sogar, warum sich bei Rauchschwalbenmännchen die Schwanzlänge im Mittel bei 105 Millimetern eingependelt hat: Sie ist sichtbarer Ausdruck der Kompromißfähigkeit in der belebten Natur.

Heiratsschwindel im Schilf – Vom Kampf der Geschlechter und einem »sexy son« beim Rohrsänger

Während sich Biologen lange Zeit vergeblich bemühten, ungewöhnliches Paarungsverhalten wie etwa die Vielehe einiger Vogelarten zu erklären, hielten sie dagegen die Einehe für leicht verständlich. Schließlich ist die Monogamie unter den mitteleuropäischen Sperlingsvögeln auch das häufigste Fortpflanzungsverhalten, sozusagen »Familientradition« bei den *Passeriformes*. Der Vorteil dieses Verhaltens scheint auf der Hand zu liegen, da beide Elternteile als Paar mehr Nachwuchs aufziehen können, als etwa ein Weibchen allein.

Erst ein ausgesprochener »Heiratsschwindler« unter den Singvögeln, der Drosselrohrsänger, belehrte die Wissenschaft da eines Besseren. Während andere Vogelarten artig monogam leben – von gelegentlichen Seitensprüngen abgesehen –, werden diese beim Drosselrohrsänger zur Methode; denn die Männchen von *Acrocephalus arundinaceus* liieren sich in jeder Brutsaison gleich mit mehreren Weibchen. Fast könnte man es raffiniert nennen, wie einige der Männchen es dabei fertigbringen, die Weibchen hinters Licht zu führen. Sie verpaaren sich an entgegengesetzten Ecken eines unübersichtlichen Schilfreviers mit verschiedenen Weibchen und lassen sie derart über ihre »Vorgeschichte« im unklaren.

Keineswegs alle Drosselrohrsänger sind dabei polygam; vielmehr entscheiden die Reviergröße, die Lage zu günstigen Nahrungsgebieten und der Standort des Nistplatzes neben einer Disposition des Verhaltens, diese Umweltbedingungen auch zu nutzen, darüber, ob ein Männchen nun polygyn, monogam oder unverpaart ist.

Dr. Bernd Leisler von der Vogelwarte des Max-Planck-Instituts für Verhaltensphysiologie in Radolfzell am Bodensee hat das Paarungssystem bei den Rohrsängern jahrelang intensiv studiert. Er betrachtete bereits bei seinen ersten Arbeiten über Rohrsänger die beiden Geschlechter mit ihren zwar gleichen, aber auf unterschiedlichen Wegen verfolgten Fortpflanzungsinteressen als »Partner einer unbequemen Allianz, in der jeder versucht, bei der Weitergabe seiner Gene den eigenen Erfolg zu maximieren«. Beim Drosselrohrsänger ist während dieses Wettstreits offenbar eine Mischstrategie mit polygynen Männchen entstanden. In jüngster Zeit haben Verhaltensforscher nun auch bei anderen Tierarten opportunistische Abweichungen von der Monogamie entdeckt. Das Fortpflanzungsverhalten, zumindest in der Vogelwelt, erweist sich als viel dynamischer als angenommen. Stets versuchen dabei die Männchen, durch Seitensprünge zu zusätzlichen Paarungen zu kommen. Durch zusätzliche Kopulationen mit anderen Weibchen vermag ein Vogelmännchen mehr von seinen Genen weiterzugeben, als wenn er einem Weibchen treu bliebe. Doch so einleuchtend der evolutionäre Vorteil der Männchen ist, so schwer erklärlich ist das Verhalten der Weibchen.

Wissenschaftler haben inzwischen eine Vielzahl von Thesen über die Situationen formuliert, in denen sich bestimmte Paarungsstrategien auch für Weibchen als vorteilhaft erweisen könnten. Selbst im Fall der Vielweiberei, so glauben einige Forscher, hat auch das weibliche Geschlecht einen Selektionsvorteil; dann zum Beispiel, wenn ein Weibchen in einem großen und für die Jungenaufzucht optimalen Revier trotz einer Rivalin – mit der sich das Männchen zuvor gepaart hat – einen wenigstens ebenso großen oder sogar größeren Bruterfolg erzielen kann, als wenn es in einem schlechten Revier brütet. Zwar hätte es dann das Männchen für sich allein, doch was nützt der Gatte, wenn es für die Jungen nicht ausreichend Nahrung zu fangen gibt.

Diese Annahme, bei der Qualitätsunterschiede der Männchenreviere die ausschlaggebende Rolle spielen, liegt dem zuerst von J. Verner und M.F. Willson entworfenen und dann von G.H. Orians verfeinerten Modell der *Polygynieschwelle* zugrunde. Eine kuriose Variante und interessante Erweiterung dazu stellt die heute unter Ethologen vieldiskutierte »Sexy-son«-Hypothese dar. Hinter diesem für die ansonsten eher nüchternen Wissenschaftler fast schon aufreizenden Begriff verbirgt sich die Vorstellung, daß die Vogelweibchen einen durch die Untreue der Männchen verursachten reduzierten Bruterfolg durchaus hinnehmen, und zwar dann, wenn die »Nebenweibchen«, die sich mit einem bereits verpaarten Männchen einlassen, genetisch »bessere« und später einmal »sexuell attraktive«, eben sexy Söhne haben. Sie erlangen ihren Fitneßgewinn also dadurch, so die Theorie, daß sie mit diesen nicht nur territorial so erfolgreichen Vogelmännchen wiederum besonders erfolgreiche Junge zeugen, die dann ihrerseits wieder besonders viele Weibchen haben und so fort. Auch das trüge zur erfolgreichen Weitergabe des Erbgutes bei, so daß die Weibchen langfristig ihren verringerten Bruterfolg durch genetisch besonders guten Nachwuchs kompensieren. Dies freilich nur unter der Annahme, daß ein Männchen, das ein großes Revier erfolgreich verteidigt, auch genetisch ein besonders »gutes« Individuum ist und diese Liaison tatsächlich «sexy sons« zeitigt.

Derart attraktive Söhne erben dann mit den erfolgreichen Eigenschaften freilich auch den Hang zu Untreue und Betrug. Überdies muß die »Sexy-son«-Hypothese fordern, daß solche Jungen stets bevorzugt von den Weibchen gewählt werden. Und ob das so ist, wird von vielen Biologen eifrigst bestritten. Immerhin schreiben sowohl das Polygynieschwellenmodell von Orians, Verner und Willson als auch die »Sexy-son«-Hypothese den Weibchen einen kurz- oder langfristigen evolutionären Vorteil zu.

In einer gemeinsam mit Clive Catchpole und Hans Winkler durchgeführten ergänzenden Studie an Drosselrohrsängern in einer süddeutschen Population konnte Bernd Leisler diese »Sexy-son«-Hypothese jetzt überprüfen. Bei *Acrocephalus arundinaceus* unterscheiden sich polygyne, monogame und unverpaarte Männchen deutlich in ihren Merkmalen und denen ihrer Reviere. Die Revierqualität wird dabei von der Reviergröße, der Lage zu günstigen Nahrungsgebieten, der Schilfqualität direkt am Neststandort und nicht zuletzt der Sicherheit des Nistplatzes bestimmt. »In erster Linie«, so fassen die Forscher ihre Ergebnisse zusammen, »sind geeignete sichere Nistplätze und in zweiter Linie Nahrung die ausschlaggebenden Ressourcen, über die die Weibchen kontrolliert werden.« Die Nebenweibchen haben, wie sich dabei herausstellte, einen deutlich reduzierten Bruterfolg.

Elterliche Treue, Fürsorge und Arbeitsteilung sind wohl doch unerläßlich, um das Überleben der Jungen zu sichern. Während die ersten Weibchen vom üblichen Fünfergelege meist drei Junge aufzogen, gelang den sekundären Weibchen dies niemals. Viele der Rohrsängerjungen verhungerten im Nest, da das Männchen nur bei der Brut seines ersten Weibchens füttern half. Nur die Männchen steigern demnach tatsächlich ihre Nachwuchszahlen, nicht jedoch die sekundären Weibchen. Wenn die Rohrsängerweibchen also die Gelegenheit haben sollten, den Schwindel der Männchen mit großem Revier rechtzeitig zu erkennen, so täten sie in jedem Fall besser daran, sich einen unverpaarten Rohrsängermann zu wählen, anstatt sich auf eine zweifelhafte Verbindung einzulassen. Doch im oft unübersichtlichen Rohrdickicht entlang der Gewässer gelingt es den Männchen nur allzuoft, die Weibchen hinters Licht zu führen. Die Soziobiologen gehen daher mehr und mehr dazu über, die Weibchen tatsächlich als die Opfer eines gelungenen Täuschungsmanövers seitens ihrer männlichen Artgenossen zu sehen, gegen das sie bisher keinerlei Gegenmaßnahmen entwickelt haben. Im Moment zumindest, so Dr. Leisler, scheinen hier die Männchen den evolutionären Wettstreit der Geschlechter gewonnen zu haben.

Die Drosselrohrsänger haben sozusagen »den Schnabel vorn« im endlosen Kampf der Geschlechter. Da wäre es für die *Acrocephalus-*

Weibchen auch wenig tröstlich zu wissen, daß die Ethologen solch ungewöhnlichem Paarungsgebaren vorläufig noch eine unsichere evolutionäre Zukunft bescheinigen. Unter anderen ökologischen Bedingungen dürften es die Drosselrohrsänger nicht so weit gebracht haben; und in anderen Populationen mag es auch anders sein, räumen die Zoologen ein.

Trug oder Treue – zwischen diesen Extremen pendeln allerdings nicht nur die europäischen Rohrsänger. Polygamie läßt sich auch in der nordamerikanischen Vogelwelt beobachten; dort finden sich bei Stärlingen, Zaunkönigen und Ammern weitere Beispiele für eine konvergente Evolution des abweichenden Paarungsverhaltens. Diese Tierarten sind nicht miteinander verwandt, haben aber aufgrund gleicher Umweltbedingungen sehr ähnliche Eigenarten entwickelt. Deshalb stützt diese auffallende Parallelität zwischen altweltlichen und nordamerikanischen Sumpfbewohnern die Hypothese, daß Qualitätsunterschiede des männlichen Reviers in Verbindung mit einem ordentlichen Nahrungsreichtum zur Entwicklung der Polygynie führen.

Man sieht: »Ehebetrug« scheint ein globales Prinzip zu sein. Und nicht immer währt »ehrlich« wirklich am längsten, schon gar nicht, wenn es um einen Selektionsvorteil und um die Weitergabe der eigenen Erbanlagen geht.

Wie Schnäpperwitwen die Männchen täuschen

Täuschung ist keine Seltenheit im Tierreich; und geschieht es unter Artgenossen, so hatten Soziobiologen bislang meist die Männchen im Verdacht, die ihre Weibchen hintergehen, um noch weitere Nachkommen zu zeugen. Denn daß Männchen und Weibchen einer Tierart auf durchaus sehr unterschiedlichen Wegen versuchen, die größtmögliche genetische Fitneß zu erlangen, also möglichst viel ihrer Erbmasse in die nächste Generation einzubringen, das hat uns gerade der Drosselrohrsänger eindrucksvoll vorgeführt. Daß aber auch Weibchen ihre Partner täuschen, wenn es um den Nachwuchs geht, das fanden jüngst norwegische Forscher am Fliegenschnäpper heraus.

Eine Vielzahl von Tieren, gerade von Vogelarten, hatte man mittlerweile auf ihr Paarungsverhalten hin studiert; der europäische Trauerfliegenschnäpper mit dem hübschen lateinischen Namen *Ficedula hypoleuca* bietet sich da besonders an. Denn ähnlich wie etwa die Heckenbraunelle weist er ein beachtlich variables Paarungssystem auf; so gibt es neben monogamen Tieren, abhängig von ökologischen Faktoren, auch solche, die polygyn oder polyandrisch leben. Die Schnäpperweibchen sind allerdings deutlich im Nachteil, sobald sie sich mit einem bereits verpaarten Männchen einlassen, denn der Schnäpper wird nur einem, dem »Primärweibchen«, intensiv genug bei der Aufzucht der Jungen helfen können, während der Nachwuchs des zweiten Weibchens deutlich benachteiligt ist. Bei Sekundärweibchen ist demnach ein deutlich reduzierter Reproduktionserfolg (bis zu 50 Prozent) zu erwarten, so die Überlegung des norwegischen Ethologen Eivin Roskaft und seiner Kollegen von der Universität in Trondheim. Bei einem um die Hälfte reduzierten Fortpflanzungserfolg aber müßte es einen starken Selektionsdruck unter den Fliegenschnäpperweibchen geben, dieses Handikap durch bestimmte Verhaltensstrategien wieder aufzufangen.

Während der Brutperioden 1985 und 1986 haben Roskaft und seine Kollegen deshalb systematisch bereits verpaarte Männchen einer Fliegenschnäpperpopulation weggefangen und damit die Schnäpperweibchen experimentell zu »Witwen gemacht«. Die plötzlich ledigen Weibchen reagierten daraufhin prompt: Sie versuchten nämlich sofort, im Revier umherstreifende Fliegenschnäppermännchen zu becircen und die Männchen an sich bzw. an das bereits gebaute Nest zu binden: Von den 20 verwitweten Weibchen wurden dabei 17 von einem benachbarten Männchen besucht, und sechs forderten die Schnäpperweibchen umgehend zur Paarung auf (nur drei konnten allerdings bei der Kopulation beobachtet werden).

Interessiert aber notierten die Forscher, daß die Weibchen diese Männchen zur Paarung aufforderten, obgleich sie bereits ihre Eier abgelegt hatten und daher gar nicht mehr fruchtbar waren; ein Verhalten, das zuvor bei monogam verpaarten und primären Weibchen unbekannt war.

Im Grunde verhielten sich die »Witwen« mithin nicht anders als die »sekundären Weibchen« einer polygamen Beziehung; sie versuchten damit, ein Männchen an sich zu binden, quasi »unter Vorspiegelung« einer weiteren, potentiellen Vaterschaft. Von einem derart getäuschten Männchen können sie in ihrer Situation wohl noch am ehesten Hilfe bei der Aufzucht der Jungen erwarten, solange dieses nicht erkennt, daß es nicht sein Nachwuchs ist, in den es da investiert.

Und die Männchen zu täuschen gelingt den Schnäpperdamen noch am leichtesten, so Roskaft, wenn die Eier gerade erst gelegt sind; bei bereits geschlüpften Jungen noch ein Männchen zu »umgarnen« ist auch für Schnäpperwitwen ungleich schwerer.

Beim Fliegenschnäpper herrscht Damenwahl

Nicht was einer ist, sondern allein, was er besitzt, entscheidet darüber, ob er das weibliche Geschlecht für sich interessieren kann. Zumindest beim Trauerfliegenschnäpper, jener hübschen heimischen Singvogelart, ist das so.

Wonach die Weibchen im Tierreich sich eigentlich richten, wenn sie einen Partner auswählen, beschäftigt die Ethologen seit langem. Bisher ließ sich nie sicher entscheiden, ob es die individuellen Merkmale und Eigenschaften der Männchen sind, die das Weibchen verführen, oder ob sich die Vogeldamen durch den »Grundbesitz«, also ein geeignetes Revier der Männchen, becircen lassen. Schwedische Forscher um Rauno Alatalo und Arne Lundberg fanden nun kürzlich heraus, daß es tatsächlich die Revierqualität ist, die die Wahl der Weibchen entscheidend beeinflußt.

Die Fliegenschnäppermännchen kehren gewöhnlich eine Woche vor den Weibchen aus den afrikanischen Überwinterungsquartieren zurück und besetzen sofort ein Territorium. Die Forscher hatten in Vorversuchen einzelne Tiere bei ihrer Ankunft mit Farbringen markiert. So erkannten sie bald, daß die dann im Brutgebiet eintreffenden Weibchen überwiegend diejenigen Männchen als Partner wählten, die zuvor als erste eingetroffen waren. Die Erstankömmlinge unter den Männchen konnten ja auch zuerst ein Revier besetzen. Dieses Phänomen kannten die Vogelkundler bereits von vielen anderen Vogelarten. Bisher vermutete man, daß die ersten heimkehrenden Tiere auch gleichzeitig die älteren und erfahreneren Männchen sind, damit also auch die »besten Väter«, die ein Weibchen um der erfolgreicheren Gene willen wählen sollte.

Die schwedischen Biologen wollten jedoch wissen, ob solche Schnäppervāter aber nicht einfach nur – nach dem Motto: »Wer zuerst kommt, mahlt zuerst« – die besten Territorien besetzt hatten? Dank einem raffinierten Experiment, das streckenweise an eine Denksportaufgabe erinnert, wußten die Verhaltensforscher zwischen diesen beiden Möglichkeiten zu unterscheiden.

Da der Fliegenschnäpper als Höhlenbrüter auf Nistkästen angewiesen ist, konnten die Biologen die Revierwahl der Schnäppermännchen durch das beliebige Aufhängen eben dieser Nisthilfen recht einfach manipulieren. Sie hängten zur Ankunftszeit der Vögel für jedes ankommende Männchen jeweils nur einen einzigen Kasten auf. Indem die Vogelforscher die Kästen wahllos aufhängten, verteilten sie die Vögel ebenso zufällig in einem Waldstück. Und da die Schnäpper nicht ahnen konnten, diesmal die zweifelhafte Ehre zu haben, in einem wissenschaftlichen Experiment mitzuwirken, nahmen möglicherweise die besten Männchen, weil sie ja zuerst kamen, mit einem vielleicht recht ungeeigneten Revier vorlieb. Die Forscher beraubten sie quasi der Chance, sich selbst ein besseres Revier auszusuchen. Denn angesichts des scheinbar einzigen freien Nistkastens wäre die Alternative für *Ficedula hypoleuca* gewesen, in jenem Jahr gar nicht zu brüten. Andere Schnäpper dagegen verteidigten vielleicht ein optimales Revier, das ihnen sonst nie zugekomen wäre. Dieses Spiel trieben Alatalo und seine Kollegen, bis sie schließlich 37 Schnäppermännchen willkürlich in dem Waldstück angesiedelt hatten.

Als dann endlich die Weibchen auf der vorbereiteten »Waldbühne« erschienen, notierten die Forscher, mit welchen Männchen sich die Weibchen jetzt verpaarten. Denn sie fanden ja nun »alte, erfahrene« Schnäppermännchen in schlechten Revieren vor. Dann griffen die Ethologen noch einmal ein und fingen alle eben erst verpaarten Weibchen aus den Revieren. So schufen sie Platz für weitere Ankömmlinge aus den Winterquartieren in Afrika. Und auch bei den neuen Weibchen interessierte die Forscher, für welche Männchen, denen man so übel mitgespielt hatte, sich die Schnäpperdamen nun wohl zuerst entscheiden würden.

Auch die neuen Weibchen wählten ihre Gatten dabei keinesfalls zufällig aus, sondern nach ungefähr demselben Muster und in ähnlicher Reihenfolge wie es ihre Vorgängerinnen getan hatten. Auch sie fanden möglicherweise die besten Männchen in schlechten Revieren vor. Und auch sie hatten also die Qual der Wahl: gutes Revier oder erfahrenes Männchen?

Tatsächlich schienen sie sich nicht gleich entschließen zu können. Sie besuchten erst jedesmal mehrere Männchenreviere, bevor sie sich für eines entschieden, um dort zu brüten. Jetzt waren die auserwählten Männchen in beiden »Besetzungswellen« nicht mehr diejenigen, die im Frühjahr zuerst angekommen waren. Zwar gingen auch die erfahrensten, ältesten und vielleicht »besten« Schnäpper bei diesem »Heiratsmarkt« keineswegs leer aus; sie kamen aber deutlich später an die Reihe als ihre jüngeren Geschlechtsgenossen. Insgesamt setzten die Weibchen deren Wert plötzlich höher an, den der »guten« Väter aber niedriger.

Die Weibchen sind bei ihrer Ankunft nämlich – soviel wußten die Vogelkundler – sehr wohl in der Lage, solche erfahrenen Väter von jungen, unerfahrenen Männchen zu unterscheiden. Denn die ältesten Schnäppermännchen besitzen ein dunkleres Gefieder und sind somit nicht nur für den Menschen, sondern sicherlich auch für die Schnäpperweibchen zu erkennen. Daß sie dennoch nicht das Rennen machten, so die Ethologen Alatalo, Lundberg und Glynn, kann demnach nur noch an der Qualität des Reviers liegen. Zwischen der Wahl der Weibchen und den Qualitäten der Männchen besteht ihrer Ansicht nach kein Zusammenhang. Die Biologen hatten vielmehr den Eindruck, die Fliegenschnäpperweibchen nehmen die Männchen nur als unumgängliche Requisiten eines ansonsten geeigneten Reviers in Kauf.

Dagegen ließ sich eine deutliche Beziehung zwischen Nesthöhe und der Dichte des Baumbestandes in der Umgebung des Nistkastens zum einen und der Reihenfolge der Weibchenwahl andererseits nachweisen. Die Weibchen bevorzugen bei ihrer Wahl nämlich ein Revier mit nur wenigen Bäumen, aber mit einer Nisthöhle hoch oben im Baum. Beim Nahrungsfang – meist Insekten, die im Flug geschnappt werden – behindern zu viele Bäume die Vögel. Dagegen sind höhere Nistbäume sicherer gegen Räuber. Selbst der Durchmesser des Einflugloches der Nistkästen spielte bei der Auswahl eine wichtige Rolle, wie die schwedischen Forscher entdeckten.

Ungeahnte Merkmale jedenfalls sind es, die über die Gunst der holden Weiblichkeit entscheiden – und das wohl nicht nur beim Trauerfliegenschnäpper.

Bereits in früheren Arbeiten, in denen sie den Reproduktionserfolg der Weibchen mit verschiedenen Männchen berechnet hatten, waren die schwedischen Zoologen um Rauno Alatalo zu dem Schluß gekommen, daß Schnäpperweibchen keinen selektiven Vorteil davon haben, sich Männchen mit bestimmten Merkmalen und Eigenschaften auszuwählen. Sie bestreiten also, daß beispielsweise die »Sexy-son«-Hypothese der Soziobiologen bei *Ficedula* tatsächlich eine Rolle spielt. Mithin, so ihre Überlegung, kann es nur die Revierqualität sein.

Und die Revierqualität erwies sich ja bereits auch bei den Rohrsängern von großer Bedeutung; wenn wir uns an die Umstände erinnern, die etwa dem Drosselrohrsänger Seitensprünge und Bigamie ermöglichten, dann war es vor allem das vergleichsweise große Revier der polygynen Männchen; jedoch nicht, weil ein großes Revier auch für die »guten Gene« des Besitzers spricht, sondern vielmehr dessen Täuschungsmanöver wesentlich erleichtert. Ornithologen interpretieren das polygyne Verhalten von *Acrocephalus arundinaceus* als einen möglichen Fall von erfolgreicher Täuschung im Tierreich. Bislang ist es ja auch keinem Wissenschaftler gelungen, einen selektiven Vorteil der Weibchen, die sich mit betrügerischen Männchen einlassen, wirklich einwandfrei nachzuweisen.

Halten wir also fest: Auch ein großes Revier und eine gesicherte Nahrungsversorgung können demnach »Prärequisiten«, die Voraussetzungen für das eigenwillige Paarungsverhalten einiger Vogelarten, sein und zudem die Wahl der Weibchen beeinflussen.

Auch der polnische Forscher Andrzej Dyrcz war in einer vierjährigen Studie an Fischteichen im Südwesten Polens zu dem Schluß gekommen, daß die Revierqualität ausschlaggebend ist. Bei seiner Rohrsängerpopulation, in der immerhin 15 Prozent der Männchen polygam waren, kehrten die Männchen – ebenso wie beim Trauerfliegenschnäpper – deutlich früher aus den Winterquartieren zurück als ihre monogamen Artgenossen, und sie waren zudem auch schneller mit einem Weibchen verpaart. Ihre Reviere, so ermittelte Dyrcz, waren größer und lagen näher zu günstigen Nahrungsgebieten. Und auch in Polen war die Überlebenschance der Jungen der Erstweibchen wesentlich größer als die von Zweit- oder gar Drittweibchen des Rohrsängers. Bei letzteren verhungerten die Nestlinge in der Regel. Dennoch wählen die ansonsten so wählerischen Weibchen, die in ihre Fortpflanzung so viel investieren müssen, diese betrügerischen Männchen – das große Revier macht es möglich.

Dyrcz glaubt nach seinen Studien nicht, daß das Polygynieschwellenmodell von Orians und Verner und die Täuschungstheorie, die Bernd Leisler für den Rohrsänger vorlegte, unbedingt sich gegenseitig ausschließende Alternativen sind. Nach dem Schwellenmodell ist es für die Weibchen ja eben wegen des besseren Reviers aussichtsreicher, sich auch mit einem untreuen Männchen zu liieren; besser jedenfalls, als in einem kleinen, nahrungsarmen Revier auch keine besseren Aussichten zu haben, den Nachwuchs durchzubringen.

Möglicherweise suchen die Weibchen daher tatsächlich bevorzugt Männchen mit großen und nahrungsreichen Revieren auf, um sich die bestmöglichen Startbedingungen für die Jungenaufzucht zu verschaffen; daß sie dabei gelegentlich auch einmal (nur 15 bis 20 Prozent der Rohrsänger sind polygyn) den untreuen Männchen sozusagen »auf den Leim« gehen, sich also über deren »Ehestatus« täuschen lassen, das können sie dabei vielleicht nicht immer vermeiden.

Und nichts anderes hatten Ethologen ja beim Fliegenschnäpper gefunden. Auch der zum Teil polygyne Schnäpper lebt polyterritorial. In den auseinanderliegenden Gebieten eines großen Reviers verführt auch er mehrere Weibchen zur Brut. Doch während nur das Primärweibchen ebenso viele Junge pflegt wie ein monogames Pärchen, durchschnittlich etwa fünf Junge, ziehen die Nebenweibchen meist nur drei Jungvögel auf. Auch das Fliegenschnäppermännchen macht es dem Drosselrohrsänger nach und füttert hauptsächlich am ersten Nest mit, während die Brut in den anderen Nestern darbt.

So eindeutig diese Ergebnisse zur »Damenwahl« beim Fliegenschnäpper auch sein mögen; die ganze Wahrheit scheint es noch nicht zu sein. Dies beweisen die verblüffenden Laborexperimente des amerikanischen Zoologen J.C. Wingfield. Er war auf die Idee gekommen, seine Versuchstiere mit männlichen Geschlechtshormonen zu behandeln und dann ihr Verhalten zu beobachten.

So verabreichte er männlichen Ammerfinken Testosteron, das er ihnen unter die Haut spritzte. Die mit Hormonen behandelten Männchen waren deutlich aggressiver und besetzten auch größere Territorien als unbehandelte Vögel. Die meisten dieser mit Testosteron behandelten Singvogelmännchen waren zudem noch mit zwei oder gar drei Weibchen verpaart. Normalerweise monogame Vögel, so das staunenswerte Ergebnis des Zoologen Wingfield, werden also durch die Hormonbehandlung zu Bigamisten.

In welchem Zusammenhang diese durch Testosteron induzierte Polygynie nun mit der Vielweiberei bei Fliegenschnäppern und Rohrsängern steht, die ja auch nur mit einem bestimmten Teil ihrer Populationen polygam sind, das wird Wissenschaftler sicherlich noch eine Weile beschäftigen.

»Die Wissenschaft sucht nach einem Perpetuum mobile. Sie hat es gefunden: sie ist es selbst», schrieb schon 1863 der französische Schriftsteller Victor Hugo. Eine beantwortete Frage zieht oft gleich einen ganzen Rattenschwanz an neuen, sich geradezu aufdrängenden Fragen hinterher. Auch im Fall der Paarungsstrategien bei Vögeln ist daher mit Sicherheit noch lange nicht das letzte Wort gesprochen.

Die Weibchen des Trauerfliegenschnäppers tragen ihren Teil dazu bei. Denn die Untreue der Vogelmännchen rächt sich auch gelegentlich, wie Alatalo und seine Kollegen entdeckten. Da der Schnäpper ständig zwischen den Nestern seiner Weibchen hin- und herpendelt, hat er die Weibchen weniger gut unter Kontrolle. Da kann es offenbar schon einmal vorkommen, daß sich eines der Schnäpperweibchen mit einem fremden Männchen einläßt. Eine beachtliche Zahl der Jungschnäpper soll daher von Vätern aus der Nachbarschaft gezeugt worden sein.

6. Kapitel
Die Evolution zum Menschen

Die Geschichte des biologischen Lebens auf der Erde muß einfach interessieren: Schließlich ist es unsere ureigene Geschichte, die wir in gewissem Grade mit Millionen anderer Arten teilen, so sehr sie sich auch von uns unterscheiden.
George Gaylord Simpson, 1984

Von der Frage, welche Rolle wohl die Weibchen – Stichwort »Damenwahl« – bei der Entwicklung von Formen und Verhaltensweisen der Lebewesen einschließlich des Menschen gespielt haben mögen, kommen wir zur Evolutionsgeschichte des *Homo sapiens* selbst. Dessen Wiege, so versichern namhafte Wissenschaftler, stand in Afrika. Auf diesem Kontinent schrieb die Natur ein wirklich aufregendes Kapitel der Geschichte des Lebens; eine Geschichte, die unsere Herkunft betrifft und die hier schlaglichtartig beleuchtet werden soll.

Es ist nämlich in der Tat weit aufregender, so meint der britische Anthropologe Desmond Morris, auch »uns als Teil des großen Spektrums tierischer Evolution und damit als ungewöhnlichste und erfolgreichste aller bisher aufgetretenen Arten zu betrachten, statt uns künstlich vom Hauptstrom naturhaften Lebens auf unserem Planeten abzusetzen«.

Wer den Menschen aus diesem Hauptstrom ausklammern will, der betreibt heute allenfalls noch ein Rückzugsgefecht. Denn Evolutionsbiologen, die sich mit wachsender Fertigkeit darum bemühen, die Entwicklungsgeschichte unserer eigenen Art zu entschlüsseln, entdeckten gerade in den letzten Jahren Erstaunliches und Neues.

Welche Möglichkeiten besonders die moderne Molekularbiologie zusammen mit der Paläoanthropologie, dem Studium der Fossilgeschichte des Menschen, bietet, um neue Erkenntnisse über unsere »ureigene Geschichte« in Erfahrung zu bringen, auch das schildert der folgende Exkurs in die Humanevolution.

Als die Wüste bewaldet war – Vogelfossilien werfen Licht auf die frühesten Vorfahren des Menschen

Es gehöre nicht zu den geringsten Reizen, daß wir es hier mit einer Wissenschaft zu tun haben, die träumen muß, um zu verstehen, notierte der französische Vorgeschichtsforscher Yves Coppens kürzlich, als es um die Rekonstruktion der Wurzeln des Menschen ging.

Beginnen wir in der Mitte des Tertiärs, vor scheinbar unendlich langer Zeit also, als an den Menschen noch nicht zu denken war, schon gar nicht als ein aufrecht gehendes Wesen. Wir müssen unsere Vorstellung von unseren Vorfahren in jener grauen Vorzeit von diesem gewohnten Bild lösen und eher in die Richtung Eichhörnchen lenken, besser noch in Richtung Spitzhörnchen (wem das gelingt); am besten aber denken wir an einen kleinen, nervösen, baumlebenden Blatt- oder Fruchtfresser im Mausformat, der des Nachts unablässig nach Nahrung sucht. In der Dunkelheit und im Schutz der Bäume entgeht er den größeren Raubtieren des Waldbodens. Mit scharfen Krallen und einem langen Schwanz zum Balancieren im dichten Astwerk ist er an das Baumleben angepaßt.

Dank seiner Nahrung unterscheidet er sich nicht nur von seinen nächsten Verwandten, die allesamt Insektenfresser waren, er dagegen eroberte mit seiner neuen Lieblingsspeise auch eine völlig neue ökologische Nische, sozusagen eine freie Planstelle in der Natur, um sich darin zu entfalten.

Tatsächlich nehmen Paläoanthropologen heute an, daß derartige spitzmausartige Baumbewohner die Vorfahren jener Ordnung des Tierreichs gewesen sind, die wir heute *Primaten* nennen, die sogenannten »Herrentiere«, zu denen sich auch der Mensch zählt.

Von diesen mausgroßen und früchtefressenden Urprimaten freilich kennt die Wissenschaft bis heute nicht selten nur wenige Kieferknochen und Zähne; genug, um Rückschlüsse auf die Nahrung zu erlauben, zuwenig indes, um sich ein zuverlässiges Bild von den fernen Vorfahren des Menschen machen zu können.

Ganz aufs Träumen, wie Yves Coppens vorschlug, müssen sich die Wissenschaftler bei ihrer Arbeit dennoch nicht verlegen. Untersuchungen aus oft gänzlich anderen Bereichen helfen ihnen, etwas über die Umwelt zu erfahren, in der diese und andere Vorfahren des Menschen vor Millionen von Jahren gelebt haben.

Die Fossilien mehrerer Vogelarten, die kürzlich in der Fayum-Senke in Ägypten entdeckt wurden, ermöglichen solch eine detaillierte Rekonstruktion der paläoökologischen Verhältnisse, der klimatischen und biotischen Umweltbedingungen, die eine der frühesten Phasen der menschlichen Evolution beeinflußt haben.

Ägypten, heute bekannt für seine ausgedehnten Wüstengebiete, war demnach im Oligozän, vor etwa 22 bis 36 Millionen Jahren, nicht nur warm, sondern vor allem wesentlich feuchter und ohne jahreszeitliche Klimaschwankungen. Und was das bedeutet, werden wir gleich sehen.

Storrs Olson vom Smithsonian Institute in Washington und Tab Rasmussen von der Duke-Universität in Durham, North Carolina, identifizierten in der Jebel-Qatrani-Formation östlich von Kairo fossile Vertreter von rund 18 Vogelarten, die als typische Bewohner seichter und sumpfiger Flußläufe und üppiger tropischer Vegetation gelten. Im Gegensatz zu den früher entdeckten Säugerfunden, die weitestgehend zu ausgestorbenen Tiergruppen gehören, lassen sich die Fossilienfunde der Vögel fast ausnahmslos noch heute lebenden Familien von Vögeln zuordnen, einige sind sogar eng verwandt mit modernen Gattungen und erlauben daher die exakte Rekonstruktion der klimatischen Bedingungen. Es handelt sich dabei hauptsächlich um Wasservögel: So wurden mehrere Arten von Blatthühnchen *(Jacanidae)* gefunden; das sind tropische, drosselgroße Vögel, die als extrem angepaßt gelten und in stehenden Gewässern, auf den Blättern von Schwimmpflanzen laufend, nach Nahrung suchen. Außerdem entdeckten die Fossilforscher Vertreter von Schuhschnabeln, Reihern, Kranichen, Kormoranen und Fischadlern. Diese Arten lassen allesamt auf größere Süßwasservorkommen mit dichter, schwimmender Vegetation schließen. Blattpflanzen der Gruppe *Nymphaeceae* konnten ebenfalls fossil nachgewiesen werden.

Eine rezente, also heute noch lebende Vogelwelt, die der jetzt in Fayum ausgegrabenen am ähnlichsten ist, findet sich innerhalb Afrikas lediglich noch in den Sumpfgebieten Ugandas, nördlich und westlich des Viktoriasees. Dieses Sumpfland mit seiner charakteristischen Fauna und Flora ist auch der einzige Lebensraum des seltenen Schuhschnabels *Balaeniceps res* (hier gelangen dem deutschen Ornithologen Wilhelm Möller vor wenigen Jahren einmalige Beobachtungen). Noch heute wird dieser Lebensraum von Sumpf, tropischen Wäldern, Feuchtsavannen und Grassteppen umgeben, die in auffälliger Weise den paläoökologischen Bedingungen gleichen könnten, die man jetzt auch für die Fayum-Senke in Ägypten vermutet. Trotz Jahrzehnten intensiver Entwässerung der Sumpfgebiete Ugandas weist diese Region auch heute noch weite Flächen mit schwimmender Vegetation, mit offenen Wasserarmen, Papyrusgürteln und Buschland auf.

Dagegen existieren geschlossene Waldgebiete nur noch im Westen (und Südosten) des Viktoriasees, wo verschiedene »Schmalnasenaffen« oder »Altweltaffen« – die *Catarrhini,* wie sie bei den Wissenschaftlern heißen – überlebten. Diese Affengruppe, zu der auch der Mensch und seine Hominiden-Verwandten zu rechnen sind, sind auf die Alte Welt beschränkt und werden den »Breitnasenaffen«, den *Platyrrhini* der Neuen Welt, gegenübergestellt. Innerhalb dieser grundlegenden Zweiteilung der Primaten wollen wir uns auf den *Catarrhinen*-Zweig, der sich vermutlich bereits vor 45 Millionen Jahren von den »Breitnasen« abtrennte, konzentrieren. Die »schmalnasigen« Affen, die heute noch rund um den Viktoriasee überleben, sind zum Teil verwandt mit den Affenahnen aus den oberen Lagen der Jebel-Qatrani-Formation.

Obwohl die Fayum-Senke heute im ausgetrockneten Inland Ägyptens am östlichen Rand der Sahara liegt, dürfte diese Region – nach den geologischen Befunden zu urteilen – einst in der Nähe des Tethys-Meeres, des erdgeschichtlichen Vorläufers von Mittelmeer und Indischem Ozean, gelegen haben. Seit Jahren ist die Jebel-Qatrani-Formation als einer der reichsten Fundorte von Säugetierfossilien bekannt, darunter vor allem auch von *Primaten.* Es ist zudem einer der wenigen Fundorte, an denen man Fossilien der Vorfahren sowohl von Menschenaffen als auch von anderen Vertretern der besagten Schmalnasenaffen, und zwar von Hundsaffen *(Cercopithecoiden),* fand. Zwar macht dies die 300 Meter mächtigen Sedimentschichten des El-Fayum-Beckens, keine 100 Kilometer von Kairo entfernt, wahrlich zum Paradies für Paläontologen; über die verwandtschaftliche Stellung der einzelnen Primatenfossilien wissen allerdings auch die Experten bislang nicht viel. Gleich in zwei der in

Fayum gefundenen Primatenfossilien, nämlich in *Aegyptopithecus* und im *Propliopithecus,* wird oft der gemeinsame Urahne der großen Menschenaffen und der hominiden Linie gesehen; jener Abstammungslinie, die schließlich zum *Homo sapiens* führt. Ob es sich jedoch tatsächlich bereits um Hominidenverwandte oder lediglich um andere Primaten handelt, die möglicherweise durch parallele Anpassungen an Umwelt und Nahrung ähnliche Merkmale und eine ähnliche Lebensweise entwickelt hatten, läßt sich bislang nicht entscheiden.

Da sich auch die Paläoanthropologen nicht trauen, so kommentierte Yves Coppens die vorsichtige Vorgehensweise seiner Kollegen, »gleich einen nahen Verwandten zu konstruieren, haben die Paläontologen einen Ausweg gefunden, der verhindert, daß sie sich irren, indem sie ihn (den rätselhaften Primatentyp) einer besonderen Familie, den Propliopithecidae, zuordnen und diese Familie wieder in einer Superfamilie unterbringen, die auch die Familie der Hominiden umfaßt: die Hominoidea«.

Im *Aegyptopithecus,* dem zweiten wichtigen und fossil überlieferten Primaten aus El Fayum, wird heute trotz mancher Unsicherheit der Urahne jener Affen gesehen, aus denen wiederum sowohl die Menschenaffen wie Gorilla und Schimpanse als auch der Mensch hervorgegangen sind; eine illustre Verwandtschaft also, die sich da vor rund 30 Millionen Jahren ankündigte.

Die beiden Paläontologen Rasmussen und Olson nun erkannten die Chance, mit Hilfe der ansonsten vernachlässigten Vogelfossilien wenigstens die Umweltbedingungen zu studieren, unter denen sich diese Hominiden, wenn es denn welche sind, einst herausbildeten. Bislang war unter den Wissenschaftlern nämlich umstritten, ob die Region um Fayum während der Frühphase menschlicher Entwicklung wüstenhaft und mit wenigen Niederschlägen bedacht war. Ein solches Bild hat ja auch enorme Auswirkungen auf die Vorstellungen von der Primatenfauna dieser Fundstelle. Denn immer ist die paläontologische Untersuchung von den Erkenntnissen der Paläogeographie, der Paläoklimatologie und der Paläoökologie abhängig.

Die Rekonstruktion der fossilen Vogelfauna durch die beiden Forscher und die Analogie zu den Verhältnissen in Uganda leisten nun auf unerwartete Weise Schützenhilfe und legen den Schluß nahe, daß Fayum während des Oligozäns keineswegs wüstenhafttrocken und baumlos gewesen ist, wie bisher angenommen wurde, sondern eher tropischfeucht und bewaldet. Es gab kaum saisonale Regenfälle und keine ausgeprägten Trockenzeiten im Lebensraum der frühen afrikanischen Hominidenvorfahren, bis dann im Miozän (vor rund 12 Millionen Jahren) die *Dryopithecinen* auftraten, die an jener stammesgeschichtlich wichtigen Gabelung in Menschenaffen und Menschen stehen.

Die Primatenahnen müssen daher nicht notwendigerweise am Boden gelebt haben, sondern könnten sehr gut an das Leben in Bäumen angepaßt gewesen sein, wie einige Fachleute bereits vermutet hatten. Die Umweltbedingungen, wie sie heute rund um die Sumpfgebiete des Viktoriasees in Ostafrika herrschen, sind demnach die für die Hominidenevolution entscheidenden Rahmenbedingungen gewesen. Und die fossile Avifauna wirft dank der Analogie mit lebenden Vertretern eher ein neues Licht auf die frühe Umwelt unserer Vorfahren als Tausende fossiler Schädel von ausgestorbenen Säugern, deren Ökologie und Lebensweise man aber nicht kennt. Denn sie vermochten die »träumerischen Vorstellungen« von einem baumlebenden Frucht- oder Blattfresser bislang kaum mit Leben zu füllen.

Schimpanse oder Gorilla – Welcher Affe ist unser nächster Verwandter?

Naturforscher mühen sich seit Generationen im Schweiße ihres Angesichts darum, Ordnung in die bunte Vielfalt der Natur zu bekommen. Kontroversen gab und gibt es dabei nicht nur, sobald es um die Abstammung des Menschen geht. Bei der »Affenfrage« jedoch erhitzen sich die Gemüter auch der sonst eher als nüchtern eingeschätzten Wissenschaftler besonders. Jüngster Anlaß dieser alten Auseinandersetzung ist die Anwendung einer der neuesten molekularbiologischen Methoden. Das Ergebnis der sogenannten DNA-DNA-Hybridisierung liefert den Zündstoff. Denn zum Erschrecken vieler soll danach nicht etwa ein Menschenaffe der nächste Verwandte des afrikanischen Schimpansen sein, nicht Gorilla oder Orang-Utan dem haarigen Affen nahestehen, sondern – der Mensch allein!

Die Sonderstellung des *Homo sapiens,* der allen Menschenaffen bislang und dann oft genug sogar als »Krone der Schöpfung« gegenübergestellt wurde, wird damit einmal mehr in Zweifel gezogen.

Bereits 1984 hatten die beiden amerikanischen Forscher Charles Sibley und Jon Ahlquist, damals noch an der Universität von Yale und von Haus aus mit der Systematik von Vögeln beschäftigt, Molekularbiologen und Anthropologen gleichermaßen verblüfft, als sie mitteilten, daß es ihnen mittels einer an Vögeln bereits intensiv erprobten Technik gelungen sei, die seit langem umstrittene Abstammung der afrikanischen Menschenaffen und des Menschen zu klären. Nicht Schimpanse und Gorilla sind demnach nahe miteinander verwandt, sondern der Schimpanse ist unser nächster Verwandter im Tierreich. Gorillas haben sich bereits deutlich früher von dieser *»Schimpanso-homoiden Linie«* abgespalten, möglicherweise bereits vor rund 8 Millionen Jahren, der Schimpanse dagegen vielleicht erst vor rund 6 Millionen Jahren. Weitere 2 Millionen Jahre später lernten die Vorfahren des Menschen dann vermutlich den aufrechten Gang und liefen ihren haarigen Vettern evolutionsbiologisch davon.

Das Prinzip der sogenannten DNA-DNA-Hybridisierung ist einfach, so kompliziert die Durchführung in einem biochemischen Labor dann auch im Einzelfall sein mag: Proben des Erbguts der zu vergleichenden Tierarten werden etwa aus Blut- oder Gewebezellen isoliert; dann wird die normalerweise als Doppelfaden vorliegende Erbsubstanz DNA (Desoxyribonukleinsäure), ein langes Makromolekül, auf biochemischem Weg in zwei einander komplementäre Einzelfäden zerlegt. In einer Lösung und unter bestimmten experimentell veränderbaren Bedingungen lagern sich solche Einzelfäden dann wieder aneinander, denn die komplementären Abschnitte besitzen eine chemische Affinität zueinander, sie ziehen sich quasi an. Hat man die Erbsubstanz zweier Arten miteinander vermischt, vereinigen sich je nach Grad der Verwandtschaft bei solch einer Reaktion auch die Erbfäden beider Arten; sie halten jedoch beim Erhitzen der Lösung nur dann gut zusammen, wenn sie von nahe miteinander verwandten Tierarten stammen. Denn je ähnlicher die einzelnen »Lebensfäden« sind, desto fester »kleben« sie aufgrund ihrer gleichen chemischen Bausteine zusammen und desto schwerer sind sie dann beispielsweise bei einer Temperaturerhöhung im Labor wieder voneinander zu trennen. Durch das schrittweise Erhöhen der Reaktionstemperatur erhalten die Biochemiker charakteristische Schmelzkurven ihrer DNA-Proben, die ihnen dann ein indirektes Maß für die Verwandtschaft liefern.

Molekularbiologen messen heute auf diese Weise, inwieweit die DNA-Sequenz, die Abfolge genetischer Informationen auf dem Makromolekül, und damit die genetische Ausstattung zweier Arten übereinstimmt. Je größer solche Übereinstimmungen sind, desto näher sind die untersuchten Tiere auch miteinander verwandt.

Im Dezember 1987 konnten Sibley und Ahlquist erneut mit diesen Hybridisierungsversuchen, dem Verschmelzen der DNA von zwei verschiedenen Arten, das nahe Verwandtschaftsverhältnis von Schimpanse und Mensch untermauern. Verschiedene andere biochemische und anatomische Studien deuteten mittlerweile ebenfalls das gleiche Resultat an. Sibleys und Ahlquists molkekularbiologische Ergebnisse schienen mithin erstmals zu »beweisen«, was andere Forschungen lediglich nahegelegt hatten.

Doch Widerspruch ließ nicht lange auf sich warten. Bei dem Streit, der sich daraus mittlerweile in den USA entwickelt hat, geht es nicht allein um die grundsätzliche Anwendung molekularbiologischer Forschung zur Rekonstruktion der Stammesgeschichte von Tier und Mensch. Für Furore sorgte der Vorwurf der Molekularbiologen Vincent Sarich und Carl Schmid von der Universität Kaliforniens und des Anthropologen Jon Marks von der Yale-Universität, daß nicht allein Methodik und Schlußfolgerung von Sibley und Ahlquist falsch seien. Schlimmer noch: Auch die gewonnenen Rohdaten ihrer Menschaffen-Studie seien so zurechtgerückt worden, daß sie dem beabsichtigten Ergebnis – die nahe stammesgeschichtliche Verwandtschaft des Menschen zum Schimpansen – besser entsprächen; eine in der auf Objektivität bedachten Wissenschaft unverzeihliche Entgleisung. Charles Sibley und Jon Ahlquist, so die Ankläger, hätten die Sonderstellung des Menschen also ungerechtfertigterweise in Frage gestellt.

Immerhin weichen die veröffentlichen Werte Sibleys und Ahlquists um bis zu 40 Prozent von ihren eigenen gemessenen Rohdaten ab. Mit den in Frage stehenden DNA-Studien zur Verwandtschaft des Menschen geraten auch sämtliche andere Stammbäume in den Ruf, falsch zu sein, die Sibley und Ahlquist in den letzten zehn Jahren vor allem zur Verwandtschaft der Vögel geliefert haben; für systematisch arbeitende Ornithologen, die sich über die vielen neuen Impulse des molekularbiologischen Ansatzes freuten, nicht gerade ein Grund zum Jubel. Und das, obgleich die DNA-Daten von Mensch und Affe bei der Arbeit von Sibley und Ahlquist eigentlich ein eher nebensächlicher Aspekt geblieben waren.

Die von den Yaler Wissenschaftlern jüngst widerlegte Alternative, daß nämlich Gorilla und Schimpanse zusammen die Schwestergruppe zum *Homo sapiens* bilden, diese Hypothese hat zudem noch immer viele Befürworter. So verfechten prominente Vertreter der in Deutschland begründeten »Phylogenetischen Systematik«, beispielsweise der Göttinger Systematiker Prof. Peter Ax, eine nähere Verwandtschaft von Schimpanse *(Pan)* zu Gorilla als zum Menschen. Peter Ax faßt die beiden Menschenaffen in der Gruppe der *Panini* zusammen. Ihnen stellt er die *Hominini,* den Homo einschließlich unserer ausgestorbenen Ahnen, den *Australopithecinen* (wir kommen gleich auf sie zu sprechen), gegenüber.

Doch auch die jüngsten Untersuchungen zur Chromosomenbänderung bei Mensch und Affe, die maßgeblich zu dieser Einteilung führten, wurden bereits kurz nach ihrer Veröffentlichung von Sibleys und Ahlquists DNA-Studien wieder in Frage gestellt. Sind Schimpansen und Gorillas also doch nicht nahe Verwandte?

Tatsächlich haben Sibley und Ahlquist inzwischen zugegeben, daß ihre Behandlung der Daten zwar sorgfältiger hätte sein müssen, einer ungerechtfertigten Verfälschung wollen sie sich dennoch nicht schuldig gemacht haben. Die – allerdings in ihren Arbeiten nicht erwähnten – Korrekturen rechtfertigen sie mit ihrer Erfahrung über zahlreiche Schmelzkurven aus den Vogelstudien.

So einfach das Prinzip der DNA-Hybridisierung erscheint, so komplex sind die zugrundeliegenden Prozesse der Doppelstrangbildung und -trennung. So beruhen die unterschiedlichen Interpretationen der molekularbiologischen Daten tatsächlich auf bislang nicht genügend untersuchten Reaktionsmechanismen bei der DNA-DNA-Hybridisierung. Zur Zeit stehen daher molekulargenetische Ergebnisse zur Verwandtschaftsforschung beim Menschen den konventionellen, vergleichend anatomischen Studien gegenüber. Die definitive Entscheidung, ob nun der Schimpanse näher mit seinesgleichen oder aber mit dem *Homo sapiens* verwandt ist, wird noch einige Zeit auf sich warten lassen.

Eine unabhängig von Sibleys und Ahlquists Arbeit durchgeführte DNA-Hybridisierungsstudie bestätigte wenig später jedoch noch einmal deren Resultate. Und erst kürzlich veröffentlichte ein Team um den Molekularbiologen Morris Goodman im amerikanischen Wissenschaftsmagazin »Science« eine Studie zum Stammbaum des Menschen, in der es ebenfalls den Menschen mit Schimpanse und Gorilla in eine Gruppe stellen, den Orang-Utan aber als einzigen asiatischen Menschenaffen in eine andere.

Und wenn sich auch die Frage, wer denn nun wirklich unser Vetter im Tierreich ist, noch immer nicht endgültig beantworten läßt, so gerät doch die noch immer weitverbreitete Vorstellung ins Wanken, daß der Mensch allein als einziger lebender Vertreter der *Hominiden* den sogenannten *Pongiden,* den Menschenaffen, gegenüberzustellen ist. Moderne Systematiker wehren sich schon lange gegen diese in ihren Augen ungerechtfertigte Ausklammerung des Menschen, die überdies den Blick auf seine jüngste Evolution verstellt.

Daß wir nun doch zu den Menschenaffen zu rechnen sind, wenn auch zu arrivierten, machen die jüngsten molekularbiologischen Befunde immer wahrscheinlicher. Denn, so sind Biochemiker überzeugt: Gene lügen nicht.

Aufrechter Aasfresser – Wie unsere Vorfahren zum aufrechten Gang kamen

In der sengenden Hitze der afrikanischen Savanne trottet ein kleines Völklein menschlicher Wesen durch die wellige grasbedeckte Landschaft. Der Gang dieser Kreaturen mit den groben Gesichtern, fliehender Stirn und kräftigen Kiefern ist reichlich plump und schleppend – aber aufrecht. Einige tragen Kinder auf dem Arm. Die leicht vorgebeugten Gestalten heben gelegentlich den affenhaften Kopf, um über die Savanne zu spähen und die vor ihnen ziehende Huftierherde nicht aus den Augen zu verlieren. Stundenlang, tagelang wandern sie so schon hinter den grasenden Tieren her. Endlich ist es soweit: Sie entdecken ein verendetes Tier und machen sich – Fleisch ist Fleisch, ob getötet oder nur gefunden – über das Aas her. Nachdem das rohe Fleisch verzehrt ist, werden die Kinder wieder auf den Arm genommen, und die Horde äffisch-menschlicher Wesen verschwindet in den Weiten der vor Hitze flimmernden Savanne.

Diese Szene aus dem Leben der Frühmenschen könnte vor rund 3,7 Millionen Jahren Wirklichkeit in den Savannen Ostafrikas gewesen sein. Wissenschaftler wissen seit einigen Jahren sicher, daß die afrikanischen Beinahemenschen bereits vor fast 4 Millionen Jahren den aufrechten Gang für sich entdeckt hatten. Das beweisen die Funde von *Australopithecus afarensis,* alias »Lucy«, die der amerikanische Paläoanthropologe Donald Johanson am Morgen des 30. November 1974 in der Nähe von Hadar in Äthiopien, etwa 160 Kilometer nordöstlich von Addis Abeba, fand. Und das belegen auch Fußspuren von Hominiden, die vor 3,7 Millionen Jahren in der Hochebene von Laetoli durch frische Vulkanasche getrottet waren und ihre Trittsiegel hinterlassen haben.

Nicht nur für die Entdecker, ein Team um die Forscherin Mary Leakey, war diese ganz ungewöhnliche Entdeckung auf dem Gebiet der Erforschung des Menschen ein großer Glücksfall. Denn, so Donald Johanson, die Wissenschaft weiß bis heute nicht, wie oder wann genau der entscheidende Übergang vom Menschenaffen zum Menschen erfolgt ist. Doch die Lücke zwischen uns und den Menschenaffen ist in den vergangenen Jahren kleiner geworden, hat sich aber noch nicht ganz schließen lassen. Die Entdeckung von Lucy hat uns diesem Ziel näher gebracht. Sie lehrt uns die erstaunliche Tatsache, daß der aufrechte Gang sich schon vor 4 Millionen Jahren entwickelt hatte.

Hauptdarsteller der seltenen Sternstunde waren unbekannte Hominiden, die just zur richtigen Zeit, als der heute erloschene Vulkan Sadiman vor nicht ganz 4 Millionen Jahren aktiv wurde und seine Umgebung unter einem Ascheregen begrub, durch die Ebene von Laetoli marschierten. »Dem Niedergang der ersten Aschewolke, der wahrscheinlich nicht länger als einen Tag gedauert hat«, erklärt Johanson, »folgte ein Regenguß. Die Asche wurde naß und nahm wie frischer Beton auf einer Straße die Abdrücke aller Fußspuren auf.« Eingetrocknet und von Schichten vulkanischer Asche nachfolgender Vulkaneruptionen überdeckt, wurden selbst die für vergänglich gehaltenen Fußspuren Millionen Jahre alter menschenähnlicher Wesen konserviert. Unsere Ahnen verewigten jedoch auf diese einmalige Weise nicht nur sich, sondern vor allem ihre Art der Fortbewegung. Denn aus der Form der Fußabdrücke konnten geschulte Anatomen ableiten, daß die Hominiden damals bereits so sicher aufrecht gingen wie Sie und ich. So ist es auch nicht erstaunlich, daß ein Kenner von den Fußspuren schwärmte: »Ich finde, sie gehören zu den wunderbarsten und aufschlußreichsten Entdeckungen seit Jahrzehnten.« Denn auch Naturwissenschaftler können sich gelegentlich nicht des Gedankens an ein »Wunder« erwehren, daß sie überhaupt erhalten sind und – was ebenso wichtig ist – auch gefunden wurden.

Nicht weniger verwunderlich, aber dafür – wie sollte es anders sein, wenn der Mangel an gesichertem Wissen Raum für Spekulationen läßt – heiß umstritten ist der Grund, aus dem sich die Vorfahren des Menschen überhaupt aufrichteten. Noch vor 5 Millionen Jahren mußten die gemeinsamen Vorfahren von Mensch und Menschenaffe auf allen vieren gelaufen sein; innerhalb von nur einer Million Jahren haben sich die Hominiden dann aufgerichtet. Mit Lucys Entdekkung Mitte der siebziger Jahre war die Zweibeinigkeit plötzlich rund 1,5 Millionen Jahre älter geworden. Denn bis dahin traute man den Zweifüßergang allenfalls den jüngeren Verwandten des Menschen vor rund 2,5 Millionen Jahren zu.

Jetzt wirft nicht ein neuer Fossilfund, sondern eine neue Interpretation dieser Befunde ein etwas anderes Licht auf die Entstehung des aufrechten Ganges:

Nach der jüngsten These von Paläoanthropologen um Mary Leakey blieben den Hominiden zum Laufen schließlich nur noch die Hinterbeine, weil sie lange Wanderungen unternahmen und dabei ihren Nachwuchs notgedrungen auf den Armen tragen mußten. Die Hominiden nämlich nutzten, nachdem sie an der Schwelle zur Menschwerdung in den Savannen Ostafrikas zu Aasfressern geworden waren, die riesigen grasenden Huftierherden als Nahrungsquelle. Und um einer am Tag bis zu 20 Kilometer wandernden Herde auch auf deren jahreszeitlichen Trecks folgen zu können, mußten die Frühmenschen den Nachwuchs auf den Arm nehmen. Auch unsere nächsten Verwandten – die Schimpansen – tragen, so die Erklärung der Forscher, ihre Jungen während des ersten Jahres auf dem Arm und richten sich dazu gelegentlich auf. Doch sind die Schimpansen in den Waldgebieten seßhaft geblieben; sie wandern nicht. Auch spielt Fleisch bei ihnen allenfalls die Rolle von Appetithäppchen.

Dem *Australopithecus* dagegen schmeckte die Vegetarierkost allein offenbar nicht; er dehnte seinen Speiseplan auf Fleisch aus. Und um das zu bekommen, gibt es verschiedene Wege: Jagen, das versteht sich, ist durchaus nicht leicht, wenn man gerade erst laufen gelernt hat. Nahezu jedes Beute verheißende Tier in Afrika läuft schneller als der Mensch. Zwar aßen unsere Vorfahren Fleisch, aber sie waren keine Jäger; sie mußten daher nehmen, was sie fanden. Wenn sie den wandernden Huftierherden folgten, hatten die Hominiden dabei stets gute Chancen, vorausgesetzt freilich, sie konnten ihre Jungen ständig mitnehmen. Und dies eben machte es erforderlich, aufrecht zu gehen, so die jüngste Hypothese.

Wissenschaftler, die sich mit der Frage des aufrechten Ganges intensiv beschäftigt haben, waren lange der Meinung, daß die Hominiden als Aasfresser in der Savanne nicht eben viel Fleisch gefunden hätten. Denn die Sterblichkeit ihrer Beutetiere liefert beispielsweise in der ostafrikanischen Serengetiebene nur durchschnittlich einen Kadaver im Monat. Auf einer Fläche von 10 Quadratkilometern ist das zuwenig für eine Menschenhorde, um zu überleben. Doch trifft dies nur für nichtwandernde Tierherden zu.

Daß sich den *Australopithecinen,* die dagegen den ziehenden Huftierherden folgten, tatsächlich eine gleichbleibend reichhaltige Speisekarte auftat, bewiesen Studien in Ostafrika: Etwa alle 20 Kilometer findet sich Aas, wie die Biologen Georg Schaller und Gordon Lowther bereits vor Jahren herausgefunden haben. Sie waren tagelang durch die Steppe gewandert und hatten alles Eßbare, vornehmlich alle Aasfunde, notiert. Ihr Befund: Aasfresser sein ist zwar mühsam, aber es macht satt!

So erkannten die Wissenschaftler nach langen Streifzügen durch die Savanne, daß beispielsweise rund 70 Prozent der aufgefundenen Kadaver von Gnus stammten, die während der Wanderung verhungert waren. Und dabei ist die Fauna Afrikas heute sogar noch um rund ein Drittel ärmer an Säugergattungen als in Lucys besten Tagen. Mahlzeiten für umherziehende Hominiden gab es demnach zuhauf. Der mobile »Aasfresser-Beruf« unserer Vorfahren versprach also durchaus Erfolge.

Diesen wandernden Fleischvorräten auf den Fersen zu bleiben, trieb die Frühmenschen mithin zum aufrechten Gang und ließ sie gleichzeitig die Konkurrenz der Raubtiere und anderer Aasfresser in den Savannen meiden. Die nämlich können den Tierherden auf ihren ausgedehnten Wanderungen nicht folgen, da ihre Nachkommen nur langsam heranwachsen und von den Elterntieren auch nicht herumgetragen werden können. Folglich sind alle Räuber zur Zeit ihrer Fortpflanzung an der Wiege ihres Nachwuchses wie festgenagelt. Anders wurde das bei den *Australopithecinen* – durch die Erfindung der Zweibeinigkeit.

Die neue Theorie Dr. Leakeys rührt dabei an eine Streitfrage, mit der sich Wissenschaftler seit beinahe hundert Jahren herumärgern. Bisher waren die Anthropologen meist der Ansicht gewesen, daß sich die Zweibeinigkeit bei seßhaften und vorwiegend vegetarisch lebenden Vorfahren entwickelt hat. Im zunehmend trockener werdenden Klima Ostafrikas mußten die Hominiden ihre Hände und Arme frei haben, um Pflanzennahrung sammeln und tragen zu können, so die Standarderklärung. Mary Leakey und ihre Kollegen bezweifeln jetzt, daß solches Pflanzensammeln der entscheidende Selektionsdruck gewesen ist, der zum aufrechten Gehen führte. Ebenso halten sie nicht den Werkzeuggebrauch – »die Hände freihaben für den Faustkeil« – für den Auslöser des aufrechten Ganges, der bei anderen Forschern lange in den Genuß der angeblich alleinseligmachenden Erklärung gekommen war.

Einig sind sich die Forscher allein darüber, daß der aufrechte Gang, und nicht etwa erst die Gehirnvergrößerung, das einschneidendste Ereignis in der menschlichen Evolution war. Bedauerlicherweise fehlen jedoch just aus dieser Zeit jegliche Fossilfunde; die Aufzweigung zum Menschen hüllt sich in das Dunkel der Geschichte; »schwarze Löcher« in der Vergangenheit der Hominiden.

Bei Lucy, so ihr Entdecker Don Johanson, sei die Entwicklung zur Bipedie, dem zweifüßigen Laufen, dann schon fast abgeschlossen, ohne daß wir erkennen können, eine wie lange Zeit sie in Anspruch genommen hat. »Wir haben den Eindruck, daß wir nur noch einen Schritt zurückgehen müssen, um zu erleben, wie sich der aufrechtgehende Hominide aus einem auf vier Füßen gehenden Menschenaffen entwickelt hat.«

Als Lucy, die ein vergleichsweise winziges Gehirn hatte, vor 3,7 Millionen Jahren auftauchte, war bereits alles entschieden: Die schrumpfenden Wälder hatten die Vormenschen gezwungen, für ihren Lebensunterhalt auch am Rande der Wälder und später dann sogar in der offenen Ebene zu sorgen. Sie faßten mehr und mehr Fuß auf dem Boden, nutzten anatomische »Mitbringsel« aus ihrer Zeit in den Bäumen und entdeckten das Fleisch für sich – ein Leckerbissen, den sie sich fortan nicht mehr entgehen ließen. Der Konkurrenz anderer Waldbewohner entwichen, erschlossen sie sich schließlich als Aasfresser die Grasländer. Auf der Suche nach Fleisch streiften sie mit ihrer Nachkommenschaft immer weiter umher.

Hin zum Fleisch also hieß der fundamentale Schritt menschlicher Evolution. Erst dann, so Mary Leakey, nutzten die Hominiden ihre freien Hände, entdeckten sie Werkzeuge, um die Kadaver schnell aufzubrechen und das Fleisch zu essen, bevor stärkere Raubtiere sie wieder vertrieben.

Die Frühmenschen vom See – Australopithecusfund am Turkanasee

Die mehrere Millionen Jahre alten Sedimente des Turkanasees im Norden Kenias an der Grenze zu Äthiopien sind schon seit Jahren immer wieder für sensationelle Entdeckungen zur Stammesgeschichte des Menschen gut gewesen. Richard Leakey, Sohn des Anthropologenehepaares Mary und Louis Leakey, und seine berühmte »fossil gang«, ein eingespieltes Ausgrabungsteam kenianischer Experten, stießen bisher vor allem im östlichen Seeabschnitt rund um die Halbinsel Koobi Fora auf eine wahre Fundgrube für Reste früher Vertreter der Gattung *Homo* und ihrer nächsten Verwandten, allesamt Fossilien mit einem Alter von wenigstens 1,5 Millionen Jahren. Dank feiner Schichten aus geologisch leicht datierbarer Vulkanasche verfügen die Wissenschaftler direkt im Sediment über eine Art »historische Meßlatte«. Die meisten Funde in Ostturkana konnten Leakey und seine Kollegen entweder der Gattung *Homo* oder der Gattung *Australopithecus,* dem »südlichen Affen«, einem Wesen mit deutlich hominiden Merkmalen und dem aufrechtem Gang, zuordnen. Zuletzt im Jahre 1984 hatte die Entdeckung des »young boy«, des bislang vollständigsten und mit 1,6 Millionen Jahren auch ältesten Skeletts eines *Homo erectus,* für Aufsehen gesorgt.

Jetzt wurde man westlich des Turkanasees in pliozänen Sedimenten des Omoflusses erneut fündig. Und diesen jüngsten Fund eines *Australopithecus*-Schädels möchten die Forscher der Leakey-Familie im Sinne ihrer Vorstellungen über die Stammesgeschichte der Frühmenschen verstanden wissen. Die anderen Paläoanthropologen jedenfalls zwingt er dazu, den Stammbaum der Hominiden wieder einmal zu überdenken. Nach Ansicht einiger Experten ist es nämlich der aufregendste Vormenschenfund, seit Donald Johanson 1974 die inzwischen legendäre »Lucy«, das älteste menschliche Fossil überhaupt, ausgrub. Doch das sagen sie nun von beinahe jedem neuen Fund, der sie einen Schritt weiter bringt.

Zusammen mit zwei amerikanischen Kollegen beschrieben Alan Walker und Richard Leakey in der Fachzeitschrift »Nature« den neuen Schädelfund sowie einen weiteren Unterkiefer eines als *Australopithecus boisei* identifizierten Hominiden, der die obligatorische Katalognummer KNM-WT 17 000 erhielt (KNM bedeutet Kenia-Nationalmuseum, West-Turkana). Der Geologe des Teams, Frank Brown von der Universität in Utah, bestimmte das Alter der Knochen auf 2,5 Millionen Jahre. Damit ist der *Australopithecus*-Schädel um einiges älter als die bisher bekannten und stets mit 2,2 bis 1,2 Millionen Jahren datierten Funde dieser Hominidenart.

Freilich, angesichts der enormen Zeitspannen, die sich jeder Anschaulichkeit entziehen, meint man leicht, ein paar hunderttausend Jahre mehr oder weniger machen da doch wohl keinen Unterschied mehr. Doch weit gefehlt! Denn *Australopithecus boisei,* der Affenmensch mit einem menschlichen Körper und einem affenhaften Kopf, kann somit schwerlich vom grazileren *Australopithecus africanus* abstammen. Das aber hatte man bislang angenommen. Doch die neuesten Funde legen nahe, daß beide Australopithecinen-Typen etwa zur gleichen Zeit, nämlich zwischen 2,9 und 2,2 Millionen Jahren, in den Savannen Ostafrikas gelebt haben. Auffällige Ähnlichkeiten in der Morphologie dieses frühen *Australopithecus boisei* und des *Australopithecus robustus* lassen zudem den Schluß zu, daß sich viele ihrer Merkmale parallel entwickelt haben, der *A. robustus* also ebenfalls nicht der Urahn von *A. boisei* sein kann.

Für Richard Leakey ist dies ein weiterer Beweis der These seines Vaters Louis. Der war davon ausgegangen, daß die Entwicklung zum Menschen nicht geradlinig verlaufen ist und mindestens zwei der *Australopithecus*-Arten später als ein Seitenzweig ausstarben; *Australopithecus boisei* war eine dieser Sackgassen der Evolution. Vor ungefähr einer Million Jahren starben sie allmählich aus (ein ähnliches Schicksal erlitt später auch der *Homo sapiens neanderthalensis*). Es bewahrheitet sich mithin einmal mehr, was Richard Leakey bereits 1980 notierte: »Zwar gibt die Vergangenheit ihre Geheimnisse nicht gerade großzügig preis, aber gerade deshalb müssen wir alle erdenkbare Vorsicht walten lassen, damit wir die wenigen Funde nicht falsch interpretieren.«

Und einmal mehr zwingt ein weiterer Frühmenschenfund die Wissenschaft, umzudenken und ihre Rekonstruktion der menschlichen Evolution zu revidieren. Die Frage, ob zwei Australopithecinen-Formen nun gleichzeitig durch die Savanne getrottet sind oder wer von wem abstammt, ist dabei weit mehr als nur akademischer Zeitvertreib.

Der französische Vorgeschichtsforscher Yves Coppens, der ebenfalls in Afrika nach Fossilien grub, um die »Wurzeln des Menschen« (so der Titel seines lesenswerten Buches) zu erforschen, hat die ständige Sorge der Paläoanthropologen um Klassifikation, um die Einordnung ihrer Funde, sehr geistreich beschrieben. Denn es geht nicht nur darum, »Fossilien aufzufinden, die sich zu dem, was wir sind, umzugestalten vermochten«; sie müssen von den Forschern auch in ein möglichst wahrheitsgetreues System einsortiert werden. Ein eindeutiges System aber, das die Evolution zum Menschen darlegt, tut not, denn schon die Frage, wo ein einziger neuer Fund einzugliedern sei, ist stets aufs neue umstritten. Bisher müssen die Forscher bei der Suche nach dem Ursprung des Menschen noch ständig damit rechnen, daß jedes neue Hominidenfossil den Stammbaum des Menschen zu Makulatur werden läßt. Die Stammesgeschichte, so Yves Coppens, wird den Paläoanthropologen neben den eigentlichen Grabungen mittlerweile zur Lieblingsbeschäftigung; Richard Leakey und Don Johanson sind dabei nur zwei, die immer wieder Lösungsvorschläge und modifizierte Stammbäume anzubieten haben. Ihr »Phylogeniespiel«, wie wir es nennen wollen, hat Coppens auf unnachahmliche Weise geschildert:

»Dieses Spiel, das darin besteht, die verschiedenen Arten ein und derselben Gattung, die Gattungen ein und derselben Familie (...) miteinander zu verbinden, wird von eben sovielen Teilnehmern gespielt, wie es irgendwo auf der Welt Spezialisten für die behandelten Arten, Gattungen oder Familien gibt. Es verlangt natürlich eine perfekte Kenntnis aller Elemente der Familie, aus denen man die Abstammung begründet, eine gute Kenntnis der bereits gemachten Vorschläge, konkretes Vorstellungsvermögen und die Gabe schöpferischer Phantasie – einer Phantasie, die offenbar durch Gesetze der Biologie und eine lange Vertrautheit mit den fraglichen Organismen genährt wird, aber auch durch den Zufall, durch Intuition oder Genie. Die vorgebrachten Lösungen werden veröffentlicht, damit die anderen Mitspieler jederzeit wissen, wie das Spiel steht. Die Kritiken und die neuen Modelle werden dann wiederum veröffentlicht, und das Spiel geht unbegrenzt weiter. Dabei gibt es nur vorübergehende Gewinner, da jeder Stammbaum unablässig in Frage gestellt wird, um so mehr, als es sich um den des Menschen handelt.«

Derart mit »Insiderinformationen« versorgt, wollen wir sehen, wie das Spiel zur Zeit steht.

Die ersten Hominiden erschienen – wie die Fossildokumentation belegt – vor etwa 4 Millionen Jahren in Ostafrika, nachdem es zuvor zu tiefgreifenden klimatischen und geologischen Veränderungen auf der Erde gekommen war. Die Funde der rund 3,75 Millionen Jahre alten Fußabdrücke in der Laetoliebene in Tansania, die Mary Leakey entdeckte, und das Skelett von Lucy aus Hadar in Äthiopien (3,3 – 3,0 Mill. Jahre) bilden die Basis des menschlichen Stammbaums; beide Formen werden zum *Australopithecus afarensis* gezählt. Irgendwann vor 3,0 bis 2,5 Millionen Jahren begannen diese Hominiden dann, sich in verschiedene, vermutlich insgesamt drei Arten aufzuspalten, darunter der als grazil bezeichnete *Australopithecus africanus* (3,0 – 2,3 Mill. Jahre), der wegen seines massiven Unterkiefers und seiner riesigen Zähne als robust bezeichnete *Australopithecus robustus* aus Südafrika (1,9 – 1,6 Mill. Jahre) und der noch robuster wirkende *Australopithecus boisei* in Ostafrika.

Die frühesten Fossilfunde der Gattung *Homo* finden sich dagegen erst vor zwei Millionen Jahren sowohl in Südafrika als auch in Ostafrika.

Obwohl, wie so häufig bei den Paläoanthropologen, auch darüber keine uneingeschränkte Einigkeit herrscht, wird der *Afarensis*-Typ nahe der Basis der beiden Hauptlinien der Frühmenschen gestellt. Während eine dieser Entwicklungslinien zur Gattung *Homo* führt, von der aber Fossilbelege in der Zeit vor 2 bis 3 Millionen Jahren fehlen, zieht demnach eine zweite Abstammungslinie zu den weiteren »australopithecinenhaften« Frühmenschen und endet mit den robusten *Australopithecus*-Arten.

Andere Autoren sehen eher im später auftretenden *Australopithecus africanus* die Stammform beider Zweige. Während aus der einen Linie der *Homo habilis,* der »geschickte Mensch«, und sehr viel später der *Homo sapiens* entstand, entwickelten sich die *Australopithecinen,* zumindest was ihr Gehirn angeht, nicht wesentlich über das Stadium eines Menschenaffen hinaus. Wie der *Australopithecus robustus* war auch *Australopithecus boisei,* der etwas größer war als seine Verwandten, ein Pflanzenfresser. Für einen Werkzeuggebrauch bei ihnen gibt es bislang keine Beweise. Dagegen legen die kräftigen Kiefer und Zähne nahe, daß er seine Nahrung – Wurzeln und Knollen – wieder und wieder gründlich zerkaut hat. Warum *Australopithecus boisei* nach über einer Million Jahren offenkundiger Stabilität ausstarb, vermag heute niemand schlüssig zu sagen; möglicherweise gelang es ihm nicht rechtzeitig, sich veränderten Umweltbedingungen anzupassen.

Zur gleichen Zeit begann der ebenfalls in Ostafrika lebende *Homo habilis,* Werkzeuge zu benutzen und regelmäßig Fleisch zu verzehren. Nach Ansicht der Leakeys war schließlich die Linie *Homo* der erfolgreiche Versuch, der dann zum modernen Menschen führte. Vor rund 1,75 Millionen Jahren verschwand auch *Homo habi-*

lis aus Afrika und wurde von einem Hominiden mit größerem Gehirnvolumen abgelöst, dem *Homo erectus*.

Walker und Leakey vermuten aufgrund anatomischer Unterschiede nun sogar, daß auch der vor 3,8 bis 2,8 Millionen Jahren lebende *Australopithecus afarensis* bereits eine andere Entwicklungslinie darstellt als *A. boisei*. Damit wäre Lucy zwar die Stammutter aller heute lebenden Menschen, nicht aber die Stammform der ausgestorbenen robusten *Australopithecinen*. Diese Arten stammen dann möglicherweise von dem jetzt entdeckten WT-17 000 ab. Die Forscher »erfanden« sogar einen weiteren Frühmenschen. Sie postulierten dazu die Existenz eines bislang fiktiven *Australopithecus aethiopicus*, ohne Belege zu haben. Damit hätten vor rund 2,5 Millionen Jahren in Ostafrika drei völlig verschiedene Frühmenschenarten nebeneinander gelebt.

Richard Leakey setzte dieses Frühmenschenpuzzle schließlich so zusammen: Aus dem fossilen Bestand ließe sich deutlich ablesen, daß die drei wichtigsten hominiden Typen über einen Zeitraum von mindestens einer, wahrscheinlich sogar von zwei Millionen Jahren hinweg in Ostafrika zusammenlebten, bis der Australopithecinen-Zweig vor ungefähr einer Million Jahren dann endgültig ausstarb und die direkten Vorläufer des heutigen Menschen, aus der Konkurrenz mit möglicherweise nahen Verwandten oder zumindest ähnlichen Formen entlassen, fortan allein das Rennen machten.

Bei all diesen Spekulationen um die Verwandtschaft der *Australopithecinen* lassen sich jedoch auch diese frühen Formen nicht aus der menschlichen Evolution ausklammern. Und selbst wenn bei dem neuesten *Australopithecus*-Fund kein unmittelbarer Zusammenhang mit der Entwicklung der Gattung *Homo* besteht, so bleibt die Frage doch weiterhin spannend, wie der Mensch zum Menschen geworden ist. Die Konkurrenz nahe verwandter Affenmenschen könnte dabei ebenso eine Rolle gespielt haben.

Und wie schon Lucy, so bringt auch der neue Fund wieder etwas Licht in das »evolutionäre Dunkel« – und den »Phylogeniespielern« eine neue Stammbaumversion.

Lucy bekommt eine Schwester – Neues vom Homo habilis

Die Entdeckung menschlicher Fossilien löse magische Wirkungen aus, meinte der amerikanische Anthropologe Don Johanson. Und tatsächlich haben hominide Fossilien schon immer mehr Interesse erregt als etwa fossile Muscheln. »Wir sind seit je mehr am Ursprung unserer eigenen Art als am Ursprung irgendwelcher anderer Dinge interessiert gewesen. Wir verfolgen unsere Abstammung und sind stolz darauf, wenn sie weit in die Vergangenheit zurückreicht.« Und Johanson prophezeite, als er nach der Entdeckung des *Australopithecus afarensis* alias »Lucy« vor einigen Jahren nach Ostafrika zurückkehrte: »Wir werden in den Millionen Jahre alten Ablagerungen des Afargebiets etwas finden, das zwischen den Menschenaffen und Lucy liegt.«

Zwar ist ihm just dies bislang nicht gelungen, doch in der Olduvai-Schlucht in Tansania fanden er und sein Kollege Tim White im Juli 1987 bereits nach nur dreitägiger Suche zum zweitenmal ein wenn auch unvollständiges Skelett, das die Fachleute ähnlich wie bei »Lucy« zwingen könnte, die Evolution der Hominiden neu zu interpretieren.

Die zehnköpfige amerikanisch-tansanische Forschergruppe beschrieb kurz darauf im Fachlatt »Nature« detailliert die 302 fossilen Knochen und Zähne des 1,8 Millionen Jahre alten *Homo habilis*. Dieser »geschickte Mensch«, mit dem zusammen auch die ersten primitiven Steinwerkzeuge auftauchen, hat zwischen 2 und 1,5 Millionen Jahren im östlichen und südlichen Afrika zusammen mit *Australopithecus boisei* gelebt. Viele Anthropologen halten ihn für einen direkten Vorfahren des Menschen. Bisher jedoch hatte man fast ausschließlich Schädelfragmente, Zähne und einige fragliche Beckenknochen des *Homo habilis* gefunden. Louis Leakey hatte diesen ältesten bekannten Menschen 1964 nach arg zerstückelten Schädelfunden von vier verschiedenen Hominiden in der ob dieser Funde so berühmtgewordenen Olduvai-Schlucht erstmals beschrieben. Er klassifizierte ihn weitgehend aufgrund eines größeren Schädelvolumens als ersten Menschen. Leakey trennte damit den *Homo habilis* deutlich vom grazilen Typ der *Australopithecinen*.

Doch bis heute ist die Streitfrage nicht geklärt, ob es sich bei den Habilis-Funden tatsächlich um einen direkten Menschenvorfahren handelt. Denn eine verläßliche und allgemein anerkannte Definition dessen, was ein echter Menschen*ahne der Gattung Homo* nun eigentlich ist und was dagegen ein *Australopithecus,* gibt es bis heute nicht. Man wird auch kaum jemals verläßlich den Finger auf die Stelle legen können, an welcher der Übergang zum Menschen stattgefunden hat.

Doch während die bisher spärlichen Schädelfragmente den Spekulationen über Körpergröße und -proportion des *Homo habilis* weiten Raum ließen, legt die erste Analyse der neuen Funde aus der Olduvai-Schlucht nahe, daß der *Homo habilis* sehr viel kleiner und affenähnlicher war, als man bislang glaubte. Schädel, Armknochen, Oberschenkel- und Schienbeinfragmente stammen von einem einzigen, vermutlich weiblichen Hominiden und erlauben eine recht zuverlässige Rekonstruktion. Während die Schädel-, vor allem die Kieferanatomie, für eine Zuordnung zum *Homo habilis* spricht, gleicht das übrige Skelett aufgrund der geringen Größe und der geradezu affenartig langen Arme auffällig einem frühen *Australopithecus.* Mit nur rund einem Meter Größe gehörte das Skelett einem der kleinsten Hominiden, der jemals gefunden wurde.

Johanson empfindet den *Homo-habilis*-Fund deshalb etwa so, als hätte die 1974 entdeckte »Lucy« eine jüngere Schwester bekommen. Er favorisiert damit auch weiterhin die Ansicht, daß der vor rund 3,7 Millionen Jahren lebende *Australopithecus afarensis* nahe der Basis der beiden Hauptlinien der Frühmenschen steht, von denen der eine Zweig zu den später aussterbenden *Australopithecinen* führt, der andere zur Gattung *Homo.* Die Entwicklung zum Menschen hätte demnach tatsächlich bereits schon *vor* 3 Millionen Jahren eingesetzt.

Das Leben, so soll Samuel Butler gesagt haben, sei die Kunst, befriedigende Schlüsse aus unbefriedigenden Beweismitteln zu ziehen. Für die Arbeit der Paläoanthropologen, wir wissen es, gilt das um so mehr. Für viele zoologische Systematiker, die mit dem oft vergeblichen Versuch, nicht nur »Typen« wie Homo oder Australopithecus zuzuordnen Kummer gewohnt sind, ist das neue Bild des *Homo habilis* indes keine Überraschung, sondern ein weiteres Beispiel für eine Mosaikevolution. Es gibt an keiner Stelle einen deutlichen Bruch in der Evolution, urteilen heute mit Donald Johanson viele Biologen. »Denn ein weiblicher Australopithecus hat niemals einen Homo geboren.«

Überraschender und auch weiterhin rätselhaft ist dann aber die Konsequenz, die sich aus den neuen Funden ergibt. Denn demnach dürfte die körperliche Gestalt der modernen Menschen erst mit dem vor 1,6 Millionen Jahren in Ostafrika auftretenden *Homo erectus* erschienen sein. Wie jüngste Funde des *Homo erectus* am Turkanasee zeigen, erreichte der bereits damals schon eine Körpergröße von rund 1.8 Meter, bei einem überaus »menschlichen« Knochenbau. Die Entwicklung des *Homo habilis* hin zum *Homo erectus* und nach einer weiteren Million Jahren schließlich zum *Homo sapiens* vollzog sich also in der aberwitzig kurzen Zeit von nur etwa 200 000 Jahren! Das relativ fortgeschrittene Skelett des *Homo erectus* vor 1,6 Millionen Jahren und das nur wenige tausend Jahre ältere, aber vergleichsweise noch primitive Skelett des *Homo habilis* markieren einen sehr abrupten Übergang von einer Form zur anderen.

Für die Evolutionsbiologen stellt sich die Frage, warum die Hominiden vor 1,8 Millionen Jahren fast urplötzlich bestimmte Merkmale verloren, andere aber in so kurzer Zeit erwarben. Und unerklärlich ist bislang, was diesen so raschen Wandel ausgelöst haben mag. Danach stagnierte die Entwicklung des Menschen offensichtlich eine Million Jahre – das jedenfalls legen die Fossil- und Werkzeugfunde nahe –, um dann vor 200 000 Jahren erneut zu einem bedeutenden Schritt nach vorn anzusetzen.

Ob sich eine derart schnelle Entwicklung mit einer Gendrift infolge kleiner isolierter Populationen, dem berühmten »Flaschenhals« in der Evolution des Menschen, oder unter Annahme eines wie auch immer gearteten Selektionsdrucks erklären läßt, muß die jetzt auf die Wissenschaftler zukommende Diskussion zeigen. Die bisherige Vorstellung, Körpergröße und Bau hätten sich im Laufe der Entwicklung allmählich verändert, beruht nach Ansicht der Autoren eher auf einer nach dem gradualistischen Prinzip abgeleiteten Annahme (dem Wandel in kleinen Schritten) als auf Tatsachen.

Und obwohl es nicht möglich ist, von dem neuen Olduvai-Fund die Hirnkapazität des *Homo habilis* zu rekonstruieren, legen der übrige Knochenbau und die vom *Homo habilis* bekannten Schädelmaße den Schluß nahe, daß sich die kleinen *Australopithecinen*-Vertreter vom *Homo habilis* vor allem durch das Schädelvolumen, nicht aber durch die Körpergröße unterscheiden. Das käme der Vermutung entgegen, daß tatsächlich der Cephalisationsgrad – also das Verhältnis Körpergröße zu Gehirngröße – im späten Pliozän eine Schlüsselrolle in der menschlichen Evolution gespielt hat: das Gehirn als Schrittmacher auf dem Weg zum modernen Menschen.

Mit den 1,8 Millionen Jahre alten Knochen jedenfalls besitzen die Anthropologen jetzt Material just aus einer Zeit, als sich irgend etwas Gravierendes und Dramatisches im Leben der frühen Menschen ereignet haben muß. Zudem zeigen die jüngsten Funde einmal mehr, wie wenig wir noch immer über unsere eigene Evolutionsgeschichte eigentlich wissen. Und das nicht nur im »Schwarzen Loch« der Zeit vor »Lucy«, das zu erhellen Johanson einst nach Ostafrika gegangen war.

Der Homo sapiens auf der Roten Liste oder Warum Adam aus Afrika kam

Molekularbiologen entdecken einen Engpaß in der Evolutionsgeschichte des Menschen

»Evolution findet stets irgendwo anders statt«, meinten die beiden Londoner Biologen J. S. Jonas und S. Rouhani unlängst in der Zeitschrift »Nature«, als es um die Rekonstruktion der menschlichen Entwicklung ging. Darin machen auch die Funde menschlicher Fossilien keineswegs eine Ausnahme von der Regel und wichtigsten Lektion der Paläontologie, daß auch aus den ergiebigsten Fundstellen selten mehr als ein Skelett pro Jahrmillion zutage gefördert werden konnte.

Besser haben es die Molekularbiologen, wenn es darum geht, die entwicklungsgeschichtliche Verwandtschaft zu untersuchen; ihre bevorzugten Forschungsobjekte finden sich in der Erbsubstanz und den Eiweißverbindungen der heutigen Lebewesen. Und da sich die Deutung des fossilen Materials, sofern es solches überhaupt gibt, oft als sehr schwierig erweist, versucht man zunehmend mit Methoden der Molekularbiologie das lückenhafte Bild von der Entwicklung des Menschen zu ergänzen.

Bekannt geworden sind dabei die immunologischen Untersuchungen bei Menschenaffen und Menschen, die eine Trennung vor 10 Millionen Jahren wahrscheinlich werden lassen. Vergleiche der DNA ergaben eine etwas spätere Trennung, wobei man beim Vergleich der DNA-Sequenzen zwischen Schimpanse und Mensch Unterschiede in der Größenordnung von etwa ein bis zwei Prozent fand.

Jetzt konnte ein englisches Forschungsteam um Jim Wainscoat durch eine weitere molekularbiologische Studie nicht nur bestätigen, daß auch die Wiege des modernen Menschen tatsächlich in Afrika wippte; sie stellten zudem innerhalb der menschlichen Population eine grundsätzliche Zweiteilung fest. Unterschiede in der Erbsubstanz einiger blutfarbstoffbildender Proteinsequenzen deuten nämlich darauf hin, daß es eine afrikanische und eine eurasische Gruppe gibt. Robert Ardrey, bekannt geworden durch sein Buch »Adam kam aus Afrika«, hatte 1967 also bereits vorweggenommen, was Vorgeschichtsforscher heute immer sicherer erkennen: »Weder in Unschuld noch in Asien wurde die Menschheit geboren. Die Heimat unserer Vorfahren war jenes Hochland, das sich vom Kap der Guten Hoffnung zu den Nilseen erstreckt. Hier, auf einer weit offenen Savanne voll der lauernden Gefahren, begann unsere langsame, unendlich langsame Entwicklung.«

Das Team an der Universität in Oxford hatte einen kleinen Ausschnitt der DNA des Zellkerns, der die »Bauanleitung« für ein ganz bestimmtes Protein des roten Blutfarbstoffs Hämoglobin enthält, unter die molekularbiologische Lupe genommen. Hämoglobin, das müssen wir noch wissen, besteht aus einem Proteinanteil, dem Globin, und einem Farbstoffanteil, dem Häm. Während das Farbstoffmolekül stets identisch ist, gibt es innerhalb der Wirbeltiere in der Abfolge der genau 574 Aminosäuren, aus denen sich der Globinanteil des Blutfarbstoffes aufbaut, erhebliche Unterschiede. (Im Foetus von Säugern kommt zudem ein anderes Hämoglobin vor als bei erwachsenen Tieren.) Die genetische Struktur, die die Information für einen ganz bestimmten Abschnitt dieses Hämoglobins, nämlich für das Beta-Globin, liefert, wurde nun bei acht Bevölkerungsgruppen aus Europa, Indien, Asien und Afrika untersucht.

Die Forscher gingen davon aus, daß sich der Grad der Verwandtschaft einer Population auch aus einem Vergleich der Basensequenz des betreffenden DNA-Abschnitts ergibt. Denn wenn die verschiedenen Bevölkerungen lange voneinander getrennt gelebt haben, dann wird sich auch ihre Erbsubstanz in dieser Zeit unabhängig voneinander weiterentwickelt haben. Betreffen die Mutationen dabei solche Gene, die die Molekularstruktur des Blutfarbstoffes bestimmen, so lassen sich auf molekularer Ebene Aussagen über die Abstammung machen.

Dazu wurde der DNA-Strang an definierten Stellen mit einer Art biochemischer Schere, den sogenannten »Restriktionsenzymen«, in Teilstücke mit jeweils spezifischer Basenabfolge zerschnitten. Diese für die Wissenschaftler »handlicheren« Fragmente konnten sie dann bei den einzelnen Bevölkerungsgruppen miteinander vergleichen. So kompliziert das biochemische Verfahren, so klar die Ergebnisse: Die genetische Struktur, die für den Blutfarbstoff verantwortlich war, erwies sich als durchaus unterschiedlich innerhalb der acht untersuchten Bevölkerungsgruppen. Auffällig für die Forscher war dabei in erster Linie die deutliche geographische Verteilung der verschiedenen Hämoglobintypen. Denn drei dieser Typen waren bei nichtafrikanischen Bevölkerungen weitverbreitet und fehlten bei den Afrikanern, während man dort besonders zwei bestimmte Eiweißstrukturen fand, die aber umgekehrt allen anderen Gruppen fehlten.

Unter der begründeten Annahme – sehr viel mehr ist es bisher freilich nicht –, daß zwei Gruppen in ihrer Evolutionsgeschichte um so weiter voneinander entfernt sind, je größer die Zahl der gefundenen Unterschiede ist, unter dieser Annahme deuten die geringfügigen Abweichungen in der DNA-Sequenz des Hämoglobins jetzt darauf hin, daß sich die Menschheit, zumindest was diesen und einige andere Genabschnitte betrifft, in eine afrikanische und eine nichtafrikanische Linie teilt.

Da die frühesten fossilen Funde des modernen Menschen *Homo sapiens*, die man am Omofluß in Äthiopien und in Südafrika fand, auf über 100 000 Jahre zurückdatiert werden konnten, geht man heute davon aus, daß die Evolution auch des modernen Menschen in Afrika ihren Ausgang nahm. Vor 50 000 Jahren, zu einer Zeit, als in

Europa der Neandertaler lebte, war der moderne Mensch in Afrika bereits weit verbreitet. Schon damals hatte sich die afrikanische Population in ihrer genetischen Zusammensetzung stärker differenziert als in anderen Teilen der Welt. Auch dies spricht für eine längere Entwicklungsgeschichte des Menschen im Ursprungsland Afrika – für eine »African Genesis«, wie sie Robert Ardrey vor zwei Jahrzehnten beschrieben hat.

Doch mehr noch: Aus den Ergebnissen der Molekularbiologen läßt sich ableiten, daß alle heute lebenden Menschen auf eine kleine Gruppe des ursprünglichsten *Homo sapiens* zurückgehen, eine sogenannte »Gründerpopulation«, die aus Afrika auswanderte und zum Ursprung aller anderen nichtafrikanischen Bevölkerungen wurde. Bemerkenswert aber ist besonders das Tempo, mit dem sich diese Hominiden von ihrem Ursprungsort irgendwo in Afrika über die Alte Welt ausbreiteten. Unterschiede in der DNA der heutigen Bevölkerungsgruppen deuten darauf hin, daß unsere Vorfahren dabei rund einen Kilometer pro Jahr vorankamen, innerhalb einer Generation also um durchschnittlich 20 Kilometer.

Die jetzt entdeckte Verteilung der für den Blutfarbstoff verantwortlichen Gene, so betont Jim Wainscoat, deckt sich gut mit der bisher angenommenen rasanten Ausbreitungsgeschwindigkeit des Menschen. Und 20 Kilometer pro Generation kommen den Genetikern dabei durchaus rasant vor. Sie vermuten, daß gerade die Expansion in der Alten Welt dazu führte, daß die auswandernde »Sippe« den spezifisch afrikanischen Hämoglobintyp verloren hat. Nach den Erkenntnissen der modernen Genetik läßt dies auf eine ausgesprochen kleine Population schließen; denn nur dort kann es zur sogenannten Gendrift kommen, einer zufälligen und oft nicht an die Umwelt angepaßten Auswahl von Genen aus dem Erbinventar der Stammform. Eingeschränkte Paarungsmöglichkeiten führen dazu, daß einzelne Gene zufällig und unabhängig von ihrem Selektionswert erhalten bleiben, während andere möglicherweise ganz verlorengehen; in unserem Fall der rein afrikanische Blutfarbstofftyp.

Dieses »founder principle«, also die Ausbreitung einer einstmals kleinen und isolierten Population, hat mit Sicherheit bei der Rassenbildung des Menschen eine wichtige Rolle gespielt.

Diskutiert wird momentan allerdings die Frage, wie groß denn nun dieser »Flaschenhals« der Populationsstärke tatsächlich gewesen ist, wie groß, oder besser: wie klein die Gründergruppe gewesen sein könnte. Die weltweiten Unterschiede, die sich in der Globin-DNA bemerkbar machen, lassen nämlich überraschende demographische Auswirkungen auf eine Jäger-Sammler-Population erkennen, die ihrer Heimat Afrika vielleicht vor rund 50 000 Jahren den Rücken kehrte. Angenommen, die Unterschiede im Blutfarbstoff haben sich tatsächlich innerhalb von nur 20 000 Jahren, nämlich zwischen dem Auszug aus Afrika und der vollständigen Verbreitung über Europa und Asien, herausgebildet; unter dieser Annahme haben die beiden Genetiker Jones und Rouhani vom University College in London errechnet, daß die Gründerpopulation aller Nichtafrikaner in dieser Zeit lediglich etwa 600 Individuen gezählt haben dürfte. Oder anders ausgedrückt, daß es einen »Flaschenhals« von sechs Menschen in 200 Jahren gab; das wäre etwa ein Paar in sechzig Jahren!

Angesichts der heutigen 4,6 Milliarden Menschen auf der Erde ist man dann leicht versucht, tatsächlich an die biblischen Gestalten Adam und Eva zu denken, die jedoch nicht das Paradies, sondern Afrika verlassen haben. Und Robert Ardreys paradigmatisches »Adam kam aus Afrika« scheint sich gleich zweifach bewahrheitet zu haben. Zweifach deshalb, weil nicht nur – wie Ardrey belegte – die Wiege der Menschheit überhaupt in Afrika stand, sondern auch die Wiege des modernen Menschen *Homo sapiens*. Was keinesfalls dasselbe ist, wie der Hamburger Anthropologe Prof. Günter Bräuer bewies.

Und: »Wenn dies tatsächlich der Fall ist, war die Menschheit während einer entscheidenden Phase ihrer Evolution eine vom Aussterben bedrohte Art.« So jedenfalls die Schlußfolgerung der Londoner Wissenschaftler – der *Homo sapiens* als eine Rote-Liste-Art!

Es gibt indes auch anderslautende Schätzungen der Populationsgröße während des Exodus aus Afrika. Untersuchungen amerikanischer Molekularbiologen, die DNA in den Mitochondrien des Menschen analysiert haben, ergaben etwa 4000 Individuen in 20 000 Jahren. Und das sind – die Situation wirkt sofort weniger bedrohlich! – immerhin schon vierzig Auswanderer in zwei Jahrhunderten. Aus der Mitochondrien-DNA läßt sich demnach auch in der Retrospektive ein nicht ganz so »beunruhigender« Engpaß ableiten. Und für verschiedene andere Genabschnitte des menschlichen Erbguts gibt es bisher gar keinen Grund, eine andere Bevölkerungsdichte als die der unmittelbaren Vergangenheit anzunehmen. Allerdings weisen gerade die Mitochondrien, die über eine von der übrigen Erbsubstanz unabhängigen DNA-Sequenz verfügen, einige Besonderheiten bei der Vererbung auf. Und da sie sozusagen autonomes Erbgut innerhalb der Zelle darstellen, könnte dies ihren Wert als allgemein gültigen Maßstab für die Evolutionsgeschichte des Menschen mindern. Noch mehr mag die starke Selektion, die jede mutative Abweichung bei den Blutgruppen und Enzymsystemen ausmerzen wird, diese essentiellen Bestandteile als Gradmesser der Stammesgeschichte des Menschen ungeeignet werden lassen.

So ganz trauen viele Wissenschaftler den Engpaßhypothesen daher noch nicht; zu viele statistische und genetische Probleme sind noch ungelöst. Denn zwei abweichende genetische Strukturen deuten ja noch nicht zwangsläufig auf eine Trennung der Ahnenform hin. Und niemand wird behaupten wollen, daß der im allgemeinen hohe Anteil der Blutgruppe B, die vielen menschlichen Populationen fehlt und die sowohl bei der russischen Bevölkerung als auch bei Schimpansen vorkommt, ein verläßliches Indiz für eine gemeinsame Entwicklungsgeschichte sei. Dies betonen die Genetiker immer wieder. Dieselbe Vorsicht bei der Interpretation und Rekonstruktion der menschlichen Evolution, so Jones und Rouhani, müsse auch bei allen anderen Genen gewahrt werden. Doch im Unterschied zu den Fossilienforschern können sich die Molekularbiologen im menschlichen Genom leicht auf die Suche nach weiteren aussagekräftigen Objekten machen.

Fahndung nach Evas Erbgut

In jüngster Zeit bekommen Wissenschaftler, die auf der Suche nach fossilen Knochen des Menschen sind, von unerwarteter Seite Hilfe bei ihrer Arbeit. Amerikanische Molekularbiologen glauben sogar einen Hinweis auf Eva, die biblische Stammutter aller Menschen, gefunden zu haben. In einer Arbeit, nachzulesen im ehrwürdigen britischen Fachblatt »Nature«, berichten Rebecca Cann, Mark Stoneking und Allan Wilson über ihre Untersuchungen an der DNA von 147 Menschen aus fünf verschiedenen geographischen Regionen der Erde. Ihr Ergebnis: Die gesamte Erbsubstanz der Mitochondrien, den sogenannten »Kraftwerken« der menschlichen Zellen, stammt von einer einzigen genealogischen Mutter, die vermutlich vor 280 000 bis 140 000 Jahren irgendwo in Afrika gelebt hat. Kaum zu vermeiden, daß selbst die oft nüchternen Fachleute versucht sind, von »Eva« zu sprechen.

Mit der biblischen Gestalt hat diese Eva der Molekularbiologen zwar wenig zu tun; doch die Studien der Mitochondrien-DNA legen nahe, daß es vor 200 000 Jahren möglicherweise nur einige wenige Frauen gegeben hat, deren Erbsubstanz sich in allen Menschenrassen unserer inzwischen vielbevölkerten Erde wiederfindet.

Freilich, der jetzt aufgespürte Vorfahre mütterlicherseits ist eigentlich nur unsere »mitochondriale Eva«, da sie vermutlich recht wenige Gene zur übrigen genetischen Ausstattung der Körperzellen beigetragen hat. Doch Frau Dr. Cann und ihre Kollegen von der Berkeley-Universität in Kalifornien wählten gerade deshalb die DNA menschlicher Mitochondrien, die als kleine Organellen in jeder Zelle für den Energiestoffwechsel sorgen, weil diese außerhalb des Zellkerns lagert und damit von dessen Erbsubstanz weitgehend unabhängig ist. Wichtiger noch: Die mitochondriale Erbsubstanz DNA (kurz: mtDNA), ein zirkuläres Makromolekül mit etwa 16 500 Basenpaaren, wird jeweils nur mütterlicherseits vererbt. Daher stammt die mtDNA jedes Menschen, anders als die Kern-DNA, stets von der Mutter.

Die übrige, vergleichsweise riesige Erbsubstanz, die als Chromosomen im Zellkern aufgewickelt liegen, wird nämlich bei einer komplizierten Neuverteilung des Erbguts von beiden Elternteilen geliefert; wegen dieser Rekombination läßt sich die direkte Linie der Vererbung anhand der Kern-DNA nicht klar erkennen. Dagegen können die Veränderungen in der DNA der Mitochondrien innerhalb der letzten hunderttausend Jahre nur durch Mutationen entstanden sein. Zudem evoluiert die mtDNA wesentlich schneller als die Kern-DNA, das heißt, Mutationen treten auch noch etwa zehnmal häufiger auf; und zwar mit einer – wie die laufenden Forschungen nahelegen – stets gleichbleibenden Rate.

Genau diese durch Mutationen bedingten Veränderungen der DNA-Sequenzen von Menschen aus Afrika, Asien, Europa, Nordafrika, dem Mittleren Osten, Australien und Neuguinea haben die drei Biologen detailliert untersucht; unter anderem um herauszufinden, wieviel Zeit vergangen ist, bis die heutigen Variationen der menschlichen Erbsubstanz angehäuft waren. Denn, so schrieb der bereits erwähnte Robert Ardrey: »Die Entwicklung des Menschen hat, ebenso wie die Entwicklung der Schmetterlinge, der Plejaden und der Urgebirge, in einem fernen Zeitabschnitt begonnen, dessen Anfang wir ebensowenig kennen wie dessen Ende. Unser einziger Maßstab heißt: Zeit.«

Bei solchen molekularbiologischen Studien wird ein zuvor isolierter DNA-Strang mit verschiedenen Restriktionsenzymen behandelt; das sind jene Proteine, die den »Lebensfaden« an definierten Stellen in Teilstücke mit einer jeweils spezifischen Basensequenz zerschneiden. Die Fragmente werden dann mit den Sequenzen der übrigen zerkleinerten Stränge verglichen; ein Computer hilft schließlich, die Unterschiede zwischen den mtDNA-Proben zu analysieren.

Die kalifornischen Biologen fanden 133 verschiedene DNA-Typen, nach denen sie dann einen etwas ungewöhnlichen Stammbaum der mtDNA des Menschen entwarfen. Eine der beiden Wurzeln dieses Evolutionsbaumes reicht nach Afrika, eine zweite umfaßt alle anderen menschlichen Rassen. Diese Zweiteilung hatten die Studien von Jim Wainscoat an der Kern-DNA ja zuvor ebenfalls festgestellt. Kein Wunder, daß sich Wainscoat in »Nature« sogleich mit einiger Befriedigung zu seiner »Out of Africa«-Hypothese äußert. Denn anhand der genetischen Differenzen, die sich bei der DNA-Analyse ergaben, ist es nun möglich, zurückzurechnen bis zu dem Zeitpunkt, zu dem die allen gemeinsame Erbsubstanz der Mitochondrien existierte; zurück bis zu der Zeit also, als »Eva« lebte. Die drei Biologen aus Berkeley konnten eine Zeitskala an den von ihnen entworfenen Stammbaum legen, indem sie von der begründeten Annahme ausgingen, daß Mutationen die Sequenzen der DNA menschlicher Mitochondrien um rund 2 bis 4 Prozent je Jahrmillion verändert haben.

Und indem sie die geographische Herkunft der 147 DNA-Proben mitberücksichtigten, ließ sich außerdem bestimmen, wo »Eva« gelebt hat. Denn die Proben von Afrikanern südlich der Sahara wiesen innerhalb ihrer Gruppe die meisten Abweichungen auf, was darauf hindeutet, daß ihre mtDNA auch die meiste Zeit für Mutationen gehabt hat. Die Vorfahren der afrikanischen Bevölkerung erschienen demnach zuerst – eine Schlußfolgerung, die auch durch die bisherigen paläoanthropologischen Fakten gestützt wird.

Bis auf diese afrikanische Population sind alle anderen jetzt untersuchten Gruppen verschiedenen Ursprungs; Wissenschaftler sehen darin einen Hinweis, daß die übrigen Regionen der Erde später mehrfach unabhängig voneinander von verschiedenen mütterlichen Linien besiedelt worden sein müssen.

Eine kleine Population – so hatten wir vermutet – war es, die Afrika irgendwann zwischen 180000 und 90000 Jahren vor unserer Zeit verließ und sich über die Welt verbreitete. Der gesamte Genpool der Menschheit mußte sich damals offenbar durch ein irrwitzig enges Nadelöhr zwängen. Gegenüber einer solch drastischen Verringerung der Populationsstärke aber ist die mtDNA wegen ihres besonderen Vererbungsmusters viel sensibler und zur Klärung des »Flaschenhalses« mithin geeigneter als die DNA der Chromosomen. Wie eng das Nadelöhr allerdings nun wirklich war und ob der Mensch bei seinem Auszug aus Afrika tatsächlich beinahe ausgestorben wäre, das können erst detailliertere Studien der nächsten Jahre zeigen.

Denn noch bestehen einige Unsicherheiten; so weiß man nicht sicher, ob die Mutationsrate von 2 bis 4 Prozent je Jahrmillion tatsächlich immer derart konstant gewesen ist, wie man es bei den Berechnungen zugrunde legt. Dennoch sei, so Mark Stoneking, die mtDNA ein geeignetes Molekül, um die Verwandtschaft zwischen den Populationen des Menschen zu verfolgen.

Und es ist eine vielversprechende Neuerung, molekularbiologische Techniken mit der klassischen Paläoanthropologie zu verquikken. »Gelegentlich führen Fossilien in die Irre«, so Rebecca Cann; »wir versuchen, ein besseres Bild davon zu bekommen, wie der Mensch entstand.«

Die meisten menschlichen Überlegungen erlauben die Anwendung von Maßstäben, die der menschlichen Vorstellungskraft entsprechen – nicht so die Evolution. Hier neue Wege zu beschreiten kann tatsächlich neues Licht auf den Ursprung und die Entwicklung des Menschen werfen.

Literatur

1. Kapitel
Biokommunikation

Buckelwale:

Guinee, L.N. & K.B. Payne (1988): Rhyme-like repetitions in songs of humpback whales. – Ethology 79: 295–306.

Payne, K.P. & R. Payne (1985): Large scale changes over 19 years in songs of humpback whales in Bermuda. – Z.Tierpsychol. 68: 89–114.

Winn, H.E. et al. (1981): Song of the humpback whale – population comparisons. – Behav.Ecol.Sociobiol. 8: 41–46.

Buchfinken:

Bergmann, H.-H. (1987): Die Biologie des Vogels. Wiesbaden. (Aula).

Freude, M. (1978): Untersuchung der artkennzeichnenden Parameter im Gesang des Buchfinken *(Fringilla coelebs)* unter besonderer Berücksichtigung des methodischen Aspekts. Diplomarbeit Humboldt-Univ. Berlin.

– *(1983):* Zur Entstehung und Bedeutung von Gesangsvariabilität bei Singvögeln: Beispiel Buchfink. – Falke 30: 263–271.

– *(1984):* Der Gesang des Buchfinken *(Fringilla c. coelebs)*. Bestandsaufnahme, Analyse und Aspekte der Evolution. Diss. Humboldt-Univ. Berlin.

Krebs, J.R. (1977): The significance of song repertoires: the Beau-Geste hypothesis. – Anim.Behav. 25: 475–478.

McGregor, P.K. (1986): Song types in the Corn Bunting *Emberiza calandra:* matching and discrimination.– Journ.Ornithol. 127: 37–42.

Pernau, F.A. von (1768): Gründliche Anweisung alle Arten von Vögel zu fangen, einzustellen, abzurichten, zahm zu machen, ihre

Eigenschaften zu erkennen, Pastarden zu ziehen, ihnen fremden Gesang zu lernen, und sie zum Aus- und Einfliegen zu gewöhnen. Nürnberg.

Slater, P.J.B. & S.A. Ince (1979): Cultural evolution in Chaffinch song. – Behaviour 88: 76–97.

– *(1982):* Song development in Chaffinches: What is learnt and when? – Ibis 124: 21–26.

Thielcke, G. (1988): Neue Befunde bestätigen Baron Pernaus (1660–1731) Angaben über Lautäußerungen des Buchfinken *(Fringilla coelebs).* – Journ. Ornithol. 129: 55–70.

Thorpe, W.H. (1958): The learning of song patterns by birds, with especial reference to the song of the Chaffinch *Fringilla coelebs.* – Ibis 100: 535–570.

– *(1961):* Bird song. Cambridge (University Press).

Goldammer:

Bonner, J.T. (1983): Kultur-Evolution bei Tieren. Berlin (P. Parey)

Baker, M.C. & M.A. Cunningham (1985): The biology of bird song dialects. – Behav. Brain Sci. 8: 85–133.

Baker, M.C., Bjerke, T., Lampe, H. & Y. Espmark (1987): Sexual response of female yellowhammers to differences in regional song dialects and repertoire sizes. – Animal. Behav. 35: 395–401.

Bergmann, H.-H. & H.-W. Helb (1987): Vogelstimmenkunde: Auch Vögel haben Dialekte. – Die Voliere 10: 138–144.

Conrads, K. (1984): Gesangsdialekte der Goldammer *(Emberiza citrinella)* auf Bornholm. – Journ. Ornithol. 125: 241–244.

Ford, J.K.B. (1983): Group-specific dialects of killer whales *(Orcinus orca)* in British Columbia. In: PAYNE, R. (Hrsg.), Communication and Behavior of Whales, pp. 129–161. AAA Selected Symposium 76. Boulder (Westview Press).

Glaubrecht, M. (1989): Geographische Variabilität des Gesangs der Goldammer, *Emberiza citrinella,* im norddeutschen Dialekt-Grenzgebiet. – Journ. Ornithol. 130: 277–292.

Hansen, P. (1978): Song variations in the Yellowhammer *Emberiza citrinella.* – Biophon VI (1): 7–8.

– *(1979):* Gulspurven dialekttyper. – Feltorn. 21: 80–83.

– *(1985):* Geographic song variation in the Yellowhammer *(Emberiza citrinella).* – Natura Jutlandica 21: 209–219.

Heinroth, O. & M. (1924–1932): Die Vögel Mitteleuropas. I. Bd. Berlin (H. Bermühler).

Hiett, J. & C.K. Catchpole (1982): Song repertoires and seasonal song in the yellowhammer, *Emberiza citrinella.* – Anim. Behav. 30: 568–574.

Kaiser, W. (1965): Der Gesang der Goldammer und die Verbreitung ihrer Dialekte. – Falke 12: 40–42, 92–93, 131–135, 169–170, 188–191.

– *(1983):* Die Dialekte der Goldammer – jetzt Europaprojekt. – Falke 30: 17–23.

– *(1987):* Zu Strophenformen im Gesang der Goldammer und ihrer Entwicklung. – Falke: 102–105, 144–148.

Krebs, J. R. & D. E. Kroodsma (1980): Repertoires and geographical variation in bird song. – Adv. Study Behav. 11: 143–177.

Kroodsma, D. E., E. H. Miller & H. Quellet (1982): Acoustic Communication in Birds. New York (Academic Press).

Møller, A. P. (1982): Song dialects in a population of Yellowhammers *Emberiza citrinella* in Denmark. – Orn.Scand 13: 239–246.

Salomonsen, F. (1933): Zur Dialektbildung bei der Goldammer *(Emberiza citrinella* L.). – Anz.Orn.Ges. Bayern 2: 346–351.

Schroeter, U. (1983): Gesangsdialekte der Goldammer *(Emberiza citrinella)* – ihre Verteilung unter den Brutvögeln in Schleswig-Holstein und Hamburg. – Vogelkundl.Tagebuch Schleswig-Holstein 11: 3–14.

Thielcke, G. (1970): Vogelstimmen. Berlin (Springer).

Thomas, J. A. & I. Sterling (1983): Geographic variation in underwater vocalizations of Weddell seals *(Leptonychotes weddelli)* from Palmer Peninsula und McMurdo Sound, Antarctica. – Can. J. Zool. 61: 2203–2212.

Wickler, W. (1986): Dialekte im Tierreich. Schriftenr. Westfälische Wilhelms-Univ. Münster. N.F. 6: 1–84.

Winn, H.E. et al. (1981): Song of the Humpback Whale – Population comparisons. – Behav. Ecol. Sociobiol. 8: 41–46.

Duett für Frosch und Vogel:

Dubois, A. & J. Martens (1984): A case of possible vocal convergence between frogs and a bird in Himalayan torrents. – Journ. Ornithol. 125: 455–463.

Elefanten:
Douglas-Hamilton, I. & O. (1976): Unter Elefanten. Abenteuerliche Forschungen in der Wildnis Zentralafrikas. München (Piper).
Grzimek, B. (Hrsg.) (1987): Grzimeks Enzyklopädie Säugetiere. Bd. 4. München (Kindler).
Johann, A.E. (1974): Elefanten, Elefanten. München (Bertelsmann).
Payne, K. (1989): Elephant talk. – National Geographic Magazine 176 (2): 263–277.
Payne, K.B., W.R. Langbauer & E.M. Thomas (1986): Infrasonic calls of the Asian elephant *(Elephas maximus)*. – Behav.Ecol.Sociobiol. 18: 293–301.

Alpendohlen:
Franck, D. (1979): Verhaltensbiologie. Einführung in die Ethologie. Stuttgart (G. Thieme).
Frisch, K.v. (1987): Symbolik im Reich der Tiere. In: *Scherer, K.R. et al.* (Hrsg.), Psychobiologie. Wegweisende Texte der Verhaltensforschung, pp. 237–250. München (dtv).
Lorenz, K. (1931): Beiträge zur Ethologie sozialer Corviden. – Journ. Ornithol. 79 (1): 67–127.
Matthes, H. & W. Bürkli (1979): Nachweis eines freilebenden Alpenkrähen-Hybriden *(Pyrrhocorax x graculus)* im Oberengadin. – Orn.Beob. 76: 317–320.
Sitasuwan, N. & E. Thaler (1985): Lautinventar und Verständigung bei Alpenkrähe *(Pyrrhocorax pyrrhocorax)*, Alpendohle *(Pyrrhocorax graculus)* und deren Hybriden. – Journ. Ornithol. 126: 181–193.

Honiganzeiger:
Isack, H.A. & H.-U. Reyer (1989): Honeyguides and honey gatherers: interspecific communication in a symbiotic relationship. – Science 243: 1343–1346.

Klangechte Täuschungsmanöver:
Anderson, I. (1988): How penguins p-p-pick up each other. – New Scientist 118, Nr. 1607: 27.
Dowsett-Lemaire, F. (1979): The imitative range of the song of the

Marsh Warbler *Acrocephalus palustris,* with special reference to imitations of African birds. – Ibis 121: 452–468.
Howard, R.D. (1974): The influence of sexual selection and interspecific competition on Mockingbird song *(Mimus polyglottus).* – Evolution 28: 428–438.
Kneis, P. & M. Görner (1983): Zur Funktion des Imitationsgesanges bei den mitteleuropäischen Sperlingsvögeln. – Der Falke 30: 278–283.
Marshall, A. (1950): The function of vocal mimicry in birds. – Emu 50: 5–16.
Rechten, E. (1978): Interspecific mimicry in birdsong: does the Beau Geste hypothesis apply? – Animm.Behav. 26: 305–306.

Heuschrecke gegen Fledermaus:

Belwood, J.J. & G.K. Morris (1987): Bat predation and its influence on calling behavior in neotropical katydids. – Science 238: 64–67.
Habersetzer, J. & G. Storch (1987): Klassifikation und funktionelle Flügelmorphologie paläogener Fledermäuse *(Mammalia, Chiroptera).* – Cour.Forsch.Inst.Senckenberg 91: 117–150.
Hess. Landesmuseum, Darmstadt (Hrsg.) (1987): Fossilien der Messelformation. Darmstadt (Hess.Landesmuseum).
Kulzer, E. (1987): Fledertiere. In: *Grzimek, B.* (Hrsg.). Grzimeks Enzyklopädie Säugetiere, pp. 536–631. München (Kindler).
Novacek, M.J. (1985): Evidence for echolocation in the oldest known bats. – Nature 315: 140–141.
Tuttle, M.D., M.J. Ryan & J.J. Belwood (1985): Acoustic resource partitioning by two species of Phyllostomid bats *(Trachops cirrhosus* and *Tonatia sylvicola).* – Anim.Behav. 33: 1369–1370.
Wandtner, R. (1987): Die Fledermäuse aus Messel als Spezialisten im tropischen Urwald. – Frankf.Allg.Zeitung, Nr. 268 v. 19.Nov.1987, Natur u.Wiss.: I-II.

Alarmrufe:

Brown, C.H. (1982): Ventroloquial and locatable vocalizations in birds. – Z.Tierpsychol. 59: 338–350.
Harvey, P.H. & P.J. Greenwood (1978): Anti-predator defence strategies: some evolutionary problems. In: *Krebs, J.R. & N.B. Davies)* (Hrsg.), Behavioural Ecology, pp. 129–151. Oxford (Blackwell).

Klump, G.H. & M.D. Shalter (1984): Acoustic behaviour of birds and mammals in the predator context. I. Factors affecting the structure of alarm signals. II. The functional significance and evolution of alarm signals. – Z. Tierpsychol. 66: 189–226.
Munn, C.A. (1986): Birds that »cry wolf«. – Nature 319: 143–145.
Reyer, H.-U. (1982): Soziale Strategien und ihre Evolution. – Naturwiss. Rundschau 35: 6–17.

2. Kapitel
Subtile Signale

Biolumineszenz:

Lloyd, J.E. (1981): Mimicry in the sexual signals of fireflies. – Scientific American 245 (7): 110–117.
– *(1983):* Male firefly mimicry. – Science 221: 484–485.
– *(1984):* On deception, a way of all flesh, and firefly signalling and systematics. – Oxford Surv. evol. Biol. 1: 48–84.
– *(1984):* Evolution of a firefly flash code. – Florida Ent. 67 (2): 228–239.
– *(1984):* Occurrence of aggressive mimicry in fireflies. – Florida Ent. 67 (3): 368–376.
– *(1986):* Firefly communication and deception: 'oh, what a tangled web. In: *Mitchell, R.W. & N.S. Thompson* (eds.), Deception perspective on human and unhuman deceit, pp. 113–128. Albany (State Univ. New York Press).
– *& S.R. Wing (1983):* Nocturnal aerial predation of fireflies by light-seeking fireflies. – Science 222: 634–635.
Markert, R.E., B.J. Markert & N.J. Vertrees (1961): Lunar periodicity in spawning and luminescence in *Odontosyllis enopla*. - Ecology 42 (2): 414–415.
Remane, A., V. Storch & U. Welsch (1985): Kurzes Lehrbuch der Zoologie. Stuttgart (G. Fischer).
Siewing, R. (Hrsg.) (1985): Lehrbuch der Zoologie. Systematik. Stuttgart (G. Fischer).

Honigbienen:

Franck, D. (1979): Verhaltensbiologie. Einführung in die Ethologie. Stuttgart (Thieme).

Frisch, K.v. (1965): Tanzsprache und Orientierung der Bienen. Berlin (Springer).

Michelsen, A., W. H. Kirchner & M. Lindauer (1986): Sound and vibrational signals in the dance language of the honeybee, *Apis mellifera.* – Behav.Ecol.Sociobiol. 18: 207–212.

Michelsen, A., W. H. Kirchner, B.B. Andersen & M. Lindauer (1986): The tooting and quacking vibration signals of honeybee queens: a quantitative analysis. – Jour. Comp. Physiol. A 158: 605–611.

Michelsen, A., W. F. Towne, W. H. Kirchner & P. Kryger (1987): The acoustic near field of a dancing honeybee. – Jour. Comp. Physiol. A 161: 633–643.

Michener, C.D. & D.A. Grimaldi (1988): The oldest fossil bee: apoid history, evolutionary statis, and antiquity of social behavior.– Proc.Natl.Acad.Sci. USA 85: 6424–6426.

Rembold, H. (1988): Arbeitsgruppe Insektenbiochemie. In: Max-Planck-Gesellschaft (Hrsg.), Jahrbuch 1987, pp. 164–167. Göttingen (Vandenhoeck & Ruprecht).

Slessor, K.N. et al. (1988): Semiochemical basis of the retinue response to queen honey bees. – Nature 332: 354–356.

Drosophila:

Hoy, R.R., A. Hoikkala & K. Kaneshiro (1988): Hawaiian courtship songs: evolutionary innovation in communication signals of *Drosophila.* – Science 240: 217–219.

3. Kapitel
Werkstatt der Evolution

Darwin-Finken:

Berry, R.J. (Hrsg.) (1984): Evolution in the Galapagos Islands. London (Academic Press).

Diamond, J.M. (1987): Learned specializations of birds. – Nature 330: 16–17.

Eibl-Eibesfeldt, I. (1977): Galapagos – Die Arche Noah im Pazifik. München (Piper).

Gibbs, H.L. & P.R. Grant (1987): Oscillating selection on Darwin's finches. – Nature 327: 511–513.

Glaubrecht, M. (1988): Darwin-Finken auf Galapagos – Paradebeispiel der Evolution. – Naturwiss.Rundschau 41: 54–58.
– *(1989):* Ökologische Nische für Rohrsänger. – Naturwiss.Rundschau 42: 194.
Grant, P.R. (1984): Recent research on the evolution of land birds on the Galapagos. – Biol.Journ.Linn.Soc. 21 (1&2): 11–136.,
– *(1985):* Selection on bill characters in a population of Darwin's finches: *Geospiza conirostris* on Isla Genovesa, Galapagos. – Evolution 39: 523–532.
– *(1986):* Ecology and Evolution of Darwin's Finches. Princeton (Princeton Univ.Press).
Grant, P.R., I. Abbott, D. Schluter, R.L. Curry & L.K. Abbott (1985): Variation in the size and shape of Darwin's finches. – Biol. Journ. Linn. Soc. 25: 1–39.
Lack, D. (1947): Darwin's finches. (Neuausgabe 1983), Cambridge (Cambridge University Press).
Lewin, R. (1983): Finches show competition in ecology. – Science 219: 1411–1412.
Millington, S.J. & P.R. Grant (1983): Feeding ecology and territoriality of the Cactus finch *Geospiza scandens* on Isla Daphne Major, Galapagos. – Oecologia 58: 76–83.
Ratcliffe, L.M. & P.R. Grant (1983): Species recognition in Darwin's finches *(Geospiza, Gould)*. I. Discrimination by morphological cues. II. Geographic variation in mate preference. – Anim.Behav. 31: 1139–1153, 1154–1165.
Schluter, D. & P.R. Grant (1984): Ecological correlates of morphological evolution in a Darwin's finch, *Geospiza difficilis*. – Evolution 38: 856–869.
Sulloway, F.J. (1982): Darwin and his finches: The evolution of a legend. – Journal of the History of Biology 15: 1–53.
– *(1984):* Darwin and the Galapagos. – Biol.Journ.Linn.Soc. 21: 29–59.
Smith, T.B. (1987): Bill size polymorphism and intraspecific niche utilization in an African finch. – Nature 329: 717–719.
Werner, T.K. & T.W. Sherry (1987): Behavioral feeding specialization in *Pinarolaxias inornata*, the »Darwin's Finch« of Cocos Island, Costa Rica. – Proc. Natl. Acad. Sci. USA 84: 5506–5510.

Die »Archen Noah« dieser Welt:

Curry, R.L. (1986): Whatever happened to the Floreana mockingbird? – Noticias de Galapagos 43: 13–15.

Diamond, J.M. (1989): Nine hundred kiwis and a dog. – Nature 338: 544.

Lawesson, J. (1986): Problems of plant protection in the Galapagos. – Noticias de Galapagos 44: 12–14.

Ryall, C. (1986): Killer crows stalk the Seychelles. – New Scientist 111, Nr. 1528: 48–49.

Smith, G.T.C. (1985): The great fire on Isabela. – Noticias de Galapagos 42: 4–5.

Taborsky, M. (1988): Kiwis and dog predation: observations in Waitangi State Forest. – Notornis 35: 197–202.

Bermudas:

Brown, W.L. (1987): Punctuated equilibrium excused: the original examples fail to support it. – Biol.J.Linn.Soc. 31: 838–404.

Butland, G.J. & D. Litt (1980): Bermuda: a new study. New York (Vantage Press).

Crowell, K.L., & M.R. Crowell (1976): Bermuda's abundant, beleaguered birds. – Natural Hist. 85(8): 48–56.

Glaubrecht, M. (1990): Bermuda – ein evolutionärer Mikrokosmos im Atlantik? Zur Naturgeschichte einer isolierten Inselgruppe. – Natur und Museum (im Druck).

Gould, S.J. (1969): An evolutionary microcosm: Pleistocene and recent history of the land snail *P. (Poecilozonites)* in Bermuda. – Bull. Mus.Comp.Zool. 138(7): 407–531.

Hallyday, T. (1978): Vanished Birds. Their natural history and conservation. New York (Holt, Rinhart and Winston).

Hayward, S., Gomez, V.H. & W. Sterrer (1981): Bermuda's delicate balance. People and environment. Hamilton (The Bermuda National Trust).

Nice, M.M. & W.R.P. Bourne (1958): The Bluebird in Bermuda. – Ibis 100: 127–128.

Pilsbry, H.A. (1924): Recent and fossil Bermudian snails of the genus *Poecilozonites*. – Proc.Acad.Natur.Sci. 76: 1–9.

Scoffin, T.P. (1972): Fossilization of Bermuda Patch Reef. – Science 178: 1280–1282.

Wurster, Ch.F. & D.B. Wingate (1963): DDT residues and declining reproduction in the Bermuda petrel. – Science 159: 979–981.

Kosmopolitische Schnecke:
Ponder, W.F. (1988): Potomopyrgus antipodarum – a molluscan coloniser of Europe and Australia. – Journ.Moll.Stud. 54: 271–285.

Cerion auf den Bahamas:
Woodruff, D.S. & S.J. Gould (1980): Geographic differentiation and speciation in *Cerion* – a preliminary discussion of patterns and processes. – Biol.Journ.Linn.Soc. 14: 389–416.
– *(1987):* Fifty years of interspecific hybridization: Genetics and morphometrics of a controlled experiment on the land snail *Cerion* in the Florida Keys. – Evolution 41(5): 1022–1045.

Systematik:
Avise, J.C. & W.S. Nelson (1989): Molecular genetic relationships of the extinct Dusky Seaside Sparrow. – Science 243: 646–648.
Field, K. et al. (1988): Molecular phylogeny of the animal kingdom. – Science 748–753.
Hartl, G.B. (1987): Biochemical differentiation between the Wild rabbit *(Oryctolagus cuniculus L.),* the domestic rabbit and the Brown hare *(Lepus europaeus* Pallas). – Zeit.zool.Syst.Evolut.-forsch. 24: 309–316.
Medawar, P.B. (1984): Ratschläge für einen jungen Wissenschaftler. München (Piper).
Rumpler, Y., S. Warter, J.J. Petter, R. Albignac & B. Dutrillaux (1988): Chromosomal Evolution of Madagasy Lemurs. XI. Phylogentic position of *Daubentonia madagascariensis.* – Folia primatol. 50: 124–129.

Waldrefugium:
Mayr, E. & R.J. O'Hara (1986): The biogeographic evidence supporting the pleistocene forest refuge hypothesis. – Evolution 40(1): 55–67.
Haffer, J. (1969): Speciation in Amazonian forest birds. – Science 165, 131–137.
– *(1987):* Biogeography of Neotropical Birds. In: *Whitmoe, T.C. &*

G.T. Prance (Hrsg.) Biogeography and Quarternary History in Tropical America. Oxford (Clarendon Press).

Prance, G.T. (Hrsg.) *(1982):* Biological diversification in the Tropics. New York (Columbia Univ. Press).

Sioli, H. (1983): Amazonien. Grundlagen der Ökologie des größten tropischen Waldlandes. Stuttgart (Wiss. Verlagsgesellschaft).

Ostafrikas Seen:

Scholz, C.A. & B.R. Rosendahl (1988): Low lake stands in Lake Malawi and Tanganyika, East Africa, delineated with multifold seismic data. – Science 240: 1645–1648.

4. Kapitel Vogelzug

Bairlein, F. (1985): Offene Fragen der Erforschung des Zuges paläarktischer Vogelarten in Afrika. – Die Vogelwarte 33: 144–155.

– *(1985):* Body weights and fat deposition of palaearctic passerine migrants in the central Sahara. – Oecologia 66: 141–146.

– *(1988):* Herbstlicher Durchzug, Körpergewichte und Fettdeposition von Zugvögeln in einem Rastgebiet in N-Algerien. – Die Vogelwarte 34: 237–248.

Berthold, P. (1982): Endogene Grundlagen der Jahresperiodik von Standvögeln und wenig ausgeprägten Zugvögeln. – Journ.Ornithol. 123: 1–17.

Berthold, P. & U. Querner (1981): Genetic basis of migratory behavior in European warblers. – Science 212: 77–79.

Gwinner, E. (1986): Endogene Jahresrhythmen beim Vogelzug. – Spektrum d. Wissenschaft, Juni: 76–86.

Kiepenheuer, J. (1984): The magnetic compass mechanism of birds and its possible association with the shifting course directions of migrants. – Behav.Ecol.Sociobiol. 14: 81–99.

– *(1986):* Are site-specific airborne stimuli relevant for pigeon navigation only when matched by other release-site information? – Naturwissenschaften 73: 42–43.

Lundberg, P. (1988): The evolution of partial migration in birds. – Trends in Ecology and Evolution 3(7): 172–175.

Matthews, G.V.T. (1971): Vogelflug. München (Goldmann).
Papi, F. & H.G. Wallraff (Hrsg.) *(1982):* Avian navigation. Berlin (Springer).
Schmidt-Koenig, K. (1980): Das Rätsel des Vogelzugs. Faszinierende Erkenntnisse über das Orientierungsvermögen der Vögel. Hamburg (Hoffmann und Campe).
– *(1985):* Hypothesen und Argumente zum Navigationsvermögen der Vögel. – Journ. Ornithol. 126: 237–252.
Schmidt-Koenig, K. & W.T. Keeton (Hrsg.) *(1978):* Animal migration, navigation, and homing. Berlin (Springer).
Sutherland, W.J. (1988): The heritability of migration. – Nature 334: 471–472.
Wallraff, H.G. (1986): Magnetic fields affect pigeon navigation only while the birds can smell atmospheric odors. – Naturwissenschaft 73: 215–217.
– *(1988):* Navigation mit Duftkarte und Sonnenkompaß: Das Heimfindevermögen der Brieftauben. – Naturwissenschaften 75: 380–392.
Wiltschko, W. & R. (1988): Die Orientierung von Zugvögeln: Magnetfeld und Himmelsfaktoren wirken zusammen. – Journ. Ornithol. 129: 265–286.

Weißkopf-Seeadler:
Broley, C.L. (1947): Migration and nesting of Florida Bald Eagles. – Willson Bulletin 59: 3–20.
Brown, L. (1979): Die Greifvögel. Ihre Biologie und Ökologie. Hamburg, Berlin (Parey).
Dunstan, T. (1978): Our Bald Eagle: freedom's symbol survives. – National Geographic Magazine 153 (2): 186–199.
Gerrard, J.M. & G.R. Bortolotti (1988): The Bald Eagle. Haunts and habits of a wilderness monarch. Washington (Smithsonian Institution Press).
Newton, I. (1979): Population ecology of raptors. Berkhamsted (Poyser).
Weick, F. (1980): Die Greifvögel der Welt. Hamburg, Berlin (Parey).
Zimbelmann, F. (1989): Beitrag zur Phylogenetik und Revision der Seeadler (*Haliaeetus* Savigny 1809). Inaug.-Diss. Naturwiss.-Math. Gesamtfakultät d. Ruprechts-Karls-Universität Heidelberg.

5. Kapitel
Sexuelle Selektion

Gespensterkrabben:

Diesel, R. (1986): Optimal mate strategy in the symbiotic sider crab *Inachus phalangium* (Decapoda). – Ethology 72: 311–328.

– *(1988):* Male-female association in the spider crab *Inachus phalangium:* The influence of female reproductive stage and size. – Journ.Crustacean Biol. 8 (1): 63–69.

– *(1988):* Discrete storage of multiple-mating sperm in the spider crab *Inachus phalangium.* – Naturwissenschaften 75: 148–149.

Waage, J. (1986): Evidence for widespread sperm displacement ability among Zygoptera (Odonata) and the means for predicting its presence. – Biol.Journ.Linn.Soc. 28: 285–300.

Spermakonkurrenz:

Baker, R.R. & M.A. Bellis (1989): Number of sperm in human ejaculates varies in accordance with sperm competition theory. – Animal Behavior 37: 867–869.

Birkhead, T.R., J. Pellatt & F.M. Hunter (1988): Extra-pair copulation and sperm competion in the zebra finch. – Nature 334: 60–62.

Harvey, P.H. & R.M. May (1989): Out for the sperm count. – Nature 337: 508–508.

Lewin, R. (1989): Judging paternity in the Hedge Sparrow's world. – Science 243: 1663–1664.

Møller, A.P. (1988): Ejaculate quality, testes size and sperm competition in primates. – J.Hum.Evol. 17: 479–.

– *(1988):* Testes size, ejaculate quality and sperm competition in birds. – Biol.J.Linn.Soc. 33: 273–283.

Short, R.V. (1979): Sexual selection and its component parts, somatic and genital selection, as illustrated by man and great apes. – Advances in the Study of Behaviour 9: 131–158.

Smith, R.L. (ed) (1984): Sperm competition and the evolution of animal mating systems. Orlando (Academic Press).

Spornammer u. Haushuhn:

Bateson, P. (ed) (1983): Mate choice. Cambridge (Cambridge Univ. Press).

Kirkpatrick, M. (1989): Is bigger always better? – Nature 337: 116–117.

Montgomerie, R. & R. Thornhill (1989): Fertility advertisement in birds: a means of inciting male-male competition? – Ethology 81: 209–220.

Lippfisch:

van den Berghe, E. (1988): Piracy as an alternative reproductive tactic for males. – Nature 334: 697–698.

Weibchenwahl:

Bradbury, J.B. & M.B. Andersson (eds.) *(1987):* Dahlem Workshop on Sexual Selection: Testing the Alternatives. Life Science Research Report Nr. 39. Berlin (Wiley).

Burley, N., G. Krantzberg & I. Radman (1982): Influence of colour banding on the conspecific preferences of zebra finches. – Anim. Behav. 30: 444–455.

Darwin, C. (1871): The descent of man and selection in relation to sex. London (J. Murray).

Halliday, T.R. (1981): Sexuelle Selektion und Partnerwahl. In: *J.R. Krebs & N.B. Davies* (Hrsg.), Öko-Ethologie, pp. 147–172. Hamburg (P. Parey).

Hamilton, W.D. & M. Zuk (1982): Heritable true fitness and bright birds: a role for parasites? – Science 218: 384–387.

Kevles, B. (1986): Females of the species. Sex and survival in the animal kingdon. Cambridge (Harvard Univ.Press).

Kirkpatrick, M. (1989): Is bigger always better? – Nature 337: 116–117.

Pomiankowski, A. (1989): Choosing parasite-free mates. – Nature 338: 115–116.

Ryan, M.J. (1983): Sexual selection and communication in a neotropical frog, *Physalaemus punctulosus*. – Evolution 37: 261–272.

Tomlinson, I. (1988): How females choose a mate. – Nature 335: 13–14.

Rauchschwalbe:

Alatalo, R.V., J. Höglund & A. Lundberg (1988): Patterns of variation in tail ornament size in birds. – Biol. J. Linn. Soc. 34 (4): 363–374.

Andersson, M. (1982): Sexual selection, natural selection and quality advertisement. – Biol. J. Linn. Soc. 17: 375–393.

Møller, A.P. (1988): Female choice selects for male sexual tail ornaments in the monogamous swallow. – Nature 332: 640–642.

– *(1989):* Viability costs of male tail ornaments in a swallow. – Nature 339: 132–135.

Schantz, T. von et al. (1989): Female choice selects for a viability-based male trait in pheasants. – Nature 337: 166–169.

Rohrsänger:

Beier, J. (1981): Untersuchungen an Drossel- und Teichrohrsänger *(Acrocephalus arundinaceus, A. scirpaceus):* Bestandsentwicklung, Brutbiologie, Ökologie. – Journ. Ornithol. 122: 209–230.

Catchpole C., B. Leisler & H. Winkler (1985): Polygyny in the great reed warbler, *Acrocephalus arundinaceus:* a possible case of deception. – Behav. Ecol. Sociobiol. 16: 285–291.

Dyrcz, Andrzej (1986): Factors affecting facultative polygyny and breeding results in the great reed warbler *(Acrocephalus arundinaceus).* – Journ. Ornithol. 127: 447–461.

Gjershaug, J.O. et al. (1989): Marriage entrapment by solitary mothers: a study on male deception by female pied flycatchers. – American Nat. 133: 273–279.

Leisler, B. (1981): Die ökologische Nischentrennung der mitteleuropäischen Rohrsänger *(Acrocephalus, Sylviinae).* I. Habitattrennung. – Die Vogelwarte 31: 45–74.

– *(1985):* Öko-ethologische Voraussetzungen für die Entwicklung von Polygamie bei Rohrsängern *(Acrocephalus).* (II. Paarungssysteme). – Journ. Ornithol. 126: 357–381.

Lewin, R. (1989): How females entrap males. – Science 243: 1289.

Møller, A.P. (1986): Mating systems among European passerines: a review. – Ibis 128: 234–250.

Orians, G.H. (1969): On the evolution of mating systems in birds and mammals. – American Nat. 103: 589–603.

Verner, J. & M.F. Willson (1966): The influence of habitats on mating systems of North American passerine birds. – Ecology 47: 143–147.

Fliegenschnäpper:

Alatalo, R., A. Carlson, A. Lundberg & S. Ulfstrand (1981): The

conflict between male polygamy and female monogamy: the case of the Pied Flycatcher *Ficedula hypoleuca.* – Am.Nat., 117: 738–753.
Alatalo, R.V., A. Lundberg & K. Stahlbrandt (1982): Why do Pied Flycatcher females mate with already-mated males? – Anim.Behav., 30: 585–593.
Alatalo, R., A. Lundberg & C. Glynn (1986): Female Pied Flycatchers choose territory quality and not male characteristics. – Nature 323: 152–153.
Alatalo, R.V., A. Lundberg & K. Stahlbrand (1984): Female mate choice in the Pied Flycatcher *Ficedula hypoleuca.* – Behav.Ecol. Sociobiol. 14: 253–261.
Dyrcz, A. (1986): Factors affecting facultative polygyny and breeding results in the great reed warbler *(Acrocephalus arundinaceus).* – Journ.Ornithol. 127: 447–461.
Wingfield, J.C., (1984): Androgens and mating systems: testosterone-induced polygyny in normally monogamous birds. – Auk 101: 665–671.

6. Kapitel
Die Evolution zum Menschen

Ardrey, R. (1967): Adam kam aus Afrika. Wien (Molden).
– *(1977):* Der Wolf in uns. Die Jagd als Urmotiv menschlichen Verhaltens. Frankfurt (Krüger).
Ax, P. (1984): Das Phylogenetische System. Systematisierung der lebenden Natur aufgrund ihrer Phylogenese. Stuttgart (Fischer).
– *(1988):* Systematik in der Biologie. Darstellung stammesgeschichtlicher Ordnung in der lebenden Natur. Stuttgart (Fischer).
Bräuer, G. (1987): Adam kam aus Afrika. – Bild der Wissenschaft, Nov.: 38–45.
– *(1988):* Die Entstehungsgeschichte des Menschen. In: *Grzimek, B.* (Hrsg.), Grzimeks Enzyklopädie. Bd. 2., S. 490–494. München (Kindler).
Cann, R., M. Stoneking & A. Wilson (1987): Mitochondrial DNA and human evolution. – Nature (Lond.), 325: 31–36.
Coppens, Y. (1987): Die Wurzeln des Menschen. Das neue Bild unserer Herkunft. Frankfurt/M. (Ullstein).

Delson, E. (1986): Human phylogeny revised again. – Nature (Lond.), 322: 496–497.
– *(1987):* Evolution and palaeobiology of robust *Australopithecus*. – Nature (Lond.), 327: 654–655.
Glaubrecht, M. (1989): Die molekulare Uhr. DNA-DNA-Hybridisierung und die Verwandtschaft des Menschen. – Universitas, 44: 1061–1072.
Johanson, D. & M. Edey (1984): Lucy. Die Anfänge der Menschheit. Frankfurt/M. (Ullstein).
Johanson, D. et al. (1987): New partial skeleton of *Homo habilis* from Olduvai Gorge, Tanzania. – Nature (Lond.), 327: 205–209.
Jones, J.S. & S. Rouhani (1986): How small was the bottleneck? – Nature (Lond.), 319: 449–450.
Leakey, R. & R. Lewin (1980): Die Menschen vom See. Neueste Entdeckungen zur Vorgeschichte der Menschheit. München (Bertelsmann).
Leakey, M. et al. (1986): Migration and hominid bipedalism. – Nature (Lond.), 324: 307–308.
Lewin, R. (1987): Africa: gradle of modern humans. – Science, 237: 1292–1295.
– *(1987):* The unmasking of mitochondrial eve. – Science, 238: 24–26.
– *(1987):* My close cousin the chimpanzee. – Science, 238: 273–275.
– *(1988):* Conflict over DNA clock results. – Science, 241: 1598–1600.
– *(1988):* DNA clock conflict continues. – Science, 241: 1756–1759.
– *(1988):* Family Relationships are a biological conundrum. – Science, 242: 671.
Miyamoto, M.M. et al. (1988): Molecular systematics of higher primates. – Proc. Natl.Acad.Science USA, 85: 7627–7631.
Olson, S.L. & D.T. Rasmussen (1986): Paleoenvironment of the earliest hominoids: new evidence from the oligocene avifauna of Egypt. – Science, 233: 1202–1204.
Preuschoft, H. (1988): Große Menschenaffen. In: *Grzimek, B.* (Hrsg.), Grzimek Enzyklopädie. Bd. 2., S. 360–374. Kindler. München.
Pilbeam, D. (1984): Die Abstammung von Hominoiden und Hominiden. – Spektrum der Wissenschaft, Mai: 98–108.

Sibley, C.G. & J.E. Ahlquist (1986): Der DNA-Stammbaum der Vögel. – Spektrum der Wissenschaft, Mai: 96–107.
– *(1987):* DNA hybridization evidence of hominoid phylogeny: results from an expanded data set. – J. Mol.Evol., 26: 99–121.
Sibley, C.G., J.E. Ahlquist & B.L. Monroe (1988): A classification of the living birds of the world based on DNA-DNA-hybridization studies. – Auk 105 (3): 409–423. (Mit weiteren Literaturangaben früherer Arbeiten zur DNA-DNA-Hybridisierung).
Wainscoat, J.S., et al. (1986): Evolutionary relationship of human populations from an analysis of nuclear DNA polymorphisms. – Nature (Lond.), 319: 491–493.
Wainscoat, J.S. (1987): Out of the garden of Eden. – Nature (Lond.), 325: 13.
Walker, A. & R.E. Leakey (1985): Die Hominiden von Ostturkana. In: Evolution. Spektrum der Wissenschaft: Verständliche Forschung, 192–202. Heidelberg (Spektrum der Wissenschaft).
Walker, A., R. Leakey, J.M. Harris & F.H. Brown (1986): 2.5-Myr *Australopithecus boisei* from west of Lake Turkana, Kenya. – Nature (Lond.), 322: 517–522.

***

Personen- und Sachregister